一本书读懂 渠道管理

共赢

WHY WE
ARE
IN IT
TOGETHER

乔虹 吴俊·著

人民东方出版传媒
People's Oriental Publishing & Media
东方出版社
The Oriental Press

《共赢》是来自IBM一线渠道布局者的渠道管理指南书。

作者立足自身三十余年渠道管理经验，首度无保留分享从渠道的构建、招募、赋能，到渠道绩效评估、初创企业和成长型中小企业的渠道生态建设等渠道管理干货。

难得的是，作为一线渠道布局人，摈弃枯燥理论，着重渠道生态打造实践，呈现了丰富渠道管理实操经验和案例，总结出一套包含实战技巧的高效实用的渠道管理方法论。翻开本书，用渠道管理赢得信任，创造共赢，助力企业业绩越级。

前言

多元化市场环境下的渠道管理

随着经济的发展,市场变得越来越多元化,在这种背景下,产品之间的差距已经逐渐缩小,企业竞争的重点也开始转向渠道。对于企业来说,拥有效率高、响应迅速、适合自身发展的渠道生态,将成为企业在市场竞争中获得竞争优势的关键。

写作缘起

我们从20世纪90年代起,就开始从事渠道相关的业务工作,先后在国际和国内知名企业担任渠道负责人,积累了丰富的渠道管理经验。这些年来,随着对国内外渠道理论发展的关注和跟进,我们也越来越深刻地认识到,渠道生态已经成为市场营销中非常重要的一个方面,是企业战略的核心之一。对很多企业来说,渠道生态系统是其业务发展壮大的重要基石,能否建立适合自身的渠道生态发展模式,并对渠道生态系统进行有效的管理,对业务成长至关重要。遗憾的是,我们看到目前国内还有大量企业依旧采取传统、僵硬的渠道经营模式,在多元化的市场环境及渠道系统管理不断升级的今天,其效率低、成本高和控制难度大的问题不断暴露出来。因此,我们面向企业管理者、渠道管理者、渠道从业者、学生以及其他所有对渠道体系建设和管理感兴趣的读者写了这本书,希望通过对渠道生态管理实践的系统描述,给读者一个直观的渠道管理的思路提示,帮助个人提升渠道管理思维,帮助企业及早实现渠道生态的转型升级。

渠道生态系统管理的概念

渠道理论出现得不算太早。20世纪90年代,美国管理学家詹姆斯·穆尔(James Moore)首次给出了有关于商业生态系统的内涵界定,之后又有学者陆续给出了商业生态系统的基础概念和基于生态的市场相关概念,随着商业生态系统理论的进一步发展,与其相关的渠道生态理论的研究才开始出现。那么何谓渠道呢?产品从厂商转移到最终用户手中,中间经过商品所有权和商品实际的转移,在整个转移过程中,经过多个中间环节,这个通路就是渠道。简而言之,渠道,就是商品从厂家到消费者手中的流通路线。但是就像我们在书中指出的,在过去20多年里,从渠道(Channel)、合作伙伴(Business

Partner）到生态系统（Ecosystem），渠道的定义是不断变化的，相信在未来，渠道的概念还会被不断丰富和完善。

如何构建全方位的渠道管理

渠道管理在日益发展变化，本书则通过对渠道演变的回顾，以及当前市场推动下渠道生态的发展，逐一展示了渠道生态体系管理全过程的各个环节，希望能够帮助企业消除全渠道整合营销认识不统一、管理机制不健全、渠道营销融合强度不够等问题，提高渠道协同营销效果。

从本书的结构来看，首先我们会帮助读者回顾渠道管理中一些重要的基本概念，包括渠道构建、渠道策略、渠道设计、渠道成员的选择等，帮助读者了解企业如何进行策略决策，一个好的渠道顶层设计是如何形成的，同时通过案例，向读者展示渠道构建的过程；接下来又通过渠道招募、渠道市场、渠道赋能、渠道激励、渠道冲突管理、渠道风险管理等渠道生态伙伴全生命周期的支持管理，帮助读者了解企业在每一个环节上的规划和执行的重点要点；最后我们将通过渠道绩效评估，教会读者及企业检验和调整渠道生态系统的各个方面。

此外，本书还解析了在数字化转型中受到关注的服务渠道生态系统，以及初创企业、成长型中小企业的渠道建设。通过贯穿全书的多个案例，帮助读者更便捷地系统了解渠道管理。

直面渠道管理中的重点及难点问题

我们希望本书能够成为切于实战的渠道生态系统管理手册，因此没有草草概述或者回避渠道管理中的重点和难点问题，而是做了细致的讲解和案例分析。

如何保证渠道构建的有效性。渠道构建或者说开发，应该是一项贯穿销售过程始终的基本工作，但是在现实中，我们经常会看到一线销售人员对渠道开发工作有所排斥，更愿意和已经合作的渠道打交道。因此在渠道开发之初，我们就应该弄清楚理想的合作伙伴是怎样的，确立开发的优先级和评价标准，并将之传达给一线销售人员。

渠道冲突管理。渠道冲突是一个我们无法回避的问题，一般来说，企业面临的渠道冲突有渠道产品的定价问题、老渠道对企业新开渠道的不满、渠道之间抢单杀价的恶性竞争等。对于这些矛盾点，企业应该及时出手干预，对症下药把问题处理好，放任矛盾激化只会导致消费者、渠道和企业"三输"，合作才能实现共赢。

……

总而言之，不同的企业在不同时期，总会遇到各种各样的渠道发展问题。对于这些问题企业绝对不能轻忽或者回避，只有进行及时调整和改进，才能防止市场营销渠道停滞不前，进而避免被多元化市场环境所淘汰。

结语

现在，我们对于渠道管理已经有了充分认识，可以说渠道管理的工作是否有效，在很大程度上决定了整体营销策略的成败。对于企业来说，渠道管理既是挑战也是机遇，如果我们能够从规划、关系建立、沟通、渠道激励、技术提供、情绪照顾、持续跟进等多个方面管理好渠道生态系统，就可以增进与合作伙伴的关系，建立信任和共赢，让企业获得更大的发展。

我们希望书中给出的渠道管理经验和建议能对读者能有所启发和助益，也期待在未来和读者共同见证并探讨渠道管理的发展与进阶！

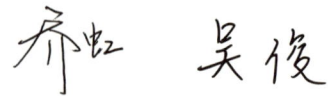

目录

第 1 章 渠道的定义和作用

1.1 渠道的定义   002
1.2 渠道的作用   002
1.3 渠道的发展   007
1.4 渠道的种类   011

第 2 章 渠道的构建

2.1 渠道策略   024
2.2 渠道设计   029
2.3 渠道成员的选择   037
2.4 渠道构建的重要事项   041
2.5 渠道构建案例 1   044
2.6 渠道构建案例 2   055
2.7 补充资料：确定渠道目标，分析企业对合作伙伴的需求   056

第 3 章 渠道招募

3.1 渠道成员的选择   062
3.2 渠道成员的招募   066
3.3 如何保持渠道成员的稳定   071
3.4 渠道合作终止   073
3.5 渠道招募案例   075

第 4 章 渠道市场活动

4.1 渠道市场活动的规划   088
4.2 渠道市场活动的形式   091

4.3 渠道市场活动的评估　　103

第 5 章　渠道赋能

5.1 构建渠道赋能体系　　108
5.2 渠道赋能的内容　　114
5.3 渠道赋能的方式　　121
5.4 渠道赋能中的生态合作　　127
5.5 渠道赋能投入与评估　　128

第 6 章　渠道激励

6.1 渠道激励的种类　　132
6.2 渠道产品的定价问题　　140
6.3 渠道激励需要注意的事项　　144
6.4 渠道激励计划中的财务控制问题　　152

第 7 章　渠道冲突管理

7.1 渠道冲突的成因及影响　　160
7.2 企业与渠道合作伙伴之间的冲突　　164
7.3 渠道合作伙伴之间的冲突　　172
7.4 渠道冲突管理　　175

第 8 章　渠道风险管理及相关法律事项

8.1 风险管理对企业的重要性　　184
8.2 渠道风险主要涉及的内容　　185
8.3 如何规避渠道风险　　194

第 9 章 渠道绩效评估

9.1 渠道绩效评估的范围与过程   210
9.2 对渠道体系的评估   213
9.3 对渠道成员个体的绩效评估   219
9.4 企业对渠道部门的考核   222
9.5 提出纠正改进措施   225
9.6 关注渠道评估发现的重大问题   229

第 10 章 系统与工具

10.1 渠道相关系统和工具   232
10.2 渠道管理系统对业务的作用   237

第 11 章 服务渠道生态

11.1 服务的特质   240
11.2 服务业务中的渠道生态模式   244
11.3 服务渠道的构建和管理   250
11.4 渠道生态在服务中的应用   258

第 12 章 初创企业和成长型中小企业的渠道建设

12.1 初创企业和成长型中小企业的渠道需求   260
12.2 渠道策略   261
12.3 渠道设计   262
12.4 渠道成员的选择   262
12.5 渠道管理中的注意事项   265

第 1 章

渠道的定义和作用

通过本章内容，读者可以：

——了解渠道的定义和作用

——了解渠道的内涵与外延的发展和演变

——了解渠道的种类

1.1 渠道的定义

随着现代企业管理理论的发展,渠道的定义是不断变化的。例如,在过去20多年里,经历了如下的改变:渠道(Channel),合作伙伴(Business Partner),生态系统(Ecosystem)。下面我们就从早期的渠道定义开始讨论。

渠道也可以称作营销渠道、配销渠道,也有称作分销渠道的。指的是渠道通路(英文叫Channel),产品从厂商转移到最终用户手中,中间经过商品所有权和商品实际的转移,在整个转移过程中,经过多个中间环节,这个通路就是渠道。这也是传统渠道的定义,如图1-1所示。

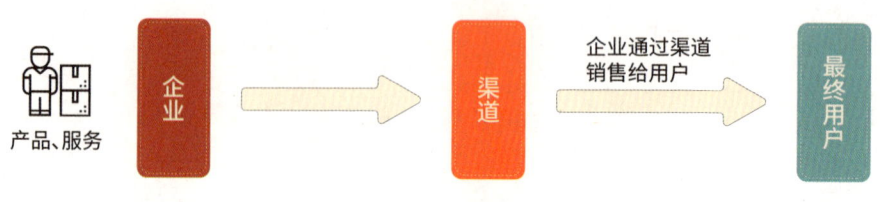

图1-1 渠道的定义

1.2 渠道的作用

V. Kasturi Rangan将渠道的功能分为如下几个方面:产品信息,产品定制化,产品质量确定,产品规格,产品分类的集合,产品应用,售后付费和后勤服务。

本书从实践角度,总结一下渠道的作用。

在渠道通路这种定义下,渠道涉及商品所有权的转移。渠道对于企业来说,主要功能是帮助完成物流过程(图1-2),加快产品交付到最终用户手中的速度;快速扩大产品的覆盖面,扩大产品的市场影响力,扩大企业的销售;提供一定的技术支持,例如客户

图1-2 渠道的作用

端的技术支持及售后服务；规避企业的一些风险，特别是财务风险；对于跨境业务的企业，帮助完成产品进出口，熟悉当地法律法规，提供一定程度的本地化等。下面我们就分别具体探讨一下：

1.2.1 物流

传统的渠道作用，在物流方面是最为重要的。特别是在早期，国内物流网络没有现在这么发达的时候，企业如果建立自己的物流系统，需要投入大量的时间与资源，如果使用合适的渠道，可以快速地完成货物的交付。比如通过区域的代理制度，完成某一区域的物流交付。

◆ 例1

在20世纪90年代，PC机的区域渠道商非常活跃，帮助各种品牌的PC快速地进入中小城市。当时，一些境外品牌的PC厂商还只能完成离岸交易，需要依靠渠道帮助完成从香港到内地的销售过程。即使境内交货的一些PC厂商，在区域物流方面，往往效率和成本也不如通过渠道的途径。

◆ 例2

边远地区的农产品，因受到物流运输的限制，而不能为乡村企业带来经济效益。早期一些渠道商打通了销路，把乡村企业的农产品运往省会城市或沿海城市进行销售。这里渠道的物流作用是乡村企业最为需要的。

以下例子是相比于企业自身，通过渠道交货带来的改善。

◆ 例3

在早期，IBM的Power服务器（当时叫RS6000）和存储产品线是没有分销制度的，都是根据国内客户需要，接到客户最终合同里的配置需求后，下单到工厂进行生产。但是工厂有的在美国，有的在墨西哥，没有在中国境内的。当年RS6000机箱有黑白两种颜色，从性能上没什么区别，只是看客户需求。从客户签约、下单、生产、运输到香港，进关到内地，到客户手中进行安装调试，30天的时间是最理想的状态了，但理想状态很难达到，可能工厂产能跟不上，可能空中运输没赶上某个航班（RS6000机器很大，不是所有机型都可以运输的），可能海关通关出了某些问题，可能陆地运输赶上风雪……千辛万苦运到客户端，开箱发现少了一根线，还有可能发来的白色机身，黑色的显示器……不管问题出在哪里，要想补救只能重新订货，又要等一个月。客户满意度出了非常大的问题。当时就考虑是否在香港建一个备件库，以便解决这一类的问题。IBM内部决策和实施一般是非常谨慎和缓慢的，中国区已经等不起了。考虑是否可以在国内建立分销制度，由分销商完成这一职能，这就是IBM中国第一批四大分销的由来。这几家分销商各具特色，但基本都在香港进行了小批量的RS6000的囤货，以便完成快速的境内交货。这一举措大大帮助了内地的RS6000销售，提高了客户满意度。同时，IBM也有非常好的奖励政策给到这些分销商，解决了当时的燃眉之急。当然分销模式也会对当时的渠道管理提出挑战，例如，系统尚未建立，库存和销售报告的准确性等。在推动解决问题的过程中，管理体系逐渐完善。

1.2.2 提高市场影响力，扩大销售

企业的销售队伍毕竟规模是有限的，销售队伍的扩建会受到成本和时间的限制，例如，筹建新的办公场地、新员工的人力成本以及招募和培训的时间，甚至对当地习俗的了解，客户关系的建立等。某些特定行业销售，还要对客户需求有很深的了解，并且人才也不容易快速到位。

有一类渠道商，在某个区域有非常大的覆盖面，对区域客户的需求有很强的驱动力，当企业的销售队伍只集中在北上广深一线城市，这些各个区域的渠道商就起到了补充作用。有一类渠道商对最终用户端有很大的影响力，有一些有很强的行业背景及行业专注度，甚至在技术角度对客户有很大的建议权。毕竟企业最强的是产品本身，这一类渠道对企业的帮助是非常大的。市场宣传方面是同样的，企业往往更专注产品本身的市场宣传，渠道则通过在其自身领域的宣传补充了企业的空白。

◆ 例4

早期，很多中小企业的产品通过入围大型连锁超市的供货名单，就可以使得默默无闻的产品变得家喻户晓，销售额产生几何数量级的增长。这时，大型连锁超市作为中小企业的渠道，利用其对于市场的巨大覆盖，能够帮助企业快速提高销售额，扩大产品知名度。

◆ 例5

1996年，IBM在中国只有几百名员工，其中还包括大量的服务、技术、后勤人员。因为人员有限，销售团队只能专注在产品销售额大的、自身比较熟悉的行业，比如金融行业，比

如集中在大的一线城市的项目。其他行业和地区，厂家本身的销售基本无暇顾及，因此更多需要依靠渠道的力量。

当时移动电信还没有分家，各省的电信都在上97工程，以及163工程、169工程。IBM质量、技术性能、品牌口碑都不错，可是客户需求发出来时，往往只能谈到产品性能怎么好，系统如何稳定，以及安全性如何高，很难谈到为什么IBM的机器能很好地满足客户的业务需求。当时的97工程，163工程、169工程，有一批国内公司在帮客户做应用，做集成，他们大都是和IBM的竞争友商Sun、DEC、HP（现在这些厂家有些已经不存在了，有些没有相应的后续产品了）合作的。在一些项目投标阶段，有时会出现没有公司代表IBM投标的窘况。

那一阶段，IBM在电信的中小型机采购中，占的市场份额非常小。后来电信移动分家，移动要建计费系统。当时移动选定了12家国内软件公司入围计费系统建设。IBM抓住机会，和这些软件公司密切沟通，探讨他们的软件对于硬件的需求，解释为什么IBM的机器更适合客户的计费系统，借样机给他们做应用测试，组织技术人员帮他们调优……当然也要保证他们推荐IBM硬件的利益。IBM的产品性能还是非常过硬的，最终12家里大部分都能支持IBM服务器和存储产品了，其中几家在此项应用份额最大的公司，与IBM都有非常愉快的合作，极大地帮助了IBM的产品销售。在那一阶段移动计费项目中，IBM在没有快速扩大自身销售队伍的情况下，拿到了很大的份额，从此打开了电信移动市场。运营商行业的销售额从一年几百万美元到后来每年数亿美元，渠道起了非常重要的作用，特别是前期起了关键作用。

1.2.3 技术支持

技术支持主要包括售前技术支持和售后技术支持。

渠道在售前技术支持方面所起的作用也是为了扩大销售。通过让最终客户对产品更为了解，促进并最终完成销售。对于一些技术复杂的产品，这类渠道所起的作用对于企业非常重要，可以帮助潜在用户做出购买决策。例如，很多企业将产品做了细分，以运动鞋为例，除了外形款式，还可以按功能和使用场景做出大量细分，包括防水防滑、包裹性、气垫等功能；跑步鞋、篮球鞋、登山鞋等使用场景。用户依赖意见领袖和关键意见消费者评测推荐，或者作为渠道的销售门店店员的推荐，去了解产品，做出购买决策。

◆ 例6

相比于低端医疗器械，中高端的医疗器械产品的销售就非常复杂了，需要具有一定的技术知识，才能充分了解产品的功能以及与竞争友商的产品的比较优势，进而完成最终用户端产品的推荐，解答客户疑问，向用户做产品演示等，从而完成销售。例如，为用户分析产品的整体使用成本，帮助用户理解不同产品之间的差异；按用户的应用场景推荐产品配置等。

企业A的渠道的技术团队，早期只是企业售前技术团队的辅助，随着渠道技术水平的提高，以及对产品的了解越来越深入，最终能够独立完成产品的技术推荐，解决客户多种售前技术问题，这也是渠道本身技术实力提升的表现。随着市场快速扩大，对企业A的产品销售帮助非常大。

随着渠道自身售后技术提升，当客户在使用产品中产生问题的时候，可以帮助客户快速解决问题，从而提高用户的满意度，特别是当企业售后覆盖不到的时候，对企业有极大的帮助。这对于技术含量不太高的产品非常有效。但对于技术太复杂的产品就要小心，这时企业先要加大对渠道的培训，提高渠道的技术并完成认证和授权，否则容易造成售后责任不清。

例如，汽车行业中的4S店，在技术支持方面对汽车企业非常重要，无论是在售前对客户进行产品技术介绍时，还是在进行汽车售后保养或维修时。

1.2.4 帮助企业规避风险

通过渠道，企业可以规避一定财务风险。不同用户的采购合约条款会非常多样化，涉及的付款条件也是情况多样。如果全部采用直销模式，企业就需要和每个用户协商合同条款、付款条件，有时企业很难有精力这么做。但如果采用渠道模式，企业和渠道之间的合约付款条款基本固定，由渠道完成和最终用户的合约，相当于渠道承担复杂的收款工作，可以帮助企业规避一定的财务风险。

◆ 例7

渠道和企业A之间是固定回款的，无论项目在客户端发生什么问题，渠道都需要按照约定向企业A付款。在企业A所处的行业里，对于多数的项目，最终客户是分期付款的；或者按阶段付款，比如预付一定比例，到货开箱后按一定比例付款，阶段验收后按一定比例付款，最终验收后再付一定货款，有些客户还需要在一段时间里预留一定比例的保证金。对于时间跨度长的项目，渠道有时需要花费一年或更长时间才能完全完成项目收款工作；或者因为有集成、应用或服务包含在客户端整体合同中，其他方面也会影响到企业A单一产品客户端的回款，这些因素往往不是企业可以控制的。如果全部由企业A承担这些财务风险，需要大量的风控和回款人员，财务成本往往也很高。有了渠道，对企业来说这些风险就转移了。

当然在渠道端，有时也会形成正向的现金流。在20世纪90年代初，PC在境内是需求大于供给，很多客户是预付货款，等待发货。这时候，渠道商如果在收到货款的同时，还享受厂家给予的账期，就可以形成正向现金流。但这个时期非常短暂。

各国有各国的法律法规，当企业出海进入一个不熟悉的市场，往往对当地的法律法规不会很快了解，通过渠道代理制度，可以一定程度地转移风险，快速打开市场。比如在目标市场的国家寻找当地渠道进行销售，或在本国寻找已经有海外分支机构的渠道合作。

对于一个全球性的企业，大多数的政策都是总部制定，全球统一的。但各个国家和地域法律法规是有差异的，有些国家某些方面规定是完全相反的。跨国运营的企业一方面需要专业的法律法规部门研究当地法律法规，另一方面需要通过渠道的模式，尤其是在他国开展业务的初期，可以减少一定的法律风险。

1.3 渠道的发展

1.3.1 合作伙伴

早期对于渠道的理解，更多是通路的概念，需要有物流与所有权在各个环节的转移，俗称"搬砖头"，附加一些基本的渠道服务。随着业务复杂度、产品复杂度的提高，企业发现仅仅发展下游渠道通路并不能满足业务需求。有些公司并不出现在渠道通路上，但对用户有影响力，会影响到企业的产品销售；企业还认识到，很多渠道通路上和非通路上的公司基于产品提供了丰富的增值，其能力之强甚至超过了企业自身，于是企业把渠道管理的概念扩大，把这部分公司也纳入渠道管理的范围，双方建立平等合作的关系，也称为合作伙伴（英文叫Business Partner）（图1-3）。有些企业把渠道部门改为合作伙伴管理部门。合作伙伴和企业之间，不一定发生了货物等所有权的转移，但合作伙伴对于产品整体的销售有同样的促进作用。合作伙伴相比于搬砖头的渠道，拥有更大的附加价值，企业的产品只是其解决方案的一部分，用户更依赖合作伙伴和企业共同构成的整体价值。

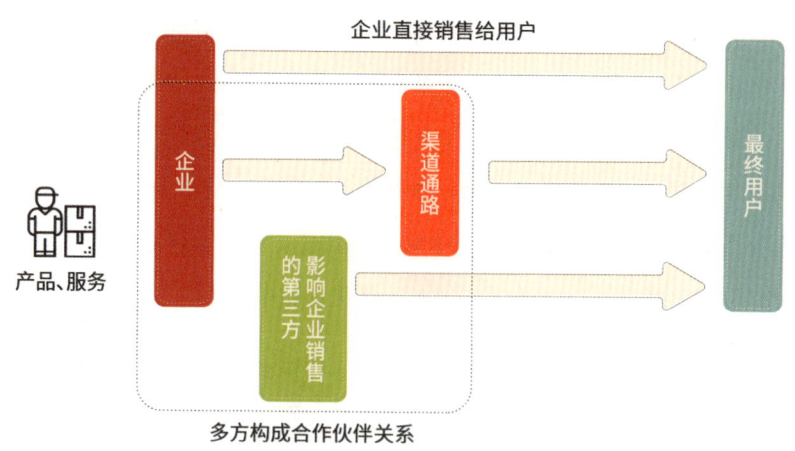

图1-3 合作伙伴

很多人觉得从渠道改为合作伙伴只是一个词的改变，其实这是一个观念的改变。渠道有很强的上下游的描述，往往企业因为掌握产品的核心技术、生产、定价权、产品到市场的路径决定权（Route To Market），经常是强势的一方，对于渠道的使用，也会因自己对于市场的掌握而发生变化。渠道对于企业来说，忠诚度相对不高，更多从单一生意角度考虑，短期行为比较多。合作伙伴则是希望构建一个平等的关系，伙伴关系并非只是代理关系，或者说代理关系只是合作伙伴关系的一部分或一种形式，从而使得合作伙伴除了原有的渠道的作用，发挥如下所述的更大更多的作用。

① 通过对原有产品的增值开发，扩大产品使用范围，提高产品功能。

合作伙伴进一步丰富了产品的技术和业务模式的内涵。其产品增值，包括了产品客户化，基于原厂产品进行二次开发，通过自有应用提供更多的功能服务，使得产品可以满足最终用户更多的需求……相当于合作伙伴提供了产品附加值。合作伙伴的这类作用，往往是对企业帮助最大的，有这类能力的合作伙伴也是企业最为看重的。

我们很容易在生活中体会到产品增值的概念。例如，用户在花店购买鲜花，可以由店主推荐，根据花语、用户的使用场景，或者根据预算，搭配花束。例如，为满足用户个性化定制需求，渠道生态以更小的组件方式存储产品，从而可以根据用户的个性化需求进行组装，包装。以下是几个与合作伙伴增值相关的例子。

◆ 例8

IBM的一些合作伙伴自身拥有非常出色的解决方案，当他们把自己的应用放在Power服务器上运行时，因为对于产品硬件软件了解得非常深刻，可以充分利用Power的技术特性，并可以通过系统调优，让Power性能发挥到更高，使得自身应用与Power的结合发挥最高的效力。这样可以让客户更好地利用上Power技术，得到更好的产品体验，从而扩大Power的销售。经常会有合作伙伴将自己真实的应用放在Power、同类其他品牌系统或PC服务器上进行测试，从而得到真实的数据，促进客户对于产品的认可，促进销售。

◆ 例9

企业A有一些行业合作伙伴，对某一行业研究理解得非常透彻，甚至能够带动一个行业的应用发展。如果他们能够把企业A的硬件、软件、服务包括咨询等整合在他们对最终用户的整体解决方案中，对于企业A的产品销售是一个非常大的帮助。

上面是合作伙伴技术增值的例子。这一类合作伙伴，可能参与产品的销售，也可能不参与，但都应该纳入整体渠道管理的考虑范围。

下面是关于传统分销商进阶为增值分销商的例子。这类增值是从生产的角度完成的。

◆ 例10

IBM Power服务器在中国曾经有一种分销商（SDI），属于增值分销商VAD（Value Add Distributor）。这类分销商的增值并非侧重在销售和技术端，而是在生产端。大约2002年，IBM中国区几大分销商到美国参加IBM 全球合作伙伴大会（Partner World），顺路去凤凰城参观当时IBM全球最大的增值分销商Avnet。Avnet有专门组装IBM Power产品的生产车间，可以组装Power产品，也可以根据客户要求，在出厂时就把网络、应用等集成在一起，更好地满足客户需要。这次参观对中国区的合作伙伴及管理团队有很大的触动，大家回国就开始讨论如何在中国也建立这样的分销商。过程很复杂，需要说服IBM总部同意，要考虑技术及其他风险，最后经过培训、生产环节认证等，终于有了中国的增值分销。增值分销商有国内的生产线，需要定期通过IBM认证（生产环境、生产过程管理等），在Power机器散件进口后，完成国内的最后组装、系统安装、系统测试……所有标准和在IBM 自己的工厂一样。

② 通过自身对于客户的影响力，帮助企业提高市场覆盖，提高销售。

比如咨询公司、过去传统的经纪人，他们基本不会在生意销售路径之内，而是对产品从厂家到最终用户有影响作用。

在早期，信息不特别透明的时候，经纪人作用很大，特别在关系型社会里，他们往往促成交易完成。但随着市场的规范化，对这类伙伴的使用要非常小心。很长时间里，如果这类作用是以个人身份完成的，有些企业已经不允许使用了。

但正规的咨询公司对技术含量高的产品还是有非常大的影响力的。比如，一些设计公司在为用户提供设计方案时，会推荐产品；咨询公司为客户提供咨询服务，也会涉及一些产品。这类合作伙伴的贡献往往不是完成产品销售，而是创造了产品的商机。

另外，在专业领域，行业专家的意见会对用户的选择产生影响。在营销领域，很多内容创造者，例如博主、Up主的生活分享对产品的推广产生影响。

1.3.2 生态系统

生态系统的概念再次扩大了渠道管理所要考虑的范围。

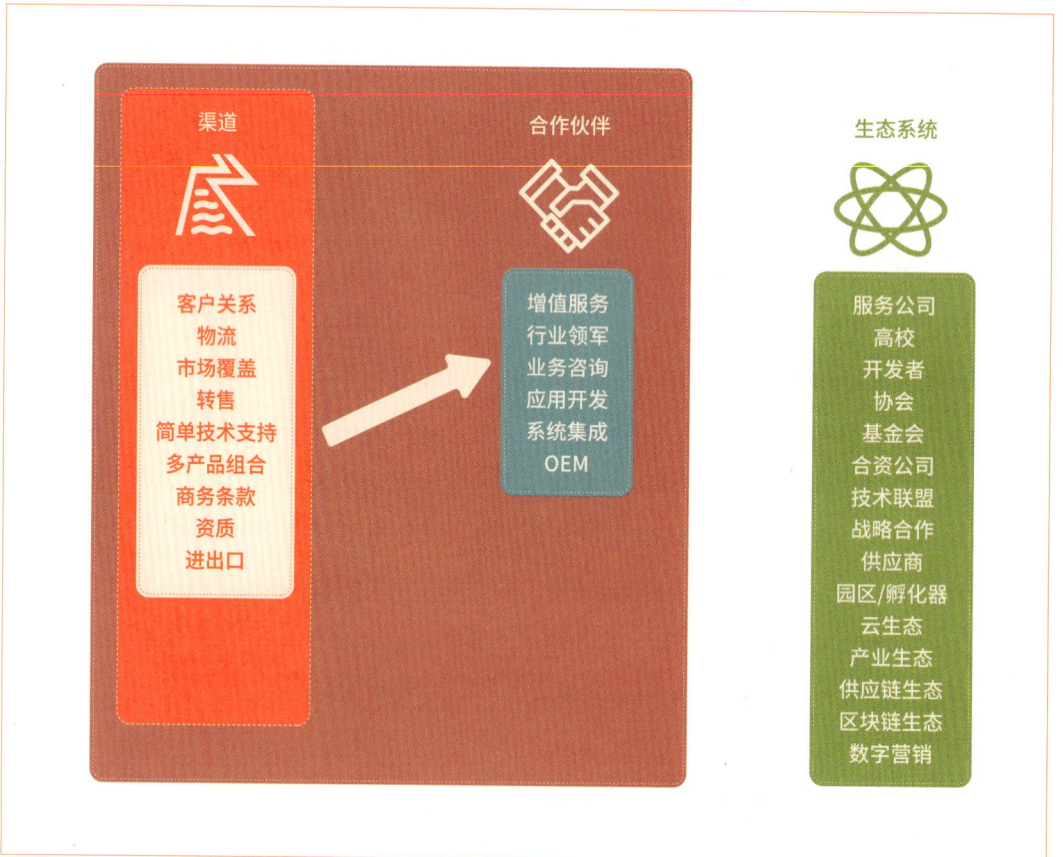

图1-4 生态系统

生态系统（英文叫Ecosystem）取自自然界，内含了生物和环境相互依存、共生共荣的意思。企业用生态系统来描述企业与数量众多的第三方建立合作关系，各取所长，共同发展。不同企业对于生态系统可以有不同的定义，这里主要指的是围绕生意链条，对企业整体业务有辅助和促进作用的所有第三方群体（图1-4）。

生态系统是现在非常流行的概念，渠道管理不只涉及销售通路上的问题，而且涉及对业务直接有影响的公司，以及更广泛的范围，比如，渠道服务公司这类企业渠道业务的重要辅助机构、企业的供应链生态，以及产业链生态、大平台的生态、云计算的生态等，将众多的公司、机构和个人连接起来，通过各方的优势功能组合以达到商业成长目的。企业通过构建生态系统，突破了传统的渠道体系的销售功能，更有利于企业在产品开发、服务交付、销售和业务模式等各个方面创新，也更有利于吸引大量的用户群体。

随着互联网、大数据和人工智能科技发展，各个行业都在发生变化，有些发生着重塑。企业只有丰富生态合作，才能保持竞争力，满足用户不断提高的要求。例如，对于汽车企业来说，生态合作是涉及各个方面的，包括导航、娱乐、语音互动等车载内容的生态合作；与车联网平台的合作；与研发自动驾驶技术公司的合作；与提供充电桩、加油站企业的合作、与停车场的合作；与提供购车、租车等不同的出行服务的平台合作等。

1.4 渠道的种类

渠道管理的范围最初是针对渠道通路，发展到现在已经包含了生态系统在内。本节中我们谈论渠道的种类，不仅仅是谈论渠道通路中的各种类型，还包括渠道生态的种类，企业关心的是渠道生态中与各类合作伙伴的合作。

企业在制定渠道策略，进行渠道设计时，需要抓好渠道成员的选择这个重要环节。只有了解渠道的种类，企业才能清晰地选择目标渠道，开展合作。同时，不同类型的渠道特点不同，适用的合作场景不同，对企业的诉求不同，企业需要针对不同类型的渠道采用不同的支持与激励方式。

区分渠道的种类可以有多个维度，本文采用按渠道通路、业务性质和生态类型进行区分，并介绍多渠道的组合模式。

1.4.1 按渠道通路区分

按渠道通路（Route to Market，也简称为RTM），渠道类型可分为分销商、二级经销商和经销商（图1-5）。

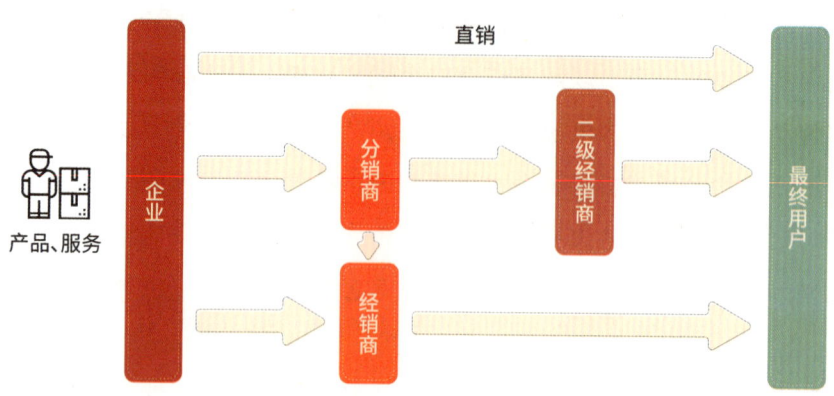

图1-5 渠道类型：分销商、二级经销商和经销商

1.4.1.1 分销商

分销商是重要的渠道类型，它连接了企业和众多的二级经销商，对企业的主要价值是开拓二级经销网络。比如，企业希望发展渠道，在市场上推广销售，加速复制。它可以自己一家一家地招募渠道，也可以找到分销商，如果能够说服分销商代理它的产品，则可以利用分销商和分销商现有的二级经销网络进行销售，这样就能大幅提高效率。再比如，跨国公司进入新市场，通过找到合适的分销商，可以迅速建立渠道销售网络。

① 合适的分销商往往具备以下优势，因此能够为企业带来价值：

A.分销商拥有更好的区域覆盖。很多分销商在全国设有分公司，按大区分华北、华东、华南、西南等，包含了销售人员和技术人员等；区域分销商，在特定区域内，有更细分的区域覆盖。分销商拥有地理上的优势，分销商的销售人员更贴近当地的二级经销商，对当地的生活习俗和业务环境非常熟悉，对二级经销商的情况如数家珍，这就形成一个地区性的生态环境。分销商和二级经销商之间建立的密切联系和信任，对企业产品销售的快速开展非常重要。

B.分销商提供物流，即更靠近用户的库存和配件。企业通常不愿拥有过多的库存，但又要满足客户的及时交付要求，而分销商体系有利于将库存分布在客户更快更容易得到的地区。在例3中，我们也可以看到在分销商的帮助下，企业如何更及时地满足用户的货物需求。

C.在商务上，由于分销商和企业的长期合作和规模化合作，分销商更了解企业的工作流程，这在订单处理和物流安排上，更有优势。可以对比一下，如果没有分销商，企业就需要直接对接大量的渠道商，需要和每一家都有商务接口、谈判条款，处理大量的小额订单。而分销商相当于为企业做了订单的整合，因此企业更愿意和分销商对接，这样可以做到更省时省力。

D.分销商通过既往的业务，更清楚二级经销商的信用状态，能精准地管控业务风险，而对于信用优秀的二级经销商可以提供快速通道。这些如果由企业自行支持，则会增加很多沟通成本。

E.分销商提供增值能力。例10描述了增值分销商提供的生产组装的价值。

F.分销商通常同时销售多家企业的产品，他们通常对各家品牌或同一品牌不同产品在市场上的销售趋势比较清楚，对各家产品孰优孰劣也有直观的认识，从而可以向企业提出改进产品、改进市场策略和改进业务流程等方面的意见建议，事实上，企业日常会经常听到分销商的这些反馈。

② 分销商除了能够为企业带来价值之外，还能够为二级经销商带来价值，例如：

A.技术支持。分销商通常举办市场活动或技术讲座，向二级经销商提供最新的产品资讯；分销商对二级经销商的技术方案提供指导，提供配置和报价等支持；分销商为二级经销商提供样机，提供测试环境等支持。

B.商务条款和资金信用支持。虽然二级经销商可以直接参加企业的技术培训，但他们通常不愿意花时间和精力去应对企业的商务细节，这时候分销商就能提供便利。二级经销商从分销商采购，分销商通常提供比企业原厂更好的商务条款和资金信用的支持。

C.一站式采购。很多分销商代理着多家企业的产品，可以按照二级经销商的需求组合搭配，提供一站式销售服务。对于同类产品，有些分销商代理多个品牌，这时候分销商可以由不同的部门负责不同品牌的产品，在分销商内部形成部门间的竞争，这种部门区隔和竞争让企业和二级经销商可以更放心地和分销商合作。也有分销商更倾向于将同一门类的产品都归属在同一个销售部门，当二级经销商前来采购时，无论是哪个品牌，都可以进行销售。二级经销商从分销商那里一站式采购，还能得到物流和资金的支持，这减少了二级经销商的库存和资金压力。

国内外存在为数众多的分销商，企业需要根据自己的业务去寻找合适的分销商。比如国内的IT分销商有神州数码、伟仕佳杰、长虹佳华等，全球的IT分销商如英迈、安富利等，都是分销领域的佼佼者。

综上所述，分销商在二级经销商和企业之间搭起了业务的桥梁。不同企业的业务类型不同，所需要的分销商数量不同，但总体来说，企业的分销商的数量一般较少，比如有的企业只有几家全国性的分销商，但分销商对企业贡献的业务量较大。因此，企业通常配备专职的渠道销售专员和技术支持团队，来支持分销商，解决分销商的日常问题。例如，培训分销商的业务人员；帮助分销商把产品和方案尽量标准化，利于快速复制；提供资金信用支持；策划市场活动；建立激励计划等。

除了全国性的分销商，有些合作伙伴会要求企业给予特定区域的分销权，比如东北地区分销商。这种合作伙伴在某个区域内拥有较强实力，如果获得企业的授权，则会在区域内拓展二级经销商。

1.4.1.2 二级经销商

和分销商相对应的，是二级经销商，它从分销商采购产品，并负责将产品销售给最终用户。二级经销商的公司规模可大可小，但数量众多，可以是数百到数万家。

有的二级经销商专注于服务一两家用户，按照用户的需求提供一揽子解决方案，是客户的重要帮手。例如在IT界，有的二级经销商提供长期的驻场开发和集成服务，深度了解客户IT现状，能够完成产品的销售，具备在企业产品之上提供附加价值的能力。也有的二级经销商在某一区域具备很强的销售能力，例如，拥有门店和展厅空间，兼顾产品宣传演示和销售。有的二级经销商是专做企业产品的转售业务的，也有的二级经销商主营业务是做自主的服务，仅在有机会时转售企业的产品。通常二级经销商的采购量不大，采购频率较低，因此，企业通过和分销商合作，支持二级经销商，方能产生比较高的效率。

企业非常看重他们聚沙成塔的业绩，对企业来说，二级经销商在渠道通路中紧贴用户，是真正了解用户，实现销售的群体，因此，企业需要为二级经销商提供足够的支持来服务好用户。例如，企业会把最新的产品技术及时地带给二级经销商；企业的奖励计划设置二级经销商的奖励返点；企业通过设置经销商级别，如钻石经销商、金牌经销商、银牌经销商，来鼓励二级经销商提升业绩，提升产品相关的技能。在整体渠道体系里，要确保二级经销商的贡献被认可，例如在企业的年度合作伙伴大会中，确保二级经销商都会受到邀请，优秀的二级经销商可以获得年度优秀合作伙伴的授牌奖励。在企业的市场活动中，增加优秀二级经销商的曝光度。由此可见，二级经销商可以得到来自分销商和企业的不同角度的支持。对企业来说，通常采用一对多的支持模式，由一位渠道销售专员负责某一区域的全部二级经销商，并和分销商当地的分支机构一起，服务于当地的二级经销商。

1.4.1.3 经销商

经销商是一揽子解决方案的提供者，他们通常在某一行业有较大的市场份额，是行业里重要的供应商；或服务一些体量大的客户，例如集团客户。经销商技术能力强，赢单能力强，能帮助企业产品突破某个行业，或突破某个大客户。在赢得项目后，经销商直接从企业采购，再交付给用户。由于项目通常较大，经销商的采购金额也很大。因此，经销商是企业重点争取和服务的对象。

不同企业的经销商数量差异较大，可以是数十家到成千上万家。企业往往对经销商非常重视，确保经销商的问题都得到很好的解决。例如，企业和经销商联合定制商业拓展计划；针对重大项目，企业安排专职专业的项目支持团队；企业设立市场资金和经销商举行联合市场活动；企业提供深度赋能，提供样机和测试资源，设立奖励计划等。

经销商通常具备较强的商务能力，会要求直接和企业接洽商务，并具有较高的议价能力。有时候经销商也选择和分销商进行商务合作，从分销商采购，以得到快捷的产品供货。

对于渠道通路上合作伙伴的名称叫法，各个企业或行业会略有差异，但概念大同小异。而企业根据业务需要，可以拥有更多层级的渠道通路，例如，产品通过全国总分销商，省级分销商，各地区的中小经销商，再销售给用户。

这里需要提到的是，销售通路RTM是指销售路径，而不是产品的实际物理移动路径。例如，企业可以按分销商或经销商的要求，直接将货物发送到指定的客户现场。这样做减少了货物的传递环节，效率更高。前提是双方需要在合作伙伴协议中约定运输途中货物的归属权，货权的转移，收货确认的方式，以及如果发生开箱即损的情况，应如何处理等等。

1.4.2 按业务性质区分

按渠道的业务性质，渠道可分为转售、增值服务和OEM。

单纯的转售有时也被称为走货，有些渠道的走货量比较大，有些则比较小。用户从渠道购买产品，支付的是产品的价格。但提供增值服务的渠道则不同，例如，IT行业的ISV（Independent Software Vendor，独立软件开发商）和系统集成商，客户购买的是整体解决方案，支付的是整体解决方案的价格，而企业的产品只是整体解决方案里的一部分。下面以ISV和系统集成商为例阐述增值渠道的作用。

(1) ISV（Independent Software Vendor）独立软件开发商

ISV是很多企业很重要的合作伙伴。ISV开发应用软件时，需要选择合适的开发环境，例如，需要服务器和软件中间件。这时，企业向ISV提供开发环境，将ISV的应用软件预先在自己的产品上适配优化，让应用软件发挥出最好的性能。这样，当客户采购ISV的应用软件时，就更有机会选择购买企业的产品。也就是说，ISV的技术路线影响了客户对企业的选择。

在这个例子中，客户真正需要的是应用软件，而企业的产品是做为承载应用软件的平台而入选的，也就是整体解决方案的一部分。

ISV具有很强的业务属性，例如，SAP，国内的金蝶用友，在财务和ERP领域不愧为标杆。更多的ISV拥有行业属性，如恒生电子在证券金融行业，东软在医疗行业等。

ISV不一定出现在企业产品的采购链中，即使这种情况，ISV仍旧对产品销售等方面有影响力。因此，企业会建立ISV支持中心，在ISV开发应用时，就提供样机资源，提供性能调优专家，进行技术融合。

有些企业还选择嵌入式的模式，为ISV深度定制优化，将产品直接嵌入ISV的解决方案，这样，ISV每销售一套应用软件，也相应带动了企业产品的销售。

由于ISV更贴近行业用户，而且拥有好的业务场景，在市场活动中，更容易吸引用户参加，企业则可以通过赞助ISV的市场活动，在活动中做演讲，向用户推介自己的品牌。这些都是ISV的价值。

(2) 系统集成商

系统集成商，例如业务覆盖全球的埃森哲、勤达睿等，他们本身不注重于研发各类产品，而是凭借优质的咨询服务、方法论以及集成能力，被用户所接受。有些系统集成商会选择行业头部的企业和产品进行合作，在SaaS业务日益兴起的今天，也不乏与新兴的SaaS公司的合作。

系统集成商即使不在产品的采购链中，对产品的选择仍旧有影响力，例如，系统集成商不参与产品的转售，只关注为用户提供集成服务，仍需要充分了解产品特性和优势，才能服务好用户。而国内很多IT系统集成商，例如神州信息，南天软件等，向用户提供服务的同时，也向用户转售企业的产品。这时，企业则需要提供更具体细致的赋能和项目支持。

也有一些公司的业务兼具ISV软件开发和系统集成，这样的渠道都属于增值服务渠道。

在差异化竞争的驱动下，为了更好地服务用户，不同行业及行业的不同企业有不同的增值内容。

（3）OEM

OEM也是常见的合作模式。例如AI公司在设计AI一体机时，不必自主研发服务器，可以直接OEM其他企业的服务器，再加上自己的核心AI算法进行优化，再比如通信设备中OEM专业厂家的服务器和存储设备，进行销售。

1.4.3 渠道生态类型

（1）服务公司

在传统渠道管理理论里，这一类公司因为不具备原有渠道功能，只是利用其在某一方面的经验和特长为企业及渠道提供服务，所以并不特别受到重视。但随着管理的精细化，越来越多的企业认为这一部分对整体企业经营非常重要，关系到降本增效，增强用户体验和品牌建设。例如，运输仓储公司，随着现代物流仓储的发展，从成本和服务用户角度为企业和渠道提供很大帮助；有些渠道生态伙伴主打产品或者主要备件的翻新二次利用，以节能环保；其他还包括广告代理商，金融机构（包括银行、进出口商、金融公司，保险公司），市场研究机构等。

企业将一些自身业务外包给更专业的第三方，以达到降本增效的目的。例如，帮助企业进行产品设计、营销策划的第三方，是企业的生态伙伴；房地产的销售公司也是房地产商的伙伴。随着企业越来越多的外包形式以及越来越丰富的细分渠道，企业需要维护的第三方生态伙伴的数量在增加。

（2）高校及培训机构

高校及培训机构是讨论传统营销渠道经常被忽略，但在实际企业运行中经常碰到的机构。

越来越多技术型企业意识到人才和技术的重要性。由于技术发展非常快，如何让自己企业的技术成为业界主流，除了技术本身的先进性，还需要拥有能使用它的人才。虽然企业也会针对产品做技术培训，但基础知识的培训，往往企业很难独立完成。所以和高校或培训机构的合作就非常重要。一般做法，企业往往用非常低的价格卖给学校自己的产品，甚至是直接赠送，用于学校的教学或研究。这样学生在很早期就熟悉了企业的产品，就业后，自然愿意使用这类产品，甚至基于产品进行研发工作。这样学生就成了企业产品的未来潜在客户。企业和高校联合推出一些课程，可以是学制学习之内的，也可以是联合实验室等其他的形式。

◆ 例11

早期，很多大学计算机系学习时，使用的是IBM大型机4381。无论它的操作界面还是编程方式，学生们都潜移默化地熟悉了，更不用说品牌的概念了。可想而知，当大量学生毕业后，从事相关的工作时，就成了厂家的潜在客户。

类似的例子很多，例如现在大学和中学有图形设计的课程，学生们使用的Photoshop软件是学校统一的正版软件，是学校用很低的价格买到的。例如，微软等软件企业针对学生和在校教职员提供教育优惠。例如，机器人流程自动化软件RPA在财务、税务及更广泛的通用领域大大提升工作的效率，其具备简单易学、应用场景广泛的特点。RPA公司为高校和职校提供教学版软件套件，为学生的学习和考试提供实战环境。

（3）开发者俱乐部

高新技术企业发展，尤其是软件领域，往往不仅需要自身产品的高品质高性能，还需要有一个二次开发的过程。所以，有一批基于企业产品进行技术交流、技术开发等活动的圈子，也是很流行与重要的。比如Linux的发展就基本用到这个模式。一个开源的软件，很多人在此平台上进行开发，针对此进行探讨，衍生成一个非常丰富的生态圈……企业非常重视开发者，通常会有论坛、开发者大会等活动，也会针对开发者提供新品试用。吸引众多的开发者对企业的业务影响巨大。

◆ 例12

俗话说众人拾柴火焰高，手机是个最好的例子。生产厂家（无论苹果、华为、三星……）专注在硬件和底层软件，但人们使用的功能是需要很多基于IOS或安卓系统之上的

APP来实现的。想象一下，如果一个手机，性能特别好，价格也好，外观也好看，但可以使用的APP很少，我们肯定不会选择的。技术含量越高的产品越是需要良好的生态系统，企业对这些APP开发公司或开发者的支持和管理，都是非常重要的。

(4) 协会、基金会

行业协会汇集了同行业的专业人士，组织行业内的交流活动，对行业的发展展开讨论。对于企业来说，这是一个拓展行业业务的机会。通过参加交流活动，企业可以推介自己的品牌和产品，争取获得行业人士的认可。

基金会则是多家企业为了共同推进一项前瞻技术而诞生的非营利组织。

◆ 例13[1]

OpenPOWER基金会由谷歌、IBM、Mellanox、英伟达和泰安等科技公司与2013年8年联合倡导成立，是一个世界性基于POWER微处理器架构的开放合作社区。

Open POWER基金会致力于为成员打造一个开放、平等的合作平台，打破软件创新和硬件创新的界限，不断促进和鼓励成员进行基于POWER架构的协作创新，以满足众多用户多样的业务需求。

2018年，采用IBM POWER9处理器的Summit超级计算机名列全球超级计算机TOP500榜单第一名。这台超算系统是OpenPOWER基金会成员IBM、NVIDIA、Mellanox和Red Hat合作的结晶，其目的是为科学建模和仿真等传统HPC工作负载，以及AI工作负载提供一个均衡的计算平台。

(5) 合资公司（低于一定出资比例的）

如果合资比例超过51%，合资公司的整体销售收入就会并入母公司报表，母公司就会对合资公司有非常强的管理，这可以看作对公司内部的管理范畴。但如果在合资公司出资比例较低，就不能把合资公司作为自己内部来进行管理了，而应该作为生态系统的范围加以考虑。

很多渠道管理的理论可以用于对合资公司的管理，但因为有股份在，所以会涉及更

---

[1] 内容出处："OpenPOWER 在中国"公众号。个别文字改动。

多的方面，管理复杂度更高。对于合资公司，必须认清它是独立的企业，把它当成自己子公司来管理是非常错误的。由于各个母公司利益不会完全一致，对合资公司会有不同的期望，因此，所有问题应该在合资之前考虑清楚，合资公司运营后，应该通过董事会对管理团体提出要求，而不应该在日常事务中直接插手。

（6）技术联盟、战略合作

技术联盟着重于企业之间为了某个目标市场而结成技术合作，取长补短，优势互补，共同为客户构建解决方案，达到快速进入市场的目的。例如RPA（机器人流程自动化软件）和NLP（AI中的自然语言处理）通常同时存在于用户的客服机器人场景中，这会引发两个企业之间的合作，形成一个可落地的完整解决方案。这时双方的技术人员，需要在一起就联合的解决方案进行技术测试和优化；市场人员策划举行联合的市场活动。两家企业还可以共同组织渠道活动，共同为渠道赋能，在这里，渠道起到集成作用。

除了技术联盟，企业之间也可以为了某个商业目的进行战略合作，例如，为了进军新的商业领域，开拓新的市场而结成战略合作；创新商业模式中的跨界合作；为了降低供应链成本，提升供应链效率而建立的战略合作等。

企业通过联盟和战略合作获得更好的市场竞争优势。

（7）供应商

现代企业注重供应链管理，通过审视、改善甚至重构供应链的整体流程，来增加收入，提升效率，挖掘利润潜力，而这种改变有可能影响到渠道设计和管理。例如，零售企业从原来的分发产品到各个渠道，变为通过各渠道反馈的业务数据，或者是各渠道反馈的用户需求，更及时地按需生产，并由供应商直接发送到所需的渠道或最终用户，从而提升了效率，降低了渠道库存。

除此以外，早期将渠道看成企业的下游通路，供应商看成企业的上游，供应商通常是归类在企业的采购部门进行管理，但有些供应商也会为企业带来商机，参与到企业产品和服务销售中，在这种情况下，他们也是企业的渠道生态。

因此，在新的渠道生态管理中，需要考虑到供应商这种新的生态合作伙伴类型。在服务渠道章节，会对这类合作伙伴有进一步的描述。

（8）园区和孵化器

国内各地为了实现产业发展的目标而建立的产业园区和孵化器，通过扶植企业，特别是新型的科技企业的发展，实现产业目标。园区和孵化器，除了提供场地和设施，也会对接管理培训辅导，投融资服务，同时为被孵化企业之间牵线搭桥，促进业务合作，这也是生态合作的类型。

（9）云生态

当下，阿里云、腾讯云和华为云位于国内云计算领域的前三位，其中阿里云已跻身全球前三，和AWS、Azure竞争争夺市场份额。这些云服务商都拥有丰富的生态，并通过不断赋能与激励促进生态的持续发展。云生态无论是数量，生态的类型，还是商业模式，都完全突破了传统的渠道体系，形成广泛的连接，创造了巨大的创新空间。

在云生态中，SaaS层面的生态百花齐放，也是目前众多国内应用软件商发力的空间，其中既有企业的通用软件如财务、人事、供应链、销售管理，也有行业性较强的软件。尤其是AI赋能的各种场景应用，构成了SaaS层面丰富的内容。各家云服务商也为SaaS生态提供支持，例如，腾讯云的千帆计划等，都是重要的SaaS生态的赋能和合作计划。

（10）数字营销

随着互联网和电子商务的发展，企业会采用数字营销的模式，例如，企业采用企业微信、网络商城、移动商城等多种渠道；采用直播带货等新的销售模式；企业可选择合作平台，如淘宝、京东、抖音、小红书等；选择和KOL、KOC合作……这些都是渠道营销的新形式。同时，数字营销也充分利用数据为企业带来价值。通过数据采集和分析，企业可以构建端到端的数字化管理。例如，在销售的过程中，企业获得了产品销售数据，用户的购买渠道的数据及其他相关数据，促销进展数据等。企业可以实现精准营销，并通过个性化和数字互动提升用户体验。这从一定程度上替代了传统渠道的部分功能，对传统渠道布局做出了改变。

随着业务发展不断创新，新的生态类型也在产生。

本书在服务渠道生态章节将会谈到在服务领域的渠道生态的发展。

1.4.4 多渠道

了解合作伙伴的种类可以为进行渠道设计打下基础，帮助企业在渠道设计时正确地选择合作伙伴。企业根据自身业务来决定招募哪一类或几类合作伙伴。企业可以选择只有网上销售一种模式，也可以选择发展直销和分销或其他组合模式，也就是多渠道的模式。

企业采用不同类型的多渠道组合模式，来满足不同细分用户的需求。如何组合多渠道取决于企业对渠道策略的分析和制定，例如，引入数字营销，增加覆盖面，降低覆盖成本；直销和渠道销售组合；不同类型渠道组合。企业应充分理解不同种类的合作伙伴的诉求不同，成本构成也差异很大。因此，多渠道的协同和冲突解决是渠道管理中的挑战。比如，多渠道协同的情况：因为多渠道，客户更容易得到产品信息和售前服务，虽然最后只有一家能成为用户的供应商，但整个环节中，用户的体验是加分的。而避免多渠道之间的冲突则需要企业思考并完善规则规范，使合作伙伴公平竞争。

随着互联网和电子商务的发展，也有人提出"渠道扁平化"，目的在于去掉没有增值作用的冗余的中间商，通过减少中间环节来提升效率和利润空间。但这并不能简单地理解为取消中间商。另外，互联网并不能取代渠道的所有功能，反而触发了很多新的渠道商机，从而促进了渠道的发展。例如，用户需要从一个渠道伙伴那里采购多类的产品，或用户需要本地面对面的支持服务等，这些都需要渠道伙伴来完成。企业也更重视渠道生态的发展，其范围更广泛，从趋势上看，渠道生态变得更多，也更创新活跃。其中的原因是：渠道生态中，各家各司其职，各自强化自身的价值，而把自己不擅长的部分交给更擅长的生态伙伴，或者更低成本的生态伙伴。这种合作非常重要，比如，企业专注产品的研发和营销渠道策略；合作伙伴专注服务、快速市场触达、交易、资金、物流等附加价值。从企业将各种业务进行外包可以看到这种趋势。

综上所述，渠道生态的概念很大，一个企业可以拥有少量的合作伙伴，也可以拥有成千上万个渠道生态合作伙伴。不同类型的合作伙伴，对企业的贡献不同，支持要求不同，这就要求企业了解渠道，在资源的排兵布阵上，做到更有针对性。将渠道生态做大做强，企业才有机会长期发展。

第 2 章
渠道的构建

通过本章内容，读者可以：

——了解渠道策略的定义和渠道策略的制定

——了解渠道设计的概念和步骤

——了解如何选择渠道成员

——了解渠道构建的重要事项

——通过案例，具体了解渠道构建的全过程

在第一章介绍了渠道相关的基本概念之后，这一章我们更多地讨论如何构建渠道体系。构建渠道的第一步是制定渠道策略，渠道策略并非可有可无，而是企业战略的核心决策之一，是不可或缺的部分。企业如何制定最适用的渠道策略，搭建最佳的渠道结构，选择合适的合作伙伴成员，都将影响企业销售业绩以及企业的成长性。

2.1 渠道策略

当企业新成立的时候，当企业新的产品系列准备推向市场的时候，当企业经营发生重大变化的时候，都会涉及是否需要构建渠道体系以及如何构建渠道，以帮助企业达成目标。主导这个工作的负责人，第一步要考虑的就是渠道策略。

2.1.1 渠道策略的定义

谈到渠道策略，必须谈到营销策略。营销策略是指企业为了在目标市场中达到其市场营销目标而采取的策略，包括4个方面（4P）：产品策略(Product)、价格策略(Price)、促销策略(Promotion)和RTM（Route to Market）策略（也就是我们这里谈到的渠道策略Place）。渠道策略就是一个企业为了在目标市场中达到渠道的目标而采取的策略。

一般渠道策略会涉及五个方面：

① 在企业的整体目标和市场营销体系中渠道所占的位置，即渠道的定位。
② 如何设计渠道，以帮助企业达到目标。
③ 如何选择渠道成员，以达到渠道目标。
④ 如何管理渠道。
⑤ 如何评估渠道成员的绩效。

2.1.2 渠道营销策略的制定

企业如何将产品高速有效地从企业传递到最终用户的手中，使客户满意，从而达到商业目标，从市场营销的角度看，需要关注四个方面的策略，如图2-1所示。

产品策略：企业要有满足市场需求的产品，该产品要么在同类产品里有竞争力，要么技术有前瞻性，要么能更好满足客户需要，要么品质更好……

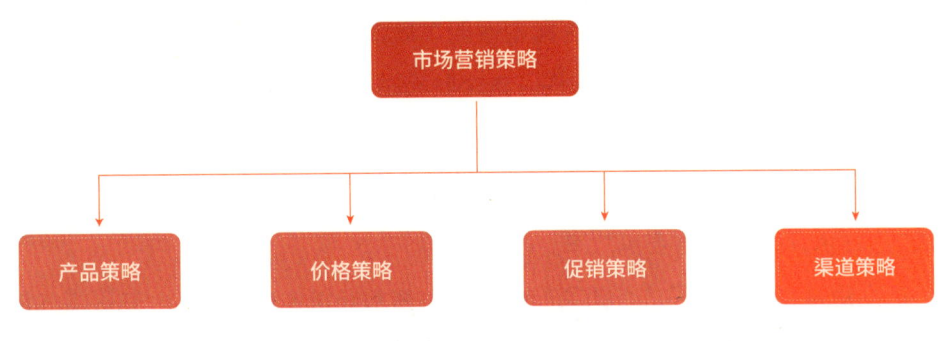

图2-1 渠道策略

价格策略：企业有好的产品价格策略，要么是产品价格有优势，要么是产品性价比有优势，要么是产品总体的使用成本低……在产品生命周期的不同阶段也有不同的产品定价策略。

促销策略：企业要有好的促销策略。为了让目标用户了解企业的产品，企业通过宣传在市场形成对产品的正面认知，形成拉动效力……

渠道策略：企业往往对上述三个方面都是非常重视的，但随着竞争的加剧，当这三个方面都很难再有更多的改善空间时，是否有出色的渠道策略就变成了企业之间差异化竞争和企业能否成功的关键。在这里我们强调，渠道策略应该是在公司最高层面决定的。特别是渠道策略所涉及的五个方面中的第一项，即在企业的整体目标和市场营销体系中渠道的定位，是公司最高层面必须回答的问题。

如何决定在企业的整体目标和市场营销体系中渠道的定位呢？在这里我们扩大一下讨论渠道通路的范围，把企业直销也考虑在内，因为这往往是企业营销方面必须回答的第一问题：直销还是走渠道？面对这个问题往往没有固定的答案，企业在权衡了诸多因素之后才能决定最优的产品RTM：

① 整体经济及市场环境：整体经济及市场环境是向上还是紧缩，决定了企业是否继续扩大自身销售团队的规模，是否继续加大市场营销的力度，资金链是否受到影响。一般而言，使用渠道会对现金流起正向作用，特别是整体经济遇到问题时，收款往往是企业特别头疼的问题，如果渠道帮助规避了这些风险，企业哪怕多让出一些利益，也是非常值得的。另外，企业还需考察整个行业的渠道使用情况，竞争对手的渠道策略是怎样的。

② 产品所处的生命周期的阶段：一般来说，当产品处于生命周期的最早期时，应该

由企业自己的销售团队进行直销，这样企业能以最快速度得到目标市场的反馈，对产品和市场营销策略进行改进。对企业来说，这个阶段是投入和利润都最大的时候。

③ 产品特质（技术含量高低）：一般来说，产品的技术含量越高，对售前售后技术要求越高，用户对企业技术团队的依赖就越大，渠道短期不能掌握（或不希望渠道掌握）相应的产品技术，这时往往直销效率更高。

④ 产品受众是否分布很广：如果产品需要销售到非常边远的地区，或区域内的客户数量相对稀少……比如对于 IT 企业来说，早期可能二、三线城市的市场自己很难触及，和当地的渠道合作就可以帮助快速完成这些地区的营销计划。

⑤ 客户对交货速度和售后服务响应速度的要求：有些产品的生产周期较长，但客户对到货时间要求高；在售后环节，配件的更换也有很高的时间要求。这时渠道的库存能帮助企业满足客户需求，解决企业保持较低库存和满足客户快速交货的需求之间的矛盾。

⑥ 企业现有营销体系情况：如果企业已经构建了非常强的自有营销体系，这个体系可以非常好地用于新产品的 RTM，那是否还要考虑新建渠道？如果新建渠道，那么和企业自有的营销体系的关系如何处理？这都是非常微妙和需要探讨的，或者说是有管理成本的。

⑦ 企业对于产品销售地区的熟悉度：例如，跨国业务，在进入一个新兴市场初期，企业授权当地合作伙伴比自建团队更快速有效，而且合作伙伴更了解当地市场和法律法规，这时采用渠道而非直销更能快速进入市场。

⑧ 其他结合企业自身情况而需要考虑的因素。例如，企业分析用户的购买行为，考虑用户期望以什么样的方式和途径购买产品。很多企业将产品定位于 Z 世代年轻人，则需要研究 Z 世代年轻人的购买习惯，在产品的通路上首先开拓网上销售的途径；对于同一个产品，个人消费者和大批量采购的企业用户的购买途径可能不同。例如，企业本身无法满足用户个性化、定制化需求，而需要合作伙伴；企业只是提供最终用户需求的部分解决方案，而需要提供整体解决方案的合作伙伴等。

通过分析以上因素，企业才能明白是否真的需要渠道，如果需要，渠道对企业达成整体目标的意义是什么，定位是什么。可以看出，在分析上述因素过程中碰到的这些问题，不是销售部门单独可以回答的，销售部门只能从其视角贡献一些见解。如果渠道策略是销售部门单独制定，那必然不能满足企业的长远及整体目标。渠道策略是需要上升到企业最高层面来决定的，而且在实施过程中要不断和预期做校验，定期评估。渠道策略也不是一成不变的，企业需要根据整体环境，其他因素——产品（Product），价格（Price），促销（Promotion）（以下简称 3P）的变化来对渠道策略进行调整。例如，互联网对渠道策略的影响；现阶段有些企业开始考虑到环境和资源保护因素对渠道策略的影响。渠道策略也需要有一定的持续性，这毕竟是涉及外部企业的政策，从设计、实施，到产生结果，需要一个比较长的时间。渠道策略改变太快，只会使得市场更为动荡，同时使渠道失去信心，从而减少合作伙伴对本企业产品的投入。

◆ 例 1

企业 A 推出一个新的产品，产品归属于 A 企业服务器系列，但不是传统的操作系统，价格也相对便宜。当时考虑渠道策略时，这个产品被定位成服务器系列中的低端产品，打算放在现有的渠道体系进行销售。但为了避免产品进入市场前期阶段，渠道之间过分竞争，打乱价格体系，所以采用了独家分销的方式，整个销售团队也是相应配合这个分销商。一年之后发现并不成功，虽然这个分销商非常努力，但因为企业 A 前期市场宣传不够，加之其他分销商需要从这个独家分销商拿货，而销售意愿不强，甚至用自己可以拿到的其他产品和这个新品进行竞争，最终这个产品并没有达到销售预期。当时一位代理商老板曾经对这件事有过评论："你们说这是个特别好的产品，但你们厂家自己前期都不投入经营。这不就像一个人生了个孩子，一出生就让别人抚养一样嘛。我们怎么有信心在客户端帮你们推荐呢？保险起见，还是卖过去的传统产品吧。"这是典型的在新产品进入市场初期，因为渠道策略错误，对产品销售造成负面影响的例子。

◆ 例 2

这是一家经营 LED 的企业，有自己的研发和生产团队，在中国境内和海外都有非常强的销售体系，企业以往一直采用直销的方式，也一直做得非常出色。当企业推出一款新的低端产品时，企业觉得在这条产品线，可以部分采用渠道的方式，扩大市场触角，提高整体的销售额。但这个企业并没有懂渠道管理的人员，导致没有做充足的论证形成明确的渠道策略。一年后，这条新的产品线销售额达到了预期，也给企业带来了一定的利润，但公司复盘时发现利润率下降了，更麻烦的是，不单单这条产品线的利润率下降，而且整体利润率下降。原来因为这条产品线走渠道，让利给中间商，的确也增加了销售额，但因为整体并没有做好费用预算（这点会在后面专门章节讨论），也没有规划好直销和渠道并存时的价格体系，导致企业可以直销的项目也走到了渠道，甚至影响到了其他高端产品线。如果之前能够明确所用渠道的作用（比如是否承担账期，是否有库存……），预先分析好渠道可能需要的费用，明确项目特价的权限，做好渠道冲突、渠道和直销冲突时解决的预案，尽量独立出此条产品线的营销渠道……可能效果会更好。这也体现了明确渠道策略的重要性。

我们再来看一个渠道策略在企业转型中的例子。在转型过程中，渠道策略如何随企业的战略转型而变化，对渠道成员又有哪些影响？

◆ 例3

企业A将启动面向未来的战略转型，企业将退出低端产品的竞争市场，转向高附加值的高端产品线以及服务。企业A认为成功转型的关键是推动渠道体系与新的战略同步转型，这被称为新生态计划。

该计划旨在未来三年，在重点行业招募具有专业技术能力的合作伙伴，着重在部分高端产品的联合开发；以及从用户需求出发，为用户提供定制服务。企业向现有渠道伙伴提出转型计划，并推出扶植和赋能，增加渠道伙伴价值；为使分销商积极参与发展二级经销商网络，企业A推出了由二级经销商选定分销商，绑定合作关系，这样分销商可以在转型期间对二级经销商做大量的投入，有利于渠道的能力提升，也激发了分销商开拓市场、赋能二级经销商的积极性；而部分现有渠道，如未转型的低端产品转售渠道则将自然淘汰。企业A将和合作伙伴一起在未来数年打造高端产品和服务的运行体系。

这种渠道策略的改变源于市场的变化、产品线的变化以及企业对渠道的需求和定位的变化。

在上面这个例子中，渠道的转型将在较长的时间一步步推进。也有一些渠道的改造是需要短期完成的，典型的例子就是企业之间发生并购时的渠道整合，企业的业务发展方向发生改变等。

现在企业关注较多的是数字化转型，我们在第1章的渠道生态中也谈到了数字营销，以及数字营销带来的新的伙伴类型。企业进行数字化转型，渠道策略也会随之变化。例如，企业更注重发展线上加线下的全渠道营销，分析和管理全渠道的数据（包括门店、天猫等第三方平台、自有网上商城、微信公众号、小程序等），来推动新客的获取和转化，以及已有用户的复购；企业重新划分线下渠道和线上渠道的功能，并以VR等方式改进用户体验。

至此，我们讨论了渠道策略五个方面的第一个，也就是渠道在企业的整体目标和市场营销体系中的定位。之后的渠道设计，包括规划渠道建设的投入，都需要基于定位来决策，有时候我们狭义地把定位称为渠道策略。

我们需要清楚，只有明确了渠道策略，后续才能做好有序的执行，否则，则会造成渠道管理中的混乱。在渠道管理中，很多渠道冲突是缺乏明确的渠道策略造成的，例如渠道密度过大，合作伙伴过于拥挤造成不必要的竞争；对目标用户的细分需求理解不够，造成渠道类型匹配不当，也就是选错了合作伙伴类型；多渠道的情况下，由于缺乏规则和整体设计，造成业务混乱等。我们将在下一节渠道设计中，讲述具体含义，以及如何避免这些情况发生。好的渠道设计旨在让不同的最终用户需求都得到满足。

2.2 渠道设计

2.2.1 渠道设计的概念

渠道设计是指在创建全新的市场营销渠道或对现有渠道进行改进的过程中的决策，它包括从零开始的渠道设计，也包括对现有渠道的改进设计，是管理者主动为之的。渠道设计一般是由企业的渠道负责人或销售负责人完成，是一种自上而下的设计思路。还有一种渠道结构形成是自下而上的，比如迫于市场压力形成的渠道结构，或由于渠道话语权过于强大，而最终形成的渠道结构，这种情况不属于渠道设计。

当企业的最高层明确了渠道在企业整体目标中的定位之后，渠道设计者则需要给出渠道的设计规划，从企业的视角出发审视渠道，进一步思考并明确渠道的目标、功能和任务，渠道的结构，渠道的成员等，它将作为企业后续渠道行动的蓝本。渠道设计的目的是企业在市场上获得竞争优势，从而实现企业的营销目标。渠道负责人或销售负责人在设计的过程中必须充分考虑企业整体情况，并和企业最高决策者保持沟通，确保渠道设计符合渠道策略的思路，在设计完成后，需要得到企业最高决策层的首肯。

一般在以下情况发生时，会触发对渠道的设计：

① 新的公司在筹备时。这种情况下，渠道设计是和整个市场营销设计同时发生的。

② 当企业有了新的产品或新的产品系列，而现有的渠道不适合新产品的渠道策略时。

③ 当产品投放到新的市场时。比如一个国际品牌产品进入中国时，必然不能沿用在原产国的渠道设计，而需要重新进行中国市场的渠道设计。或者一个中国企业，准备进

入某个海外市场时。

④ 当市场营销中其他 3P 发生重大变化时。

⑤ 当市场环境发生大的变化时。

⑥ 当企业的战略发生转变时。包括企业战略的调整，以及合资收购等引发的企业战略变化。

⑦ 当现有渠道发生重大变化时。比如，某一重要合作伙伴发生问题，其在整体渠道体系中占很重要的位置；重要合作伙伴之间发生并购；渠道之间发生重大冲突，以致影响到整个渠道体系的运行……

⑧ 当企业定期回顾时，往往也会触发对渠道的绩效评估以及渠道的重新设计。比如每年财年末，企业一般都会对上一年进行总结，并制定下一年的目标和计划，对渠道策略往往也会有所调整，这时也有可能对渠道进行重新设计。

渠道设计在多数情况下不需要进行全新的改变，而是对现有渠道进行一些调整和升级。

2.2.2 渠道设计的步骤

整体渠道策略在企业及企业市场营销策略中的位置确定后，就要进行更具体的渠道设计。渠道设计基本会遵循如下几个步骤：建立并确定渠道的目标；确定渠道的功能和任务；策划可行的渠道结构并进行评估；选择最佳的渠道结构；选择渠道成员。

2.2.2.1 建立并确定渠道的目标

如图 2-2 所示，我们再次强调，渠道目标和策略与其他 3P 一样，是企业市场营销目标与策略的一部分，是为了支持企业整体目标与策略而设置的。一般渠道目标是由企业市场营销负责人或者是企业最高决策人给出的，例如在年度规划中，企业给出渠道的年度目标。根据企业的具体情况和要求，渠道目标可以是业绩目标，也可以是非业绩的考核指标。渠道负责人第一步先要和高层沟通，明确渠道目标，才可以着手渠道设计。往往初期阶段，最高层负责人也不能完全明确给出渠道的目标，或者目标会发生改变，这是非常正常的现象，这就需要渠道负责人跟市场营销负责人或企业最高负责人保持密切的沟通，在希望得到明确指令的同时，及时反馈渠道设计情况，以便形成整体的企业市场营销策略，同时可以促进渠道目标的确定。

渠道策略是企业关于渠道的大方向，回答的是上一节中提到的最主要的问题：渠道在企业和企业市场营销体系中的位置，如何设计渠道，选择什么样的渠道成员，如何管

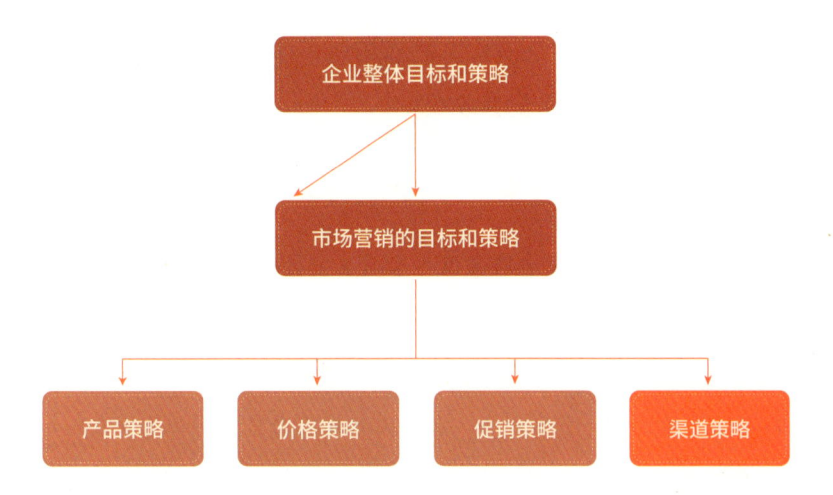

图2-2 渠道的目标

理渠道，如何评估渠道成员的表现等大问题。渠道目标是渠道策略确定后制定的，目标分长期和短期。长期目标是渠道策略的构成要素，短期目标是实现策略的一步一步里程碑。

2.2.2.2 确定渠道的功能和任务

在第 1 章里，我们探讨了渠道（广义）的功能。在进行渠道设计时，设计者需要明确哪些渠道功能是企业需要的，而且应尽量细化需求。

比如对于一个服务企业用户的渠道来说，它的渠道任务一般包括销售、市场、交付、技术支持、风险承担（特别是资金方面）等，以下列举一些常见的渠道功能和任务：

① 帮助进行市场拓展。

② 提供售前技术支持。

③ 提供技术增值服务。

④ 提供快捷交付。

⑤ 持续收集市场信息。

⑥ 为多种客户处理订单，按固定格式向企业下单。

⑦ 完成不同条款的客户合同，按约定向企业付款，承担其中风险及费用。

⑧ 完成工厂到最终用户端的物流服务。

⑨ 提供部分装配，集合应用等服务。

⑩ 提供一定水平的售后服务。

……

不同企业对渠道功能要求是不一样的，所以需要根据企业自身情况列举，并进行分析，而且企业对于渠道功能的需要也可能会改变。

◆ 例4

在早期，某跨国公司 A 产品在中国是离岸交易生意，就是所有货物都是根据合作伙伴或客户订单，在国外制造完成，然后在中国香港交给合作伙伴。合作伙伴用可接受的信用证 LC 或电汇 TT 的方式付款（美元）给到 A，完成交易。21 世纪初，A 企业加大了对中国市场的投入，在深圳建立了工厂，开始生产一系列产品，在中国开始境内交货的业务模式。

从表面看这个改变好像对整体销售不会有太大影响，但实际当考虑渠道承担的任务及作用时，就会发现有很大的改变。主要改变为：

① 原来渠道承担的运输作用里的进出口任务没有了，可以想象，在那个时期，进出口的效率高、费用低是分销商的竞争优势，一旦这个作用取消了，分销商之间的竞争格局就有所改变。而且原来分销商都会在中国香港拥有库房，现在也需要重新考虑仓储问题……

② 原来渠道承担的资金任务发生变化。境内交易是人民币结算的，这和境外交易的美元来源不同，资金成本不同，准备金比例不同。比如很多渠道的境外交易是委托进出口公司开证的，长期交易的情况下，一般 30% 左右的准备金，就可以开出全额的信用证，这样进出口公司就承担了一部分资金。有些渠道只有境外的资金资源，转到境内人民币后，短时间之内很难马上有充足的资金支持。可见整个渠道竞争改变了。

从企业的合作伙伴部门来看，当公司整体决策已经确定后，必须将可能发生的问题及时反馈给高层，同时重新审视渠道结构，以及成员构成，提早做好预案。比如是否有一段时间的特殊奖励计划，帮助渠道度过这段时间；是否及时沟通财务公司，在信贷方面对主要渠道成员的资金安排做好预案；是否选择新的合作伙伴弥补空缺……

可见，一个公司业务及其他方面的改变，会对渠道的结构、成员产生很大影响。

◆ 例5

在大数据和人工智能的时代，数字化转型使得用户的业务创新变得活跃起来，在创新探索的过程中就出现了企业、合作伙伴和用户一起的共创模式。这时企业和合作伙伴的销售再用传统的向用户推介产品的方式就不奏效了，企业、合作伙伴和用户共同脑力激荡，再以最快速度做出最小原型。当原型在小规模验证中取得效果时，再进行迭代升级，并扩大试用规模。在这种情形下，传统的售前支持的功能发生了改变，用户会需要创意人员，会需要咨询式的服务，会需要企业和合作伙伴项目人员具备了解业务流程、并能通过技术重塑业务流程的能力。当市场发生了这样的变化，企业对合作伙伴的需求就发生了变化，渠道的功能和渠道成员的选择也就随之发生了变化。

2.2.2.3 策划可行的渠道结构并进行评估

确定渠道目标和渠道主要任务后，就需要对渠道结构进行探讨与设计，相当于对渠道产品或服务到达最终用户的路径进行探讨，包括渠道的层次、渠道的密度和渠道的种类。

(1) 渠道的层次（图 2-3）

最简单的就是两层：从企业直接到最终用户，也就是所谓的直销。就是企业通过自身的力量，完成市场销售任务。

三层结构：企业商品经过一层中间商传递到最终用户。

多层结构：企业商品经过两层或两层以上中间商传递到最终用户。

(2) 渠道的密度

渠道的密度是指各层渠道成员的数量。企业根据自己的情况，可以在特定领域里，采用唯一的中间商；也可以在特定领域里，采用尽可能多的中间商；或者经过挑选，采用一部分可用的中间商。

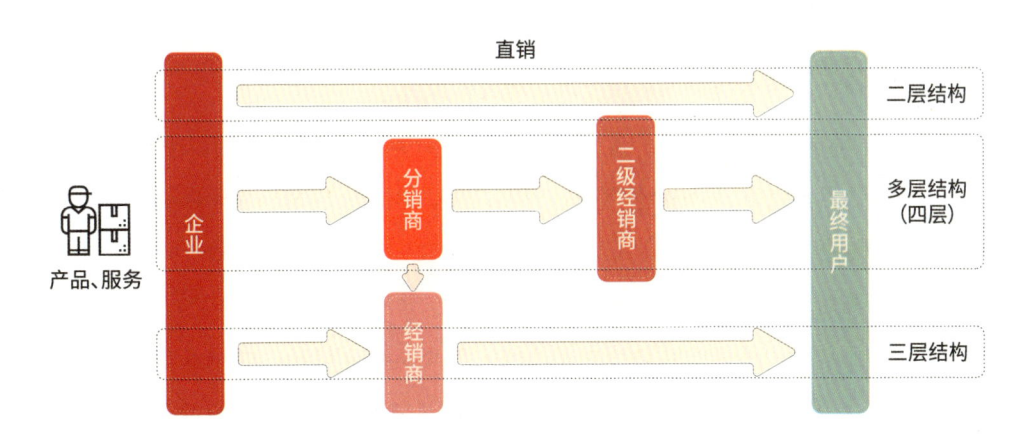

图2-3 渠道的层次

从理论上讲，企业如果希望在市场上把商品尽量铺开，会采取高密度渠道结构，比如很多消费类产品。相反，强调精选目标市场的市场营销策略，则需要建立一种精选的渠道结构。

（3）渠道的种类

我们在第一章介绍过各种渠道类型。在进行渠道设计时，需要考虑渠道各个层次中应该采取哪种渠道类型。因为不同类型渠道，所起的作用是不同的，渠道类型需要和企业希望渠道提供的功能相匹配。往往在渠道设计时，会是多种类型渠道混合使用，这也是基于企业对渠道的需求来决定的。

比如在渠道里，起物流作用的往往和技术增值的中间商不是一类，有资金实力的，往往不善于做市场推广……企业明确了需求，才能找对渠道成员，或将多种渠道进行组合。

◆ **例6**

20世纪80年代，Unix开放系统开始盛行，代表企业如Sun、HP、DEC和IBM。IBM于1986年推出AIX v1并同时发布RS6000服务器，也就是后来Power服务器的前身，相较于IBM大型机，被业界称为小型机。RS6000以其高可用性、高性能、可扩展性和安全性，为企业用户提供了强劲的服务器系统。

90年代，RS6000进入中国，早期的渠道结构是企业到经销商到用户的三层结构，合作伙伴以金融行业及其他行业的解决方案提供商为主。合作伙伴负责转售，采用离岸交易，由合作伙伴负责进口，IBM则提供安装和售后维保服务。早期无论是用户还是合作伙伴都只是刚开始接触到小型机，技术方面较多依赖于原厂的技术团队。

IBM的x86服务器更早进入中国市场，并有了较成功的分销模式。IBM中国也开始在RS6000引入数家分销商，将RS6000推广到更广泛的领域。之后IBM通过市场大力宣传VP2000计划（Value Partner 2000）在全国范围大力发展二级经销商，将合作伙伴的规模从当时的几十家扩展到上千家。

在VP2000计划中，渠道的结构为四层结构，即企业、分销商、二级经销商和用户。计划的展开是以区域形式，也就是IBM到每一个省开展渠道招募活动，宣传产品和渠道策略，通过招募活动找到有意向的合作伙伴，开始持续地赋能。

2.2.2.4 选出最佳渠道结构

如何选出最佳的渠道结构，一般来说有六大基本因素需要考虑。

(1) 市场因素

企业离目标市场距离越远，一般来说，使用渠道的成本就会比采用直销方式的成本来得更低。例如，跨境电商通过贸易商、亚马逊平台等进行销售。如果市场规模很大，一般会采用较多的中间商，如果规模很小，一般直销就可以完成。例如，日用品产品种类多，数量大，则会有较多的中间商，包括大型超市、便利店、商铺、售货机、淘宝商家等。

在一定区域里，购买产品的客户数量被称为市场密度。市场密度越低，使用中间商的可能性越大；相反，市场密度越高，越不会使用中间商。例如，服装企业在中心城市采用直营店，在其他地区采用加盟商或经销商的形式。

从客户行为来看，客户如果只是少量购买，通常使用长渠道来达到目标市场。客户购买如果有高低峰期，则渠道商的库存能力可以缓解企业生产过程中的压力。例如，空调等有季节性的产品。客户购买的决策者越集中，越有可能由直销方式完成。

(2) 产品因素

产品是决定渠道结构的重要因素，一般会涉及技术含量，产品体积，是否有易腐性，单位价值，是否定制，产品生命周期处于哪个阶段等。

一般来说，产品技术含量越高，越倾向于用直销或短渠道的方式。因为对于产品的技术特点、售后服务等，市场上能熟练掌握技术的相关人员少，企业或经过能力认证的合作伙伴直接服务客户，会产生比较好的效果。

产品标准化程度越高，可以采用的渠道长度越长；产品越需要定制化，则渠道长度越短。例如，汽车的技术含量较高，通常是短渠道，用户倾向于到 4S 店，并和专业销售人员确定型号，以及个性化的颜色、内饰、附加功能等。

产品运输成本大（体积大、重量大、易腐等），一般为减少运输转运成本，会用短渠道。但如果产品的价值高，就要看运输成本占整体的比例了。当产品不需要实物的转移，可以直接由供应商给到最终用户使用，此情况不适用。例如，生鲜食品一般需要使用短渠道，来减少中间环节耗费的时间。

产品生命周期前期，一般需要快速建立市场，企业会采用大量的促销行为，渠道太长，则难以达到此目的。

(3) 中间商因素

这里需要考虑的是，是否能找到合适的中间商，以及使用中间商需要的成本情况。因为使用中间商是有成本的，不仅在项目上会有折扣，而且渠道体系建设需要大量前期投入，一般好的渠道体系会提前做好渠道费用的预算（这会在后面的章节专门讨论）。另外，还有渠道管理成本。因此企业需要比较使用渠道的成本和直销的成本，或不同渠道结构的成本。此外，企业还可能面临中间商的能力问题，要看这一类中间商能否达到渠道设计时所制定的预期。例如，考虑到专业人员的缺乏和渠道建设的投入，有些医疗设备企业通过直销或中心城市的经销商将产品销往边远地区的医院，而非在当地发展渠道。

（4）环境因素

整体经济环境，企业所处的行业环境，竞争对手采取的渠道策略，目标市场的政策法律法规等，在决定渠道结构时，都需要考虑。例如，很多家电企业会选择类似的渠道，在超市、电器商城、网上售卖；电脑城集中了众多品牌的产品。

（5）公司因素

规模大的企业往往有更多渠道规划的可能，越有可能对渠道结构做出选择，也越有管理渠道的能力。企业自身的品牌影响力、市场能力和管理能力，也对渠道设计有影响。一般企业自身能力越强，渠道结构的选择余地越多。否则，渠道中间商的实力强，对市场掌控大，企业往往选择余地就少。例如，有些小企业生产的食品很难进入全国性的大型超市，转而选择地区性的众多的小商铺销售推广。当然随着产品被市场接受，产品本身因素大于市场销售因素时，企业的主控力会逐渐加强。

（6）行为因素

渠道成员都是彼此独立的经济主体，有不同的需求与目标，再加上各自文化和经营实力等不同，使得企业和渠道之间，渠道和渠道之间会有不同的行为。协调渠道，避免过分的冲突，需要渠道管理。如果彼此行为差距太大，会增加管理成本，造成交易费用增加，效率降低。所以构建渠道时，要充分考虑企业与渠道中间环节的关系，以及渠道成员之间的关系。管理者应该尽量明确各自的职责，安排好分工，控制冲突（不是完全避免冲突），并提前约定各种事宜。最基本的事项，都应在合作伙伴协议里明确。合作伙伴协议是企业与合作伙伴签署的一份具有法律效力的文件，作为大家合作的基础。这也是渠道构建初期，最重要的工作。渠道结构越复杂，对于渠道的行为管理就会越复杂。

渠道设计者需要考虑本企业以及外部的具体情况，通过上述几个方面进行思考，寻找并确定最适合本企业的渠道结构。

2.2.2.5 选择渠道成员

渠道结构确定后,如何选择渠道成员就是非常重要的工作了。当企业明确了需要实现的渠道功能,确定了渠道结构后,企业已经知道需要寻找哪种特性的渠道成员,以及大体的数量。比如需要渠道的财务功能,可能对于渠道的规模、财务状况就需要考虑;或者渠道结构中设计有分销商承担此功能,那么分销商的资金实力就是重要考虑因素,而其他二级经销商此方面能力就可以相对忽略。有关渠道成员的选择,我们会在下一小节单独讨论。

2.3 渠道成员的选择

通过前期的工作,企业基本明确了渠道的结构,包括渠道的层次、渠道的密度、渠道的种类。这一节我们通过举例来描述渠道成员选择时应考虑哪些因素。

假设某企业采用了图 2-4 的渠道结构。该企业的渠道的层次包含了两层、三层和多层渠道结构,并采用了多渠道组合的模式。其中,两层结构是企业直接销售给用户,也就是直销。只有三层和多层渠道结构中存在中间商。因此,三层和多层渠道结构属于渠道工作范围。需要注意的是,过多的层级不仅在管理上增加难度,也会增加成本,增加物流和货权等方面的风险,也更容易出现渠道违规。在实际项目中,超出正常的层级应属于特例,企业需要预先审视每一层的必要性,是否有不可替代的的价值增值,再做决定。

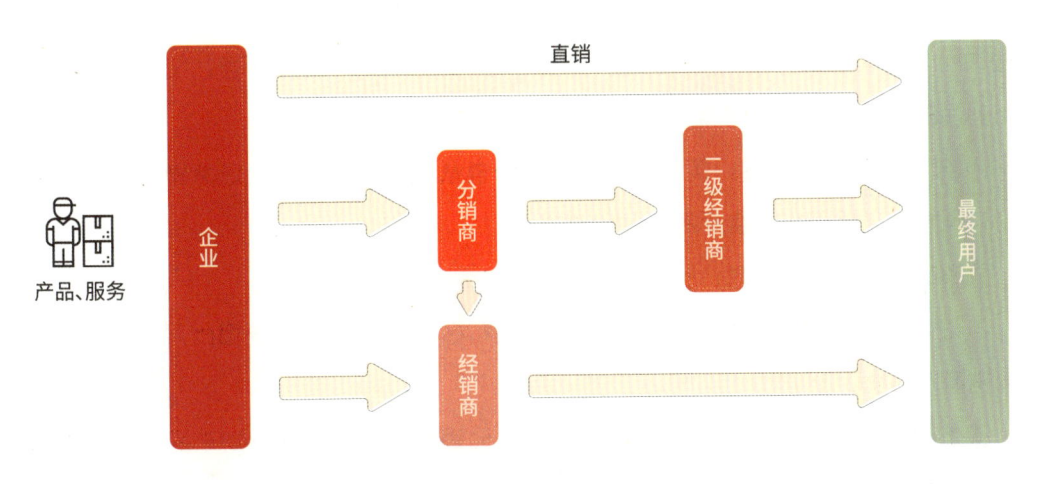

图2-4 渠道成员的选择

该企业出现了三种渠道类型，分别为分销商，经销商和二级经销商。下面按照渠道类型角度，介绍一下如何选择渠道成员。

2.3.1 分销商的选择

由于分销商的数量少，合作业务量大，对产品推广的影响大。分销商的选择、审核以及双方合作条款的谈判过程，在有的企业是公司管理层亲自参与的。

企业考虑的主要因素可以分为以下几个方面：

① 分销商的二级渠道网络情况，以及分销商的口碑和市场地位。例如，分销商是全国性的覆盖，还是区域和特定行业的覆盖；在分销商行业的排名如何；分销商对市场的了解度如何。

② 分销商的管理体系，以及服务二级经销商的能力和特色。例如，分销商的售前、售中和售后服务能力；管理体系是否能够提供长期一致的业务支持。

③ 分销商的合作意愿，愿意投入的人员和资金。例如，是否会建立专职的团队投入本企业产品线的分销。分销商团队中有一位管理人员，俗称操盘手，全面负责本合作企业的产品运作。操盘手非常重要，需要协调推动分销商和企业建立一致的目标和有效的沟通机制，也决定了能否在分销商内部调动有效的资源发展业务。

④ 企业的产品线在分销商的业务中的地位。例如，分销商是否已经代理竞争对手的同类产品，如果是，在业务中有没有有效的区隔；分销商现有的产品是否和企业的产品产生互补，能否组合销售，而不是相互冲突。

⑤ 分销商的财务情况。例如，通过分享近年的财务报表，了解分销商的财务情况；通过询问，可以了解分销商对二级经销商的财务支持条款；通过沟通，了解分销商对营收和利润的要求等。

⑥ 分销商的诚信情况。例如，分销商是否遵从法律法规，是否愿意遵从企业渠道体系的管理规范，是否重视合规和风险管理等。

分销商选择合作企业时，也会从以下方面进行考察：

① 企业口碑和市场地位。例如，知名企业和名不见经传的企业相比，前者更容易得到分销商的青睐。

② 企业产品市场份额或潜在市场规模。对分销商来说，这关系到产品是否容易销售以及业务的可持续性。

③ 推销企业产品是否有丰厚的利润，以及投入产出情况。

④ 企业的渠道策略和渠道管理能力。例如，是否有直销团队，分销商和企业销售团队是业务竞争关系还是相互支持关系，渠道规则是否清晰，渠道管理力度如何。

⑤ 企业的管理体系和沟通支持力度。在企业和分销商的关系中，人的因素也非常重要，如果双方诚信对待，建立长久稳定的信任关系，将增加双方的收益，而当双方利益冲突时，也更容易理解对方，商量出折中的互惠方案。

2.3.2 二级经销商的选择

与分销商对应的二级经销商网络，不需要与企业直接对接商务，它的大部分技术支持、销售支持、财务支持和商务条款的支持都是由分销商提供的。但如第 1 章所说，在企业生态体系中，二级经销商对企业非常重要，企业会直接向二级经销商宣讲产品和进行技术赋能，对二级经销商进行年度审核和业绩评估，并对优秀的二级经销商给予奖励。同时，企业还会对二级经销商有合规要求。

二级经销商通常由分销商开发，或由企业开发交由分销商共同支持管理。

企业在选择二级经销商时，主要考虑的因素可以分为以下几个方面：

① 实现良好的行业和地域覆盖。

② 好的最终用户关系。二级经销商需要做用户的长期维护。

③ 有较强的合作意愿，并投入人力和资源。

④ 二级经销商的诚信情况。例如，二级经销商是否遵从法规，是否愿意遵从企业渠道体系的管理规范，是否重视合规和风险管理。

二级经销商在选择企业时，较多关注以下方面：

① 企业的口碑和市场地位。

② 产品质量好，在最终用户端的潜在需求情况。

③ 销售企业产品能否获取丰厚利润。

④ 企业的渠道策略是否清晰透明，企业的执行力，支持力度。二级经销商很在意自己的投入是否会因为渠道冲突而造成损失。

2.3.3 经销商的选择

由于经销商体量大、能力强，在最终用户端有很强的影响力，企业通过向经销商描述合作的愿景，提供支持方案，力争和经销商联手合作。

企业选择经销商主要考虑的因素可以分为以下几个方面：

① 经销商在行业的地位和在最终用户端的影响力。例如，是否是行业头部。

② 经销商的能力。例如，经销商的技术实力、解决方案能力、服务能力等。

③ 经销商的合作意愿，愿意投入的人员和资金。

④ 经销商的财务情况。例如，通过分享近年的财务报表，了解经销商的财务情况；了解经销商对营收和利润的要求。

⑤ 经销商的诚信情况。例如，经销商是否遵从法规，是否愿意遵从企业渠道体系的管理规范，是否重视合规和风险管理。

经销商在选择企业时，较多关注以下方面：

① 企业口碑和市场地位。

② 产品的质量，在最终用户端的潜在需求，产品的持续性。

③ 推销企业的产品是否有丰厚的利润。

④ 企业的渠道策略是否清晰，执行力如何，支持力度如何。例如，企业是否有直销团队，企业的销售团队和经销商之间是业务竞争关系还是相互支持关系，渠道规则是否清晰，渠道管理力度如何。

⑤ 企业和经销商之间能否建立较好的沟通机制，以及长期稳定的信任关系。

影响渠道成员选择的因素不是一成不变的，渠道策略发生变化，选择渠道成员的侧重点也会发生变化。在完成了渠道成员选择的决策之后，企业将对每一家具体的潜在合作伙伴进行审核，并决定是否成为合作伙伴，具体过程将在本书的"渠道招募"章节进一步描述。

为了方便读者进一步理解渠道体系如何设计构建，我们在本章的案例和补充资料中继续以这个假设的企业为例，来模拟渠道设计构建过程，供读者参考。

至此，我们已经讨论了渠道策略的几个重要的方面，包括在整体目标和市场营销体系中渠道所占的位置，如何设计渠道，如何选择渠道成员。我们将在后续章节中讨论如何管理渠道，以及如何评估渠道成员的绩效。所有这些，都是企业在策略规划层面需要思考决策的部分，是企业内部的行为。在明确了渠道策略之后，我们将在后续章节讨论执行层面，也就是企业和合作伙伴之间的执行行动。

2.4 渠道构建的重要事项

2.4.1 渠道策略应在企业内部各部门形成共识

渠道策略是企业内部的决策行为，是企业战略的核心之一。渠道策略和后续的执行并非只是渠道部门一个部门的事情。由于渠道策略直接影响产品的销售和市场，也涉及人员和资金投入等方面，它通常由企业多个部门的负责人包括渠道负责人、产品负责人、销售负责人、市场负责人、财务负责人共同协商，由企业负责战略规划的部门共同参与，并由企业领导层决定。在后续的执行中，通常由副总裁级别的领导负责，例如渠道副总裁，或者销售副总裁负责，并需要进行跨部门的协作。

在渠道策略制定过程中，企业不同的人员要承担不同的作用：

（1）企业领导层

渠道策略中最重要的问题，即渠道在企业整体目标和市场营销体系中的定位，是由企业的最高领导层制定的。企业的领导层还需要下达渠道目标。对于渠道负责人提交的渠道设计方案，企业的领导层需要审核，讨论并确认。渠道策略阶段有很多重要的财务和投资决策，也必须由企业领导层参与或决定，例如，渠道的人员预算和其他预算。企业领导层在财务投资的同时，也需要对预期回报的时间和期望有所设定。这里需要注意的是，构建渠道投入较大，且预期回报不会马上发生，而需要经过较长的时间周期，企业需要对此有心理准备。渠道策略制定后，企业领导层将通过内部沟通机制通知各部门，确保目标统一，行动一致。

（2）渠道负责人

渠道负责人负责提交渠道设计方案和预算规划。渠道设计方案需要和领导层沟通，获得领导层的确认，预算规划得到审批。同时，由于预算和未来的执行均涉及多个部门，渠道负责人需要在策略制定阶段就做好跨部门的沟通。

（3）市场部门

市场部门应设立专人负责渠道相关的市场活动。市场部门负责人应确保渠道活动符合市场部整体规划，向用户传递的是一致的信息。市场部需充分了解公司的渠道策略，清楚渠道市场的预算，以及市场部在招募潜在的合作伙伴，向合作伙伴做市场宣传和推广，和合作伙伴一起通过联合市场活动增强市场效应等方面的重要职责。在渠道负责人和市场部的沟通之后，需要就这几方面达成一致。

(4) 产品售前部门

产品售前部门需设立专人负责渠道相关的赋能技术支持。产品售前部门应充分了解公司的渠道策略，清楚渠道市场的预算，确保在人员、赋能计划和执行、设备资源等方面可以支持渠道完成目标。这需要在渠道负责人和产品售前部门的沟通中达成一致。

也有的公司的组织架构中，渠道市场和渠道产品售前的职责，都放在渠道部门之内。在这种情况下，仍需要这些同事通过虚实线的双线汇报的形式，进行跨部门的协调工作，例如渠道市场的同事需要同时向渠道部和市场部沟通协调汇报，渠道产品售前需要同时向渠道部和产品售前部门沟通协调汇报。

(5) 销售部门

企业的销售部门与渠道合作伙伴的责任和业绩划分，通常是影响销售业务的重点。企业需要明确直销团队和合作伙伴的地域的划分，哪些属于直销用户，哪些属于渠道用户，各自在自己的地域内发展，避免冲突。有些企业的业务需要销售团队与合作伙伴互相配合完成最终的销售，例如，高端服务器、大型医疗设备等，通常是企业销售和合作伙伴销售并存，两者没有明确的客户划分。则企业需要考虑业绩分配问题，实践中，有的企业采用业绩双算的方式，也有的按一定比例分配。无论哪一种，企业都希望自己的销售团队和合作伙伴之间形成相互支持的合作关系。企业对内需要清晰明确销售部门和合作伙伴之间的业务职责和业绩划分，对外向合作伙伴沟通清楚渠道策略，并严格执行，这一点非常重要。渠道负责人和销售部门需要在这一点上达成一致。

在渠道策略制定阶段，渠道负责人背负了很重要的职责。渠道负责人在设计方案、研究预算规划的过程中，需要与各个部门做大量的沟通。渠道策略一旦制定，企业需确保各部门都清楚企业的渠道策略，并在执行过程中各部门保持目标一致。需要明确的是，公司的渠道业务，并非渠道部门单独完成，渠道合作伙伴是公司的重要资源，而非部门的资源。

当企业明确了渠道策略，做完跨部门的沟通工作后，渠道部门将和各部门制定出很多具体执行计划，例如招募计划、渠道培训和市场活动日程表、销售推进和业绩跟踪等。在日常执行中，渠道部门将一直需要跨部门的支持，当各部门有了共同的目标，有了之前的沟通和一致的认知后，对渠道部门的支持工作就会更加顺畅。

2.4.2 渠道策略应向企业外部清晰沟通

值得注意的是，和企业的战略目标一样，当渠道策略制定后，企业的各部门都需要理解并能清晰地向市场、用户和合作伙伴群体表述出来，需要防止"千人千面"的随意解释。企业可总结对外沟通的统一描述，有时候，渠道策略直接包含在公司战略目标描述之内。

◆ 例 7

以下是国内 RPA 创业公司云扩公司的渠道策略描述（图 2-5）：

从图 2-5 可以看到，这个企业的渠道策略是：渠道为先（非直销），需要行业合作伙伴和具有交付能力的合作伙伴。而企业自身则专注于产品的研发。

云扩智能 RPA　T 型生态联盟

和合作伙伴在产品适用广度上不断交叉验证深入打磨价值场景

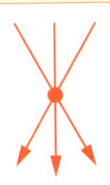

横向：行业领域拓展 交付最佳解决方案
策略：半条命交给合作伙伴，连接各领域行业深耕经验，跨越学习曲线，直切客户痛点，用最佳解决方案交付最大客户价值。

纵向：挖掘技术深度 提升产品市场匹配
策略：云扩科技集中投入巨大研发成本，夯实技术及平台稳定性、拓展性、安全性和智能性，打造全球 RPA 技术领头企业

图2-5 云扩渠道策略

2.4.3 渠道构建的其他注意事项

最后，在渠道构建的过程中，还有几点需要注意。

① 企业通常需要考虑互联网对渠道的策略和设计的影响。上一节我们谈到随着互联网的发展，渠道扁平化是否意味着可以直接消除中间商。我们可以看到互联网在渠道业务中提升了效率，也容易消除地域对信息的影响，提高信息的易获得性。例如，销售环节的试用软件下载，采购环节的通过网页下订单，或者是网上的采购招投标，赋能环节的线上课程等。但互联网的发展并不能取代渠道的所有功能和任务。例如，相比于互联网，

合作伙伴能更好满足用户对差异化服务的需求。因此，企业在制定渠道策略时，仍应审视企业需要渠道的功能和作用，再考虑这些功能和作用是通过互联网直销，还是需要渠道，或需要直销加渠道的多渠道模式。企业在渠道的设计时，可以充分利用互联网带来的便利，同时，引入渠道完成互联网所不能满足的功能和任务。

② 多渠道的渠道策略，目的是充分利用各个渠道的成本优势，价值优势，组建一个立体的覆盖模式。需要注意的是，多渠道的渠道策略需要划分主次，设立联动机制。企业可以预演对各个渠道的期望，计划在各个渠道上的投入，研究在各个渠道如何合理布局，明确界限，避免造成重复投入，也避免造成渠道冲突。例如，一个新企业，在设计渠道时，是选择经销商转售的单一模式，还是选择多渠道组合，同时把直销、分销、网上销售、电话销售中心一齐上，是值得商榷的。同样，当众多的选择让人眼花缭乱时，企业更应从投入产出角度思考聚焦。例如，商场、自动售货机、网店、电视销售、直营店……在丰富的选择中分散投入，还是挑选组合集中投入，需要仔细思考评估。

在各种模式下，都有成功的案例和失败的尝试，没有孰优孰劣的简单答案，都需要和企业的实际情况结合。管理层思考并做出决定后，就迅速投入行动，接受挑战，并通过绩效评估进行策略调整。

从管理的角度，企业明确渠道策略，对渠道进行规划，并有计划有选择地进行投入，是十分有意义的。它可以帮助企业在合理的成本下，实现每个阶段的渠道目标。企业切忌没有长期计划，只考虑解决眼前的短期问题，也应避免渠道策略只落在纸面，这些都将浪费企业的时间和资金，错过市场机遇，还会给合作伙伴和用户造成一种没有一贯性的印象，影响合作。

2.5 渠道构建案例1

构建一个完美的渠道几乎是不可能的，但如何选择相对好的渠道结构，从管理理论上有很多方法，包括财务方法、交易成本分析法、产品特性与平行系统法、管理学方法等，这些方法都会对构建渠道有帮助，但是都需要付出巨大的工作量，这里有信息收集和判断的过程。大多数情况下，人们难以做到十分完美的信息收集、分析和预测，并以此得出最终结论。如果读者感兴趣，可以参考相关的管理学书籍。由于本书的重点不在于对理论进行深入探讨，只是把自身实际经验和理论结合，分享给大家。作者将通过一个假设的新建公司的案例，分享渠道构建的完整经验。该公司的渠道体系在建立之后进行了不断完善，圆满完成了企业对渠道的要求。在筹备加上运行的一段的时间内，使用了本书很多的理论。因为此案例是一个虚拟案例（名称、数字、背景等），但是本节的案例，在后面章节也会使用到，所以在此先做一下整体背景的介绍，并在此主要介绍此公司渠道体系构建前期的工作。

产品及公司成立背景：

为了加快技术创新和市场占领，企业 A 和企业 B 在 2015 年开始筹备建立合资公司。新公司将专注在尖峰产品系列的研发、生产和销售，运用各自的行业优势，同时增强生态系统，目标在五年内成为领域的龙头企业，为用户提供先进的差异化的产品解决方案。

企业 A 和企业 B 在合资前，各有一条产品线，分别为产品系列 H 和产品系列 L。其中产品系列 H 有着非常高的技术含量，生产工艺高，客户接受程度高，金融领域为其主要客户；产品系列 L 为中低端产品线，制造领域为其主要客户。企业 A 和企业 B 把 H、L 两个系列产品的生产、研发、销售，投入合资公司，构成尖峰产品系列的基础。

合资公司成立后，产品除了服务于原有的主要客户群——金融和制造业，同时也要加速拓展其他行业。成立时双方原产品线的销售额约共计 6.4 亿元，占有一定的市场份额。成立第一年即 2016 年实现了 8 亿元销售额，2017 年销售目标为突破 10 亿元，实现 25% 的年增长。

企业 A 原 H 产品渠道情况：在 2015 年合资公司筹备时，企业 A 的 H 产品约有 800 家签约合作伙伴。其中分销商 3 家，经销商 35 家，面对最终用户进行销售的二级经销商约 769 家，如图 2-6 所示。在 H 产品销售额中，通过渠道销售比例占到 85%，其中通过分销商销售占整体渠道销售额的 83%（表 2-1）。企业 A 有专属的渠道部门，建有渠道体系。

企业 B 原 L 产品渠道情况：企业 B 的用户有直销也有通过渠道伙伴进行销售，有非常庞大的渠道队伍，但多为松散型合作伙伴。L 是企业 B 整体业务中的一条产品线，年销售额数千万元。L 的重点用户全部由企业 B 的销售团队直销，其他用户有直销也有通过渠道伙伴进行销售，渠道销售的占比约 30%。销售产品系列 L 的有十多家合作伙伴，是企业 B 的渠道队伍中的很小部分。图 2-7 为企业 B 的渠道结构情况。

对比 L 产品，H 产品的市场销量占主导地位，而且主要是以渠道销售为主的。合资公司成立后，渠道策略必然改变，如果不能快速出台合适的渠道策略，必然对市场有重

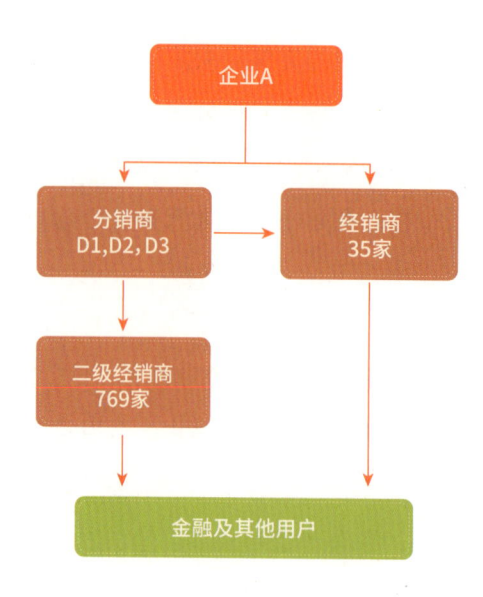

图2-6 企业A的H产品（合资前）的渠道结构（层次、种类、密度）

表2-1 企业A的H产品（合资前）的渠道业务情况

销售额 （亿元）	D1	D2	D3	分销商合计	经销商合计	渠道合计	企业
2014全年	2.0	0.9	0.3	3.2	0.9	4.1	5
占比	42%	17%	5%	64%	17%	81%	
2015上半年	1.1	0.5	0.3	1.9	0.4	2.3	2.7
占比	40%	20%	10%	70%	15%	85%	

大的影响，无论是合资公司成立后的正常业务，还是市场得知合资消息后，正在进行销售的两家企业的H和L产品的业务。

在宣布合资意向之后，合资公司成立之前，双方组建了合资公司筹备组，筹备组由近十个工作小组组成，分别负责产品、生产、销售、市场、人力资源、财务、风控、渠道等各个方面的准备工作。各个工作组分头工作，每周固定两次的沟通会，互相通报进展状况，提出需要讨论的问题。

在进行渠道设计时，第一步，设计者需要反复和主管市场营销的负责人沟通，明确未来合资公司对渠道的需求。新公司的渠道设计，必须充分考虑原来的渠道策略，因为从渠道销售情况看，企业A的渠道销售超过整体渠道销售额的90%。所以，第一步是让

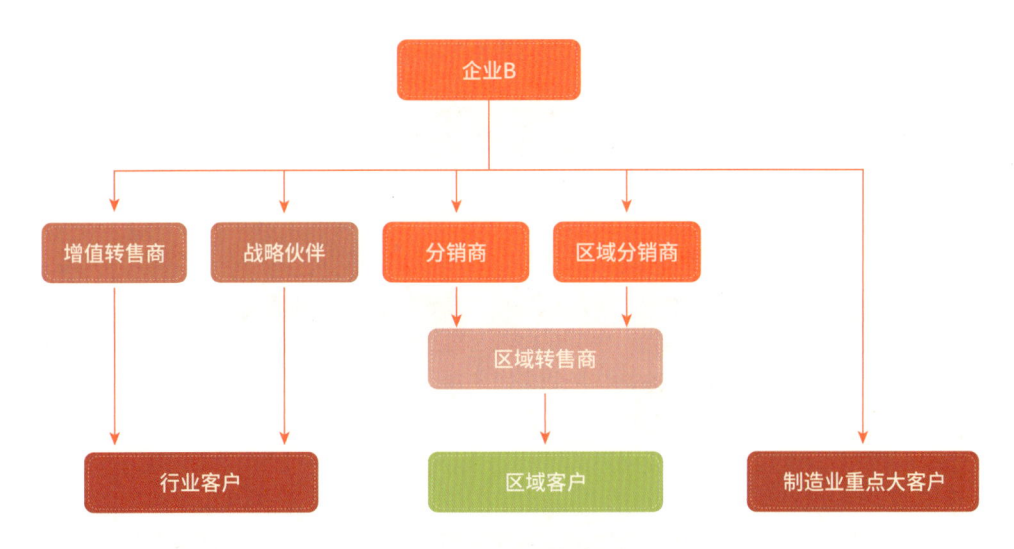

图2-7 企业B的渠道结构

市场营销的负责人，及以后可能是合资公司的管理团队（基本都在筹备组中）对现有企业 A 的 H 产品的渠道情况有充分的了解。很快筹备组给出方向，就是尽量保持现有 H 产品渠道队伍的稳定，同时引入企业 B 的优秀合作伙伴，构建新的合资公司渠道。新公司将继续以渠道为主的营销策略，并确定产品的品牌为尖峰。

然后，筹备组从整体营销层面对客户做了区分（图 2-8）：

金融客户：这些客户都是企业 A 的老客户，企业 A 原有合作伙伴与这些大的客户长期合作，优势明显，所以这类用户的 RTM 以企业 A 原有渠道体系为主。

制造业的直销用户：筹备小组重新梳理了企业 B 的 L 产品的直销客户，均为制造业客户，为长期用户，也是重点大客户。这类用户数量少，对产品价格极为敏感，而且有很多定制化的需求，同时也是企业 A 和企业 B 渠道涉及比较少的领域。所以这一类用户，继续采用直销的方式。

除此以外的用户，包括金融，制造业客户的新应用；合资后计划推出的新的低端产品，从而扩大的新的用户群；上述金融及制造业直销用户之外的所有行业：这一类用户的 RTM 采用企业 A 和企业 B 原有渠道，以及 OEM 的方式完成。

至此，渠道策略中最重要的部分，即渠道在企业和市场营销中的定位，已经确定了。同时渠道设计中的渠道长度也已经确定了。接下来就需要决定渠道密度和伙伴选择以及其他具体问题了。与此同时，未来企业给出了渠道部门的短期目标——维持市场中尖峰

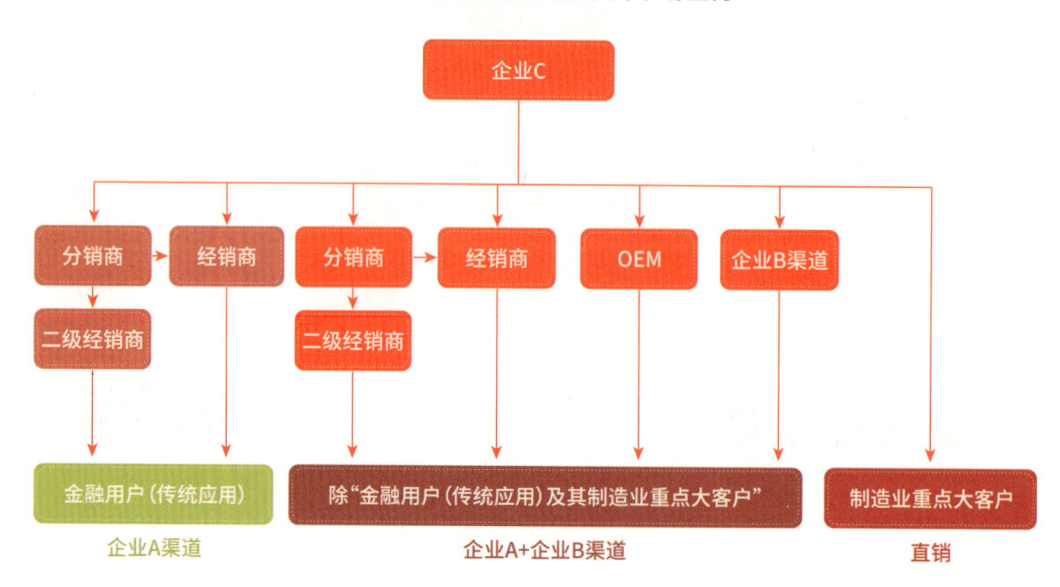

渠道策略建议方案：按不同市场区分

图2-8 新公司的产品到最终用户的通路设计

生态系统稳定，完成从原企业向合资公司尖峰产品业务的平稳过渡。

首先渠道设计者审核了3家原有分销商的情况，见表2-2，主要包括分公司数量，销售人员数量，技术人员数量，认证的销售及技术人员数量，支持的二级经销商数量，演示测试中心数量……

总体来看，几家分销商都有多年投入，经过走访，他们也都希望继续和合资公司合作，进行合资公司的分销工作。因为预期合资后，销售额将会增长，而且在公司初创阶段，更需要成熟的业务伙伴一起开拓市场，所以首先就决定保留原有3家分销商。

第二步，确定面向客户端的经销商数量，即一级经销商和二级经销商数量。当时渠道设计者也调取了800家有合约的经销商近三年的销售业绩，认证考试情况，项目数量等数据，同时从地域、行业角度进行了分析。

① 渠道业绩分析：企业进行了多个维度的三年业绩分析，包括各年度销售金额排名，销售占比分析等，见表2-3、表2-4。（企业A在2014年底对合作伙伴做了一次梳理，减少了约200家合作伙伴）

② 渠道技能分析：企业对合作伙伴进行了渠道技能及认证的情况分析，如图2-9所示。

③ 渠道按地域分布情况：分析了过去三年渠道的城市分布情况（图2-10），共覆盖

超过 50 个城市，但在三线及以下城市的合作伙伴数量较少。

④ 渠道按行业分布情况：企业分析了过去三年渠道业务的行业分布情况，主要集中在金融行业，其他用户未形成行业趋势，但在逐步增长中，如图 2-11 所示。

分析后，发现有一半以上的签约合作伙伴，在三年内和企业 A 没有交易。当时存在两种选择：

第一种，不分大小，多多益善，降低渠道门槛。

表2-2 企业A分销商情况

分销商	分公司	销售人数	技术人数	认证销售人数	认证技术人数	二级经销商	演示中心
D1	16	132	58	44	46	401	8
D2	19	57	53	23	36	263	7
D3	9	26	21	12	20	105	1
合计	44	215	132	79	102	769	16

表2-3 2015上半年企业A的H产品合作伙伴业绩分析

合作伙伴	合作伙伴数量	销售额（亿元）	销售占比
头部 30	30	2.0	73%
头部 50	50	2.2	82%
头部 70	70	2.3	87%
头部 100	100	2.5	93%
没有业绩	503	0.0	0%
2015 上半年	803	2.7	

表2-4 2014年企业A的H产品合作伙伴业绩分析

合作伙伴	合作伙伴数量	销售额（亿元）	销售占比
头部 30	30	2.6	63%
头部 50	50	3.0	73%
头部 70	70	3.2	80%
头部 100	100	3.5	87%
没有业绩	701	0.0	0%
2014 全年	1002	4.1	

合作伙伴技能

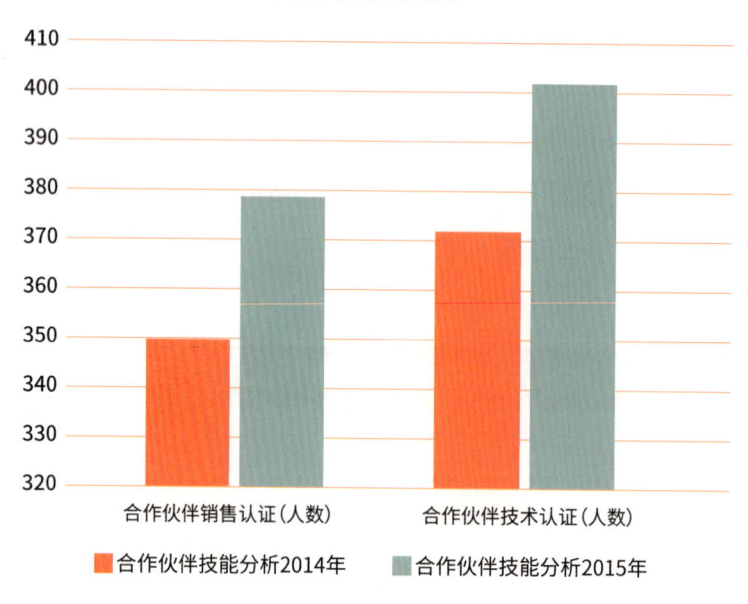

图2-9 企业A的H产品渠道技能分析

合作伙伴按城市分布

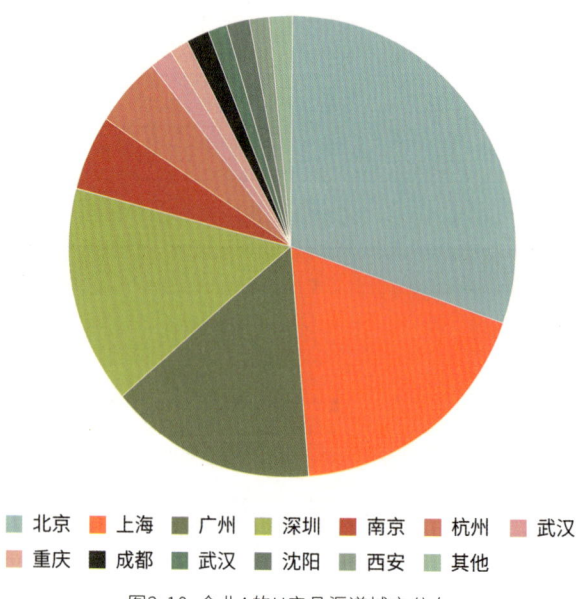

图2-10 企业A的H产品渠道城市分布

第二种，设置入场条件，对过去业绩不能达到最低条件的，进行逐一分析，同时和销售队伍及分销商沟通，如果没有人对他们今后的业绩进行正向担保，就先不进行合资公司的合作伙伴合约签署。

当时选择了后者，相当于借机对 H 渠道进行了一次梳理。希望留下能够对尖峰产品销售有贡献的合作伙伴，同时控制渠道密度，在新公司成立初期的一定时间里，尽量避免品牌内过于激烈的渠道竞争冲突。根据之前三年的业绩、行业背景、地域情况、技术水平、销售团队及分销商反馈等，选定了第一批与合资公司签约的 300 余家合作伙伴。

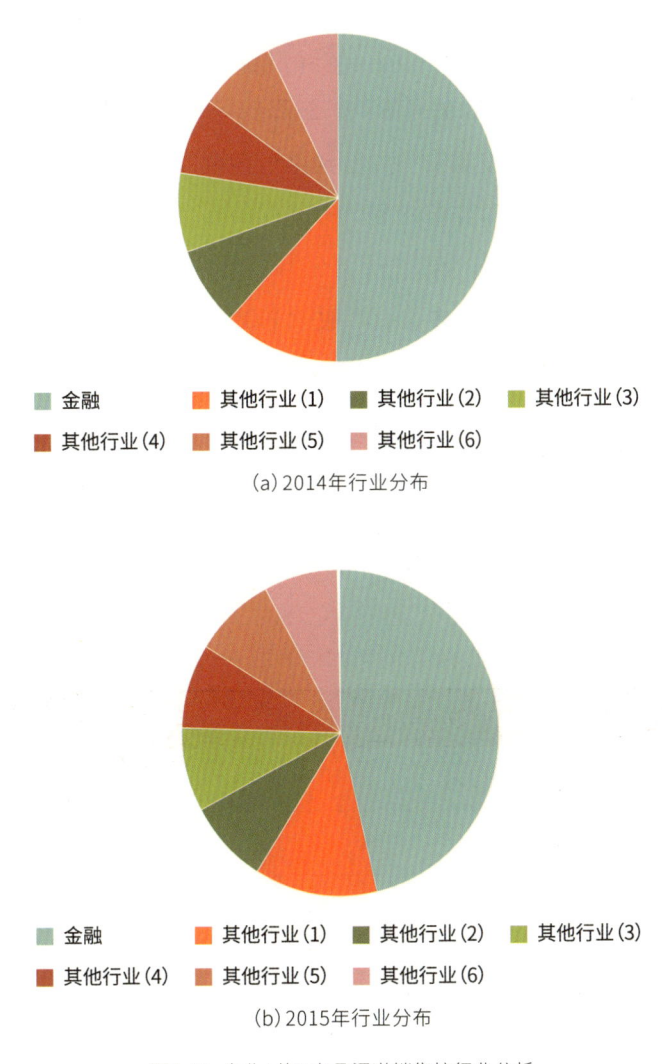

(a) 2014年行业分布

(b) 2015年行业分布

图2-11 企业A的H产品渠道销售按行业分析

第三步，和企业 B 渠道部进行沟通，请他们提供适合并愿意合作的代理名单，经过和企业 A 合作伙伴名单比对后，发现意愿强的重合性很大。但还有一些新鲜血液加入。

第四步，确定可以直接向厂家下单的经销商，他们一般都是比较大的合作伙伴。原来企业 A 有 35 家这样的合作伙伴，对这类合作伙伴每年是有业绩要求的，经过分析，很多已经多年不能达到原合约的要求。仔细研究后，决定还保留这种合作伙伴类型，但控制数量。原因是，这类经销商可以向合资公司直接下单，但企业初创阶段，无论订单系统，还是收款环节等都是新建的，短期不会特别完善，需要合作伙伴前期特别配合，这些是分销商的强项。所以经过审核前三年业绩，筛选出至少要有一年达到经销商业绩要求的合作伙伴，成为新合资公司的可以直接下单的经销商，保留了 15 个这种类型的合作伙伴。其他的原一级经销商，可以成为新公司的二级经销商。

第五步，平行筹划对新公司业务有影响的生态伙伴和 OEM 伙伴队伍。

渠道设计框架结束后，开始收集各种新建渠道需要回答的问题，分门归类，设置负责人和解决问题的时间表，同时监督进展，以确保和整体筹备组时间吻合，保障新公司顺利开业时，合作伙伴业务可以开始运行。

从下面巨大的表格（表 2-5～表 2-10）和各种具体问题可以看出，构建一个渠道体系是需要回答很多问题的。当然每一个小的工作任务，会根据性质设不同的负责人，多数情况下不一定都是渠道部门的人，而是产品部、销售部、生产部门、财务部门、风控部门、内部流程部门等，相当于需要协调各部门才能完成整体渠道的搭建。作为渠道体系的整体负责人，需要监控每个细分部分的进展，协调资源，快速决定，同时定期汇报

表2-5 合资公司渠道业务讨论- 第一部分

项目	时间	负责人	状态	备注
1. 合作伙伴协议				
（1）何时签署 （2）条款与内容 （3）授权销售的产品范围 （4）年度最低业绩量 （5）二级渠道商是否也需要签署？				

表2-6 合资公司渠道业务讨论-第二部分

项目	时间	负责人	状态	备注
2. 合作伙伴的招募，审核更新与关系终止				
（1）公司背景调查／黑名单核查／财务状况审核 （2）行为准则的遵守／诚信合规的认证 （3）与总代的绑定关系（临时更改绑定关系） （4）合同的签署与存档管理 （5）单笔交易协议 （6）授权销售的产品范围变更 （7）合作伙伴网站状态与支持				

表2-7 合资公司渠道业务讨论-第三部分

项目	时间	负责人	状态	备注
3. 技术				
（1）认证需求 （2）定期技术培训支持				
4. 合作伙伴投标授权函与服务承诺函				
5. 价格支持				
（1）折扣框架 （2）奖励计划 （3）特别折扣 （4）项目前期注册				
6. 特别折扣流程				
（1）如何申请 （2）特别折扣价格的告知与发放 （3）其他				

给公司的筹备组。其中遇到的具体问题，也会在后面相应章节进行描述。

经过超过半年的努力工作，在 2016 年 1 月 1 日之前，所有问题都有了解决方案，

表2-8 合资公司渠道业务讨论- 第四部分

项目	时间	负责人	状态	备注
7. 下单流程				
（1）如何下订单				
8. 订单发货				
（1）发货前所需的文件 （2）运输方式（自提/货交代理/货交用户等等） （3）到货即损的索赔				
9. 付款				
（1）现金电汇/支票/信用证（离岸）/信用赊销 （2）现金返点 （3）应收账款管理				

表2-9 合资公司渠道业务讨论- 第五部分

项目	时间	负责人	状态	备注
10. 奖励与支付方式				
（1）业务成长基金 （2）专家级/专业级/合作伙伴成长支持基金 （3）现金或贷方凭证 （4）支付流程				
11. 合规与审计				
12. 组装生产线				

并完成了合资公司主要合作伙伴的签约工作。在开业第一天，元旦假期中，合作伙伴的订单就进入了合资公司系统，在公司成立初期，基本平稳完成了业务的过渡，保持并优化了合作伙伴队伍。

表2-10 合资公司渠道业务讨论- 第六部分

项目	时间	负责人	状态	备注
13. 代理商出货管理				
（1）代理商出货状态呈报 （2）库存周期管理 （3）旧有库存				
14. 系统和主要工具				
15. OEM				
16. 业务切换，TOT				
17. 续存的合同迁移				

2.6 渠道构建案例2

云扩科技成立于 2017 年，是国内专注于研发 RPA+AI 平台的高科技公司，获得红杉资本等 4000 多万美金的 B 轮投资。公司总部位于上海，在北京、深圳、西安、苏州、杭州、成都、东京等地设有分公司和研发中心。

公司以机器人流程自动化软件和人工智能为基础，模拟键盘和鼠标操作，替代重复性高且强规则的人工操作，可以较好地在企业用户的多个业务系统之间实现业务连接，在财务、税务、人力资源、供应链等有较好的使用场景，也可以在业务场景中发挥作用，可以帮助企业实现降本增效，非常符合数字化转型的业务需求。

RPA 的产品较简单，基础的三件套包括编辑器，机器人和控制台，分别用于编辑流程、执行流程和集中管理。除了软件的订阅式售卖，企业还需提供客户的场景开发服务。

我们来看一下云扩公司的渠道设计。

首先，产品的标准化程度高，报价模式简单，是年订阅单价 * 套数的报价模式。产品的生命周期处于起步和追求发展阶段，随着市场对 RPA 的认知度逐步提升，以及疫情对机器人自动化的正向驱动作用，产品有较好的发展前景，且在所有行业可用。基于此，产品应在行业和市场覆盖上追求快速扩张，具备大量招募渠道的条件。公司成立早期为达成 1 亿元的销售目标，渠道数量可设计在至少 200 家以上。

其次，公司规模不大，员工 200 余人，资源有限。人员主要投入在产品研发和实施服务。销售团队以主线客户的长期覆盖和树立标杆为主。因此，销售策略定为以渠道销售为主，而非直销。在销售团队的业绩考核中，计入渠道的业绩，与合作伙伴共同开拓市场。为了迅速发现渠道和扶植渠道，可引入经销商，以及分销商加二级经销商的多渠道模式。

最后，业务快速发展的瓶颈在于实施服务。由于产品和用户的业务系统打交道，且致力于流程，完成一个好的项目需要对用户的业务流程有所了解，能较好地实现流程挖掘，流程梳理，之后才是流程开发。因此，在大量发展转售渠道的同时，关注对用户的 IT 环境及行业场景较熟悉的 ISV 类型的合作伙伴，同时可关注提供数字化转型咨询服务的公司，以及具备 RPA 实施能力的公司。

总结一下，云扩采用多渠道模式，渠道数量多多益善，至少为 200 家，渠道的类型为 ISV、实施服务商、咨询公司以及各地区的本地 IT 公司。

2.7 补充资料：确定渠道目标，分析企业对合作伙伴的需求

我们在"渠道成员的选择"小节及本章的案例中，假设了一个采用多渠道模式的企业 C，并分析了企业 C 在选择渠道成员时的考虑因素。这里我们继续以 C 企业为例，来解析该合资企业在运行一年后，进行 2017 年年度规划时，如何制定渠道目标，以及当渠道目标明确后，企业如何通过渠道覆盖图来审视渠道现状，分析完成业绩目标存在的差距，以确定后续渠道招募的目标。

一般需要以下几个步骤：

① 根据公司的总营收目标以及各产品线的细分目标，确定每一个产品线的渠道营收目标。在每一个产品线中，渠道参与度从 0%～100%，代表全部直销到全部通过渠道销售。这样，我们就有了一个按"产品线"来划分的渠道业绩目标。

例如，企业 C 通过市场分析，确定 2017 年的营收目标是 10 亿元，其中产品系列 H 是 7.5 亿元，产品系列 L 是 2.5 亿元，以超过市场平均增长，进一步获得市场份额。企业进一步制定了策略——通过渠道体系的扩张，获得期望的增长。针对产品系列 H，期望 90% 通过渠道销售，即渠道的产品系列 H 业绩目标为 6.8 亿元；针对产品系列 L，期

望 70% 通过渠道销售，即渠道的业绩目标为 1.8 亿元。合计渠道业绩目标 8.5 亿元，渠道目标对企业整体目标的贡献比为 85%，见表 2-11。

表2-11 渠道营收目标

产品	企业销售目标（亿元）	渠道参与度	渠道目标（亿元）
产品系列 H	7.5	90%	6.8
产品系列 L	2.5	70%	1.8
合计	10.0	85%	8.5

除了目标市场情况以及企业对渠道期望的增长，企业在制定此渠道业绩目标时，同时会参考历史业绩，能否帮助企业达到期望的市场份额，以及竞争对手的渠道情况，并以此对目标进行调整。

之前我们说过，渠道负责人需要和企业领导层针对业绩目标反复沟通确认，再进行下一步。

② 按"行业"和"区域"拆分每个"产品线"的目标，如果需要还可以进一步拆分到子行业，和"区域"内的各个城市。细分可以使每个领域的销售目标更明确，也方便在绩效评估和复盘时，更清楚地找到优势以及业务的薄弱环节。

例如，企业设有四个区域，分别为华北、华东、华南、华西区域，拆分产品系列 H 业绩目标时，考虑到当地的市场情况、历史业绩、市场份额及增长率的期望，尤其是企业认为要重点突破的地区，最终企业决定按区域拆分成 3.2 亿元，2.6 亿元，1.9 亿元和 0.8 亿元（表 2-12）。同样，企业通过对行业的市场调研、历史业绩，同时结合企业需要重点发展的目标行业，拆分行业的渠道业绩目标。

进行完这两步，渠道负责人已经规划了渠道总业绩目标，按"产品"区分的业绩目标，以及进一步按"产品""行业""区域"维度拆分的业绩目标。

③ 将这些目标拆分到季度、月和周。首先企业的业绩目标会做拆分，到季度甚至月度，不一定是平均分配，而是根据历史数据和用户的购买行为特点，按比例分配，例如一季度包含春节，又是用户全年规划的时间，采购量较少，而四季度是采购高峰。渠道在拆分业绩目标时，需要和企业保持节奏一致，见表 2-13。

目标拆分是为了每周、每月、每季度进度审核。在复盘时，可以清晰地看到完成进度情况、执行中的亮点和弱点。

④ 渠道负责人需要审视当前渠道体系是否能支撑年度业绩目标，通过年度渠道体系的绩效评估，发现薄弱环节。

例如，企业的年度绩效评估及过往数据显示，有10家渠道伙伴在东北地区经营业务，针对新的年度目标，通过现有的合作伙伴提升业绩完成目标将存在较大的差距，则需要吸引其他合作伙伴投入到这个区域，或同时在当地开发新的业务伙伴。这将作为下一步渠道招募的任务。

在分析时，可以将合作伙伴按行业和区域加入覆盖图内，则形成完整的渠道现状（包括差距），也有可能发现某些领域渠道密度过大等问题。根据需要，渠道覆盖图可以进

表2-12 渠道营收目标（按区域，行业拆分）

2017年营收目标				区域				行业		
产品	企业销售目标（亿元）	渠道参与度	渠道目标（亿元）	华北（亿元）	华东（亿元）	华南（亿元）	华西（亿元）	金融	制造业	其他
产品系列H	7.5	90%	6.8	2.6	2.1	1.5	0.6	2.7	1.4	2.7
产品系列L	2.5	70%	1.8	0.7	0.5	0.4	0.2	0.7	0.4	0.7
合计	10.0	85%	8.5	3.2	2.6	1.9	0.8	3.4	1.7	3.4

表2-13 渠道营收目标（按季度拆分）

2017年营收目标		季度			
产品	渠道目标（亿元）	Q1	Q2	Q3	Q4
产品系列H	6.8	1.0	1.7	1.7	2.4
产品系列L	1.8	0.3	0.4	0.4	0.6
合计	8.5	1.3	2.1	2.1	3.0

一步细分到子行业和地市,见表 2-14。

⑤ 设定合作伙伴的业绩目标。

首先是分销商的情况。企业根据过往业绩,区域、行业覆盖,技能投入等情况,初步设定分销商的业绩目标。例如,设定三家分销商各自的业绩目标,分别为 3.6 亿元,2.4

表2-14 渠道覆盖图

行业	区域			
	华北	华东	华南	华西
金融	已招募合作伙伴 X 家,分别为: 合作伙伴 1 合作伙伴 2 合作伙伴 3 …… 潜在合作伙伴 X 家,分别为: …… 差距:	以此类推	……	……
制造业	以此类推	……	……	……
其他行业	……	……	……	……

亿元和 0.8 亿元,见表 2-15。分销商合计对渠道业务的贡献为 6.8 亿元,贡献比 80%。

通过和分销商的访谈,验证计划的可行性,例如,和三家分销商会面,了解他们对全年业绩的预估展望,他们是否有扩大市场投入的计划等。如果分销商有和企业一致甚至更高的市场预期,对企业则是一个好消息。沟通之后,可以进一步检查业绩目标达成的可能性,如果明显存在无法达成目标的情况,则需要考虑是否要引入新的合作伙伴。

同样,设定主要经销商和其他合作伙伴的业绩目标。

完成以上步骤,企业就拥有了一个渠道目标。通过现状和差距分析,企业可以进一

表2-15 分销商的营收目标

2017年营收目标		分销商		
产品	渠道目标（亿元）	D1	D2	D3
产品系列H	6.8	3.2	1.6	0.6
产品系列L	1.8	0.4	0.8	0.2
合计	8.5	3.6	2.4	0.8

步思考为了赢得目标市场需要招募的合作伙伴，包括招募数量、招募的重点区域和重点行业。关于渠道招募的行动，将在下一章讲述。

第 3 章

渠道招募

通过本章内容，读者可以：

——了解如何进行渠道成员的选择，包括选择标准和寻找途径

——了解渠道成员的招募，包括渠道合作的形式，渠道招募的过程和方法，以及如何保持渠道成员的稳定

——了解触发渠道合作终止的因素以及终止合作的方法

——通过案例，具体了解渠道招募流程，以及团队在渠道招募中需要做哪些工作

上一章我们讨论了渠道策略。首先，企业明确了渠道在企业整体目标以及在企业市场营销体系中的定位与作用，之后企业完成了渠道设计，这时企业基本上确定了所需渠道通路 RTM 的层数，各层渠道成员数量、类型和作用，下一步的问题就是如何找到并和目标渠道成员确定合作关系，同时在一段时间内保持渠道团队的稳定。

这些问题会在渠道招募这个章节讨论（图3-1）。

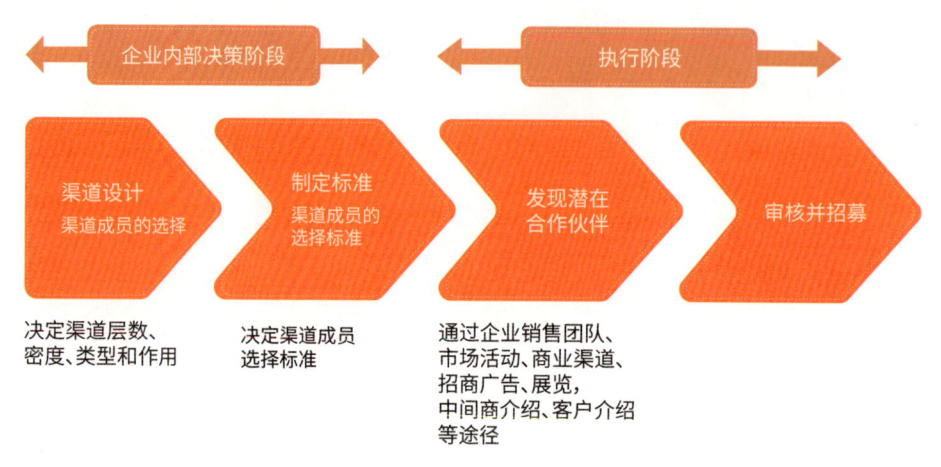

图3-1 渠道招募的各个阶段

3.1 渠道成员的选择

3.1.1 渠道成员的选择标准

从前面章节对渠道的概念和作用的讨论我们可以看出，渠道或者说合作伙伴是一个企业销售、技术、研发等的延伸，他们不隶属或被雇佣于企业本身，但企业都希望利用合作伙伴的特性，扩展自己企业的外延，在某些方面，在某种程度上，他们代表了企业，也是帮助企业实现最终目标的重要力量之一。渠道成员的选择决定了企业渠道策略能否贯彻实施，企业的渠道目标能否实现。因此，渠道成员的选择非常重要，这也是渠道策略（广义）的一部分，需要在企业内部提前根据整体渠道策略做出评估与判断，制定出标准，这样渠道招募团队才能开始工作。

一般来说，密度越小的渠道层次，渠道成员选择越要严格；如果渠道设计中此层的渠道数量众多，甚至多多益善，那么渠道成员选择就相对宽松。在渠道设计时，我们已经谈到了渠道成员选择的几个要素，基本会涵盖如下几个方面：信用和财务状况、声誉、销售能力、技术能力、管理能力、经营状况、产品线的状况、所能覆盖的市场、合作意愿、遵从合规的意愿等。根据企业对各层次渠道成员作用的设计要求，渠道选择标准有不同侧重。各个公司可根据自身情况对渠道选择标准有所调整，例如，企业在选择渠道成员时，考虑合作伙伴和自身品牌定位是否匹配，并以此作为标准之一。

图 3-2 为伯特·罗森布罗姆在《营销渠道管理》一书中提到的渠道选择标准。

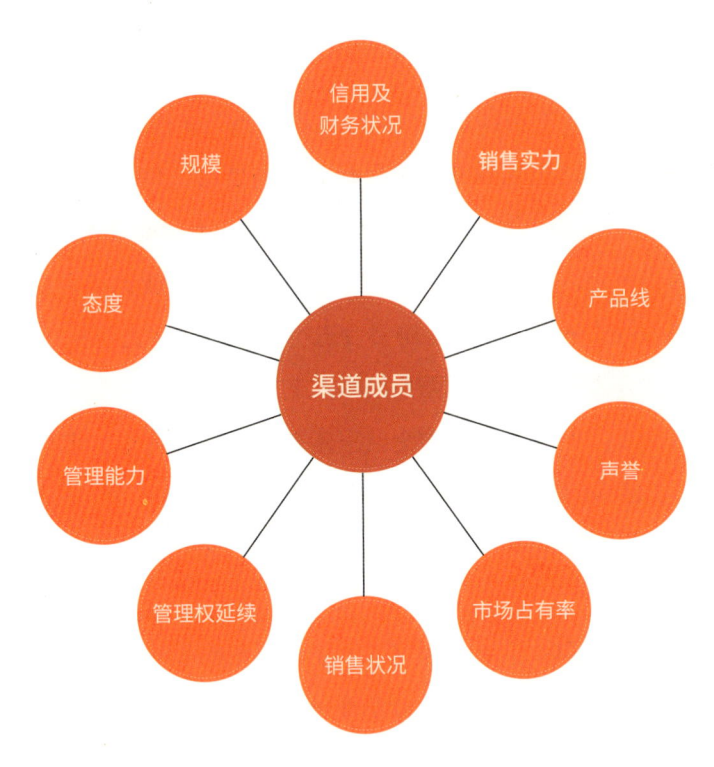

图3-2 渠道选择标准

3.1.2 渠道成员的寻找途径

渠道成员选择的标准确定了，如何找到这些合作伙伴，在企业中又由谁来完成这个任务呢？以实际操作经验来看，渠道的招募无论是从无到有构建一支渠道队伍，还是不停地对渠道队伍进行优胜劣汰，或者因为渠道目标变化，需要对渠道成员进行调整，都需要一个主导部门，这个部门一般是企业的合作伙伴部，即企业的渠道管理部门。但整个招募过程并非由合作伙伴部单独完成，需要企业各个部门的通力配合。

一般来说有很多途径可以找到潜在的合作伙伴，也就是合作伙伴候选人：

(1) 企业的销售团队

企业自己的销售团队，包括售前支持团队，他们是最了解企业优势、产品特性以及市场竞争情况的，他们在客户端进行销售时，也会对客户的喜好有所了解。比如IT产品销售时，客户选择的集成商是谁？客户的应用是用哪家软件开发商的？客户是否喜爱选择当地公司做日常支持？等等。一个好的销售，往往会对自己所辖区域或行业有充分的了解，他们心目中对能够帮到自己的合作伙伴最为明白，所以他们往往是发现潜在合作伙伴的重要力量。

(2) 商业渠道

媒体、电话簿、相关出版物等都是发现潜在渠道成员的途径。现在的天眼通、企查查等，不仅可以寻找目标公司，还可以看到更多目标公司的信息，使企业对目标公司有一定的了解。在2000年以前，互联网还没有像现在这样发达，电话簿是人们搜索一个地区企业的重要工具，特别是有地区特色的合作伙伴。还有一个更重要的途径就是各种排行榜，现在很多咨询公司、行业杂志、媒体、协会会进行很多年度评比和排行。比如IT界，会有中国百强独立软件开发商，中国百强系统集成商，中国最佳分销商等名单，虽然不同的媒体会有不同的榜单，但一般重要的企业一定在榜单里，可能排名会略有变化，但足以为找寻相应合作伙伴提供一个备选库。

◆ 例1

IBM的Value Partner 2000计划需要在各地寻找和发展合适的合作伙伴，当地的渠道负责人都会通过上述方法来找备选伙伴。他们每到一地，从机场或火车站到市区的路上，就会注意沿路的广告牌，了解这些打广告的企业，如果业务领域合适，则将其加在当地代理的备选名单里。

(3) 发布招商广告

这些广告可以是各种形式的，可以是在传统媒体上刊登渠道招募广告，也可以是互联网上的广告，也可以通过企业官网和公众号等，在整体宣传企业或企业产品的同时，都可以作为渠道招募的广告载体。这些都可以吸引很多潜在的合作伙伴前来咨询合作事宜。

(4) 各类展览

各类商业展会、年会都是寻找合作伙伴的时机，特别是对一些小企业，例如生产消费品的企业，这些产品的渠道数量大，单个渠道规模较小，通过展会可以使得企业和潜在渠道直接见面洽谈。

◆ 例 2

国内每年的大型展会非常多，例如中国出口商品交易会（又称"广交会"）、中国国际医疗器械博览会（又称"医博会"），还有各类电子产品展览、书展、家具展等各行各业的展会。很多公司在展会上找到心仪的产品，直接和企业接触，双方建立联系。对企业来说，通过参加一次展会通常能找到一批对产品感兴趣的潜在合作伙伴。

(5) 中间商介绍

如果渠道结构采取多层渠道的模式，一般会有一层分销商，分销商本身就有发展和管理二级渠道的责任，所以他们会努力寻找可以和自己合作的下游渠道，这些下游渠道也自然可以成为企业的二级渠道成员。有些大型的合作伙伴，特别是分销商，代理多家企业的产品，本身的渠道众多，其中很多都不是本企业产品的合作伙伴。这类分销商在组织自己的合作伙伴大会时，一般也会邀请重要上游企业来参会或演讲，这时也是上游企业宣传自身产品和渠道政策的好机会，可以从中发现新合作伙伴。

(6) 客户

这一点和上面提到的企业的销售团队有些类似，用户是最了解自己希望合作的公司是谁的，有时客户也会直接向企业推荐这些公司，这些公司都可以成为企业渠道的备选公司。曾经有一段时间，国内大企业都有自己的三产公司，这些公司早期专为某一企业服务，但随着公司业务的逐渐壮大，发展到为整个行业服务，甚至成为上市的大公司。这些都是企业渠道的备选。

(7) 其他

其他还有一些可以发现潜在合作伙伴的方法，比如渠道负责人和渠道人员在一个行业做久了，会对本行业的主要企业很了解，往往本身就有很多资源积累，就像销售对某些客户很熟悉一样，都是发现渠道的重要手段。朋友推荐也很重要。另外还包括通过公开的竞争对手的合作伙伴名单寻找机会等。

企业的市场部在举办各类会议和路演时，也会有一些潜在合作伙伴慕名而来。企业也可以通过搜索互联网，获取潜在合作伙伴。

3.2 渠道成员的招募

3.2.1 渠道合作的形式

（1）松散型

松散型的合作是指双方明确了合作关系，但没有用合约进行约定。很多企业的合作伙伴队伍是这种类型的。双方有过沟通，确定了合作意向，有些还搞了对外宣传的仪式，有些还颁发了合作伙伴的证书，但都没有合约明确双方的责权利。当有具体项目合作时，才会通过采购合同的签订实现真正的合作。

这种情况在国内还是非常常见的，有些企业号称有代理上万家，仔细研究后发现，大家都是合作意向，或者参加了企业的市场活动留下了信息，或者在企业官网上留下了合作意向，有些公司可能都有了高层接触，甚至进行了合作的新闻发布会……但都没有一个长期合作的协议。再仔细研究，可能上万家伙伴中，真正合作过的比例非常低。

这种类型的渠道招募，优势是可以非常快速地扩大渠道队伍，从市场角度也有很大宣传效果，但更多的是有项目时才有真正的合作，很难管理，没有长远合作的基础。

（2）紧密型

紧密型的合作是指双方用合约形式明确了合作关系，在合约中对合作的很多重要内容进行了约定，比如合作产品、地域、合作时间长度、合作伙伴可以得到的利益（比如折扣、市场支持、赋能等）、付款方式、交货方式等。还会有对彼此的要求，比如最低年销售额、合作伙伴技术水平要求等，同时有管理规范和处罚等条款。关于合作伙伴协议在后面章节会具体讨论。

这种类型的渠道合作，双方都是经过慎重考虑之后的决定，往往都会真正投入，也会有比较好的合作效果。但前期明确合作关系同时完成签约，需要花的时间比较长。但这也是本书推荐的合作模式。因为只有在这种模式下，才能解决后面章节提到的激励、冲突解决、风险控制等问题。

3.2.2 渠道招募的过程

我们先举一个松散型合作伙伴招募的例子。在企业网站的合作伙伴页面，注册并留下联系方式，有时还需要上传营业执照，就可以成为合作伙伴。企业可以推送市场活动的信息、产品信息等，也会邀请合作伙伴参加企业举办的市场活动和培训赋能。这种形式下，双方没有合作协议，只是相互知道对方，随时能联系对方。同样，在市场活动中留下名片，或拜访中留下双方联系方式的，都可以归在这一类。他们通常由企业的负责渠道市场的人员维护，也可以由渠道销售维护。这时并不涉及具体项目，一般也不会向合作伙伴沟通渠道奖励计划等内容。

松散型的合作伙伴数量较大，渠道市场人员在维护时，可以通过产品信息推送，赋能培训课件推送、企业新闻和经典案例推送等方式，保持与合作伙伴的联系。也可以邀请合作伙伴参加企业的培训和各类市场活动。其目的就是促使合作伙伴能够真正投入资源，启动销售，成为长期紧密型的合作伙伴。

◆ 例 3

某企业的市场部，通过收集和分类过往市场活动的留资，以及来电咨询合作的信息，决定在广州和成都分别举办一场渠道招募会，主动进行宣传和品牌推广，会议上着重介绍企业、产品和渠道策略，以及能给合作伙伴带来的利益。企业向上述潜在的参会者发送邀请函，同时，通过官网和公众号进行招募会宣传，吸引合作伙伴，触发更多的注册参会。会后，市场部通过整理参会者的反馈，初步筛选出有意向的合作伙伴候选人，交给渠道销售进一步接触。

当双方有项目需要开展合作，或联合开发产品、组建联合解决方案时，需要有双方对合作的进一步审核并签署支持业务往来的协议。这时候就转为紧密型合作伙伴的招募过程。

渠道招募很大程度上依赖于一线渠道销售专员和渠道经理的认真工作，通过直接接触和考察潜在候选者，渠道销售专员和渠道经理将给出其是否可以成为合作伙伴的意见。企业也可以预先罗列渠道选择标准，并设定每项的评分标准，这样渠道销售专员和渠道经理可以通过评分或雷达图，直观地看到备选合作伙伴的优势劣势，以便做出决定。

◆ 例 4

某企业渠道销售专员收到市场部的同事转来的一个潜在合作伙伴的联系方式，渠道销售专员首先查看了对方的官网，了解到对方的主营业务、发展历史、公司的愿景以及主要的经营行业。通过这些基本信息，渠道销售专员认为这个潜在的合作伙伴将有助于本企业开拓新的目标市场。

渠道销售专员通过电话和对方的CEO约定了见面时间，并如期登门拜访。渠道销售专员观察到潜在的合作伙伴的办公场地和人员规模实力。在前台附近的展区，CEO还介绍了企业的产品、所获得的荣誉奖杯和企业未来三年的目标等。

在和CEO的会议中，渠道销售专员了解了对方对合作的期望和目标是什么，公司的业务发展方向是什么，公司具有哪些优势。渠道销售专员也着重向CEO介绍了企业的渠道策略，企业对合作伙伴的支持和期望。

会后，由对方的商务人员陪同，渠道销售专员有机会和负责销售的经理以及负责解决方案的技术经理进行了交流。在交谈中，渠道销售专员能感受到这家公司的各个团队齐心协力，有着一致的目标，体现出CEO很强的管理能力。

通过初次拜访，渠道销售专员初步认为这是一个好的合作伙伴候选人，具备合作意愿和管理能力，所擅长的行业是企业尚未打开的目标市场，如果合作，将有机会为企业打开新的业务领域。同时渠道销售专员也认识到对方对企业产品缺乏深入认知，后续需要通过培训尽快提升技术能力。更为重要的是，渠道销售专员希望对方固定几位人员，专门负责本企业的产品。在后续的拜访中，渠道销售专员将着重推进这两个方面。

在实际工作中，一些重要的合作伙伴如分销商，行业头部的合作伙伴，需要从竞争对手赢回来的合作伙伴，往往都需要企业的管理层对接洽谈。在这个阶段，合作双方需要反复接触，加深了解。例如，双方技术人员需要开始对接并交流，双方针对目标市场开始讨论如何开拓。同时在这个阶段需要清晰地了解双方对合作目标的期望，双方关心在意的关键点。合作伙伴的CEO和部门经理们关心的层面和指标会不一样，这时则需要了解不同的人的诉求，并在未来的业务合作中共同达到这些目标，这样才能使合作变得长期有效。双方在合作意向明确之后，一边加深了解，一边就可以开始渠道招募流程。在此我们着重讨论紧密型合作伙伴的招募过程。

① 备选合作伙伴提交相关材料，一般需要商业计划书、营业执照、财务报告等。

有时商业计划需要合作双方共同完成。

② 企业根据上述资料进行审核，主要从业务发展、财务、营业范围相符性、公司实力、企业声誉等方面进行审核。

审核中企业主要关注合作的业务前景和风险。例如，营业执照中的经营范围是否相符，如果企业的产品和服务超出了备选合作伙伴的经营范围，则无法招募为合作伙伴。

公司实力、财务状况方面若有瑕疵，则需要考虑是否在企业可以接受的范围。公司及管理层是否曾有触犯法律的情况，例如通过天眼查、企查查、互联网等公开资讯，如果了解到有这类情况，则需要企业的法务和风控进一步审核。有的企业由于其业务性质，例如，需要较长时间才能培养出渠道技术能力，从而更注重渠道的质量，渠道数量少而精，则企业需要增加自己的审核内容，确保是合适的合作伙伴。

在审核过程中，通常涉及渠道销售经理、产品线经理，以及财务、法务、风控的审批。

③ 如果审核通过，双方签署合约。

合作协议一般包括主约和附件。在协议有效期内，将配合每一次交易的交易文件，发生效用。交易文件主要是订单，有时也包括价格文件、服务工作范围等。一次性的协议签署，省去了每次交易中的合约审核，而只需对订单等交易文件进行审核即可。

合作协议中包括授权销售的产品和区域，根据情况，也可以明确授权的行业。

合作协议一般为企业标准模板，这是出于对所有合作伙伴的公平原则，以及之后渠道管理的方便性。如果渠道坚持修改条款，则需要法务和渠道部的合作，进行审批。需要注意的是，这样的合作协议一旦签署，需要在企业内部的合约管理系统中有所标注，例如说明该合作协议为非标准模板，属于特例，并标注出修改过的条款。这样确保企业后续在和合作伙伴业务合作时，能清楚了解双方的合约基础。对于二级合作伙伴，由于通过分销商进行商务活动，企业和二级合作伙伴之间的合约条款可以非常简单，不需要涉及付款等条款，但仍旧需要二级合作伙伴签署管理规范条款，同时需要明确授权销售的产品和区域。

在合约签署后，双方正式成为合作伙伴。渠道可以对外宣称是企业的代理，并按合约规定，使用合作伙伴商标，进行销售活动等。出于工作量的考虑，企业可以根据产品情况，约定合作协议的有效期，可以是一年、两年等，也可以约定到期自动续约，这样就不需要每年反复签署。

④ 帮助新合作伙伴有个良好的开始。

签署合作伙伴协议并不意味着招募工作的结束，企业应帮助合作伙伴有一个良好的开端。例如，对于新的合作伙伴，最重要的是双方有明确的接口人，这里企业的接口人是渠道销售专员。企业需要提供指导，帮助新合作伙伴尽快掌握必要的信息。之后双方可以商议开始合作的主要事项或者具体项目。在初期，合作伙伴非常需要企业的细致指点。有时渠道销售专员需要跟进并扶植合作伙伴完成第一个项目，以便合作伙伴从头至尾了解完整的项目合作过程，这样不仅为合作伙伴带来很大的便利，而且增强合作伙伴的信心，促进双方之后的合作，这是很重要的步骤。

◆ 例5

某企业的渠道支持部门，为新合作伙伴准备了15分钟的线上欢迎仪式。合作伙伴的接口人邀请了几位未来与企业业务相关的同事参加。会上渠道支持部门介绍了企业的赋能体系，奖励计划体系和重要的管理规范条例等，发送了合作伙伴系统的指导手册，并回答了合作伙伴的问题。

之后，渠道销售专员迅速跟进，与合作伙伴商谈了全年目标和未来三个月的行动计划，并逐一落实。通过渠道销售专员全程带动，合作伙伴很顺利地完成了销售培训，技术人员的赋能认证，并开始向几位用户推介企业的产品。渠道销售专员继续帮助合作伙伴解决销售过程中的问题，直至完成第一单，从而使合作伙伴清晰地掌握销售的技巧，也完整地了解商务订单和交货的全过程。

3.2.3 渠道招募的方法

渠道招募中的提交资料和合约文件可以通过线下和线上两种方式。线下方式是传统的渠道招募方式，双方明确合作意愿后走招募流程，交互的文件都为纸质版本，最终在合约上双方签字盖章（国内）。线上方式是利用互联网，比如企业的网站上设合作伙伴的入口，在招募的版块里可以填写申请信息，并上传所需的资料，整体提交后，后台进行审核，出合同，双方签定电子版合约。

在我国，网上签署的合约在法律效力上会有所争议，一般公司都会要求签署纸质合约，但之前的申请和审核流程，完全可以网上完成，这种线上线下结合的方式会提高效率。

合作伙伴招募的过程是企业和合作伙伴之间进一步了解的过程，特别是重要合作伙伴，前期双方团队充分沟通，人员之间可以借此建立关系，为以后合作中沟通顺畅打下基础。此外，合作签约还可以和市场宣传相结合，例如，很多对双方有影响的合作，还会设立签约仪式，用新闻发布会的形式对外宣传，这是双方市场活动的一部分。

◆ 例6

IBM是一个矩阵式管理的结构。在千禧年前后，本身有行业销售部门，产品部门，售后服务部门等等。在产品部中，包括大型主机、RS6000（后来的Power）、AS400、打印机、POS、PC、PC服务器等产品。当时，主机和AS400一直是直销模式，PC和PC服务器有比较独立的渠道体系。公司发现RS6000等产品，缺乏足够的合作伙伴，产品在市场的声音也不够。为解决这一问题，决定组建一个单独的团队，目的是在中国市场寻找和招募更多的合作伙伴，这个项目的名字叫VP2000（Value Partner 2000），团队由产品部的RS6000、打印机、POS，行业销售部门里的中小企业合作部，抽调的十余名同事组成。团队对中国地域结合IBM区域管理进行了划分，参考各地区的市场需求以及IBM的历史销售情况等，制定了各区域的渠道招募数量目标，配合渠道招募广告，由这十几名同事进行招募。在招募过程中，团队利用各种方法发现当地有实力的公司，之后进行沟通，明确合作关系，赋能，帮助他们完成第一单和IBM的合作。经过一年的努力，完成了超过1000家的渠道招募，为之后Power的快速发展，垫定了渠道资源的基础，促进了当年RS6000、低端打印机、POS和中小企业客户的销售。

3.3 如何保持渠道成员的稳定

企业和渠道之间是一种合作伙伴的关系，我们在第一章也提到了，这种伙伴关系往往是一种双向选择的关系。在企业选择渠道，对渠道进行考察的时候，潜在的渠道也会对是否与上游企业合作进行考虑。基本不存在企业一统天下的局面，即使企业产品强到无以复加，对方也可以选择不合作，不进入这个销售领域。所以想要维持一个稳定的紧密合作的渠道队伍，需要企业不懈努力，让渠道了解企业对它的支持和承诺。只有双赢才能有长久的合作，才能让渠道大力在本企业产品上进行投入，同时让企业充分获得渠道带来的利益。

不同类型的渠道会有不同的投入承诺，因此在渠道招募阶段，企业就需要明确会提供什么样的支持，以吸引优质的合作伙伴。一般来说支持有如下几个方面：

(1) 优质的产品

有市场竞争力的产品是合作的根本。产品本身的研发生产是企业和合作伙伴这个生态系统中，企业需要承担的最重要的任务。只有产品过硬，渠道在市场上才能快速推广销售。如果产品性能和同行业其他产品差距巨大，渠道发现只靠市场营销手段很难在市场成功推广，一般渠道会离你而去。产品系列开发的延续性对合作伙伴也非常重要，渠道希望企业能持续开发和推出新品，来确保渠道的营销投入有长期回报，从而不会因为产品线的终止而蒙受损失。产品的价格也非常重要，合作伙伴会有优先的更好的价格，以保证销售产品时的中间利润。产品的质量对于渠道收款非常重要，因为一般渠道替企业承担了很大一部分最终用户的收款压力，产品质量往往和收款直接相关，同时也和渠道能否继续顺利销售本产品息息相关。

（2）有效的赋能

一般赋能分技术赋能、销售赋能、管理赋能等。在后面章节我们会详细讨论。

越是技术含量高的产品，技术赋能越重要。合作伙伴如果能掌握更多的产品知识，无论在售前还是售后的，都更能突出合作伙伴的竞争优势。不同等级的渠道往往被要求有一定数量的、足够技能的技术和销售人员，以便对市场传达正确的产品信息。企业对渠道的赋能中开放的技术内容，也是对渠道的一种承诺。企业对渠道销售技巧的培训，可以提高合作伙伴成员的整体水平。至于更高层次的管理赋能，公司转型咨询等，更能拉近合作伙伴和企业的关系，使得双方管理理念都能趋于一致。

（3）奖励计划

企业对渠道不只是每一单的利益体现，而且需要有长期的奖励计划对渠道进行支持。这也是对合作伙伴有非常大的吸引力的，它是企业区别对待一次性合作和长期合作伙伴，对两者给予不同程度支持的重要手段。这在后面也会有章节专门讨论。

（4）市场活动

很多企业会和渠道做联合的市场活动，进行市场促销。企业和渠道可以从不同的角度进行市场宣传，形成立体的市场声音，加快市场对产品的熟悉接受程度，促进销售。这也是企业对于长期合作伙伴的一种投入。

（5）公平交易愉快合作

这一点也是最重要的一点，它强调的是合作双方的诚信沟通和建立信任，建立双赢的合作关系。企业和渠道之间的关系，是以契约的形式连接的，从某个角度看，渠道是企业的客户，但又比单纯的客户关系更为复杂。这种合作更为密切频繁，营销渠道就是企业的销售服务延伸。只有双赢的关系才能长久，这一点是很多企业没有意识到的。有些企业觉得只要货物卖到渠道，收回资金，自己工作就完成了，至于渠道是否面临问题，都和自己没关系了。这种短视的行为，市场会有感知的，逐渐会形成渠道不能真正投入的情况，不能达到最初渠道策略所设计的渠道的功能和作用，对企业利益最终都是一种损害。除了利益关系，人与人之间的关系也非常重要。企业应该让合作伙伴感觉到合作的诚意，建立一种平等互利的伙伴关系，渠道体系才能稳定有效。虽然多数时候渠道冲突是不可避免的，企业可以思考如何能使得渠道合理竞争，妥善地处理渠道冲突，而不对各方造成巨大损害，这些都会对保持渠道稳定有重大意义。

3.4 渠道合作终止

一个企业的渠道体系或者说合作伙伴体系，是需要付出大量的人力与财力才能构建起来的，顺利运行还需要时间的磨合。合作的双方都希望能够保持稳定的、互利愉快的合作关系。但是市场、产品、企业本身以及合作伙伴都会有变化，所以在渠道的生命周期中，有些合作不可避免地不能继续下去。在这种情况下可能面临渠道终止的情况。

针对松散型合作模式，因为没有合约约束，所以如果没有合作，自然大家就分手了。对于紧密型合作模式，因为有合约对双方做约束，所以需要考虑比较多的问题。

3.4.1 触发渠道合作终止的因素

(1) 企业或渠道本身发生重大变化

比如，发生并购、更名、业务转移到其他公司等。这是在渠道合作中能经常碰到的。渠道合作以合约作为法律约定，当签约主体发生变化，必然引起原合约终止，可能有新的合约需要签署。

(2) 产品发生变化

产品发生改变，引发产品销售路径 RTM 策略改变，比如从渠道模式改成直销，或者从二层改为三层渠道模式等，都有可能引发原来合作的终止。

(3) 渠道成员严重违反合约

一般合作伙伴协议都会对双方行为有所约定，特别是对法律法规的遵守，也包括提前对某些行为的约定，比如销售假冒伪劣产品，特价单窜货造成了严重的渠道体系混乱等等。一旦触发红线，即使业务合作再大，也可能会引发合作终止。

(4) 合作伙伴业绩不达标，或其他方面达不到要求

渠道设计需要分析渠道密度，一个渠道成员一直不能达到要求，必然影响整体渠道目标达成，因为这种紧密型合作关系中，渠道会享有很多原厂的特殊支持，如果没有优

胜劣汰，就很难有新代理补充进来，原有其他渠道伙伴也会对只占用资源而不贡献的渠道成员有意见。所以对于渠道定期的绩效评估是很重要的。

（5）其他因素

3.4.2 终止合作的方法

（1）自动解约

所有合约一般都会规定合约期限，同时会约定到期时如何处理合作关系。比如如果双方没有特殊异议，合约将自动续约，而任何一方都可以提前一段时间提出到期不续约。这种方式相对比较平缓简单。上面谈到的业绩不达标，或渠道策略改变引发的终止合作情况，一般都采取这个方法。

（2）主动解约

比如上面谈到的第一种情况。合同主体改变了，所以合约需要终止，或用新的公司重新签署。在这种状况下，一般双方会友好协商，互相配合，尽量不影响后续的生意合作。但过程中有大量的细节问题需要考虑，有很多工作要做。

也有可能是在冲突中解约的，比如上面谈到的第三种状况——渠道成员严重违反合约。如何在冲突中既坚持原则，又不对双方造成太大的伤害，这是需要极大的技巧与艺术性的，是对渠道管理者重要的考验。俗话说，没有开除过员工的经理，不是一个好的管理者。没有完成过解约合作伙伴的渠道经理，不算是出色的渠道管理者。

◆ 例7

对于渠道管理者，解约过程是所有渠道管理工作中最为复杂的部分。当然很多时候可以根据协议，根据企业整体决定完成解约。但作为渠道管理者，一方面要执行公司的决定，一方面也要从合作方的角度换位思考问题，争取找到对双方伤害最小的解决方案。对于比较重要的合作伙伴，渠道负责人不应该简单交给一线渠道人员去处理，而应亲自监控全过程，确保每个环节的精准处理。

企业 A 曾有一家长期的合作伙伴 D，为了自身企业的长远发展，准备从香港上市公司剥离分销业务，转为深圳上市。从合作角度来看，双方需要停止原来的合约，重新签署新的境内上市公司的合约。从长远来看，随着企业 A 的业务越来越多的从境外交货转到境内交货，合作伙伴 D 的境内上市，会更容易满足业务对人民币的需求，本身是有利于双方合作的。但在业务转换的初期，因为新公司无论在境内银行机构还是企业 A 自己的财务公司都很难拿到原来规模的授信额度，而这家合作伙伴又是 A 企业在国内非常重要的合作伙伴，每个月都有大量的业务发生，资金的问题会是令双方都很棘手的问题。而且这家合作伙伴 D 并不只是 A 一家企业的重要合作伙伴，同时代理着大大小小几十个不同企业的产品。因为业界都知道企业 A 是管控很严的公司，在合作伙伴 D 为此事组织的上游厂家沟通会上，很多友商来试探企业 A 会用何种方法处理这个短时期的难题。

首先，本着彼此的信任和维护双方利益的原则，提前几个月，双方就开始针对这个事情进行沟通，尝试各种阶段性的处理方法。在公司内部通报给各相关部门，包括销售、产品、财务等。渠道部门做好 Plan B（备份方案），分析合作伙伴 D 的历史销售额，原有的资金安排（新的额度释放时间、原来借款的到期时间），后续几个月可能赢单的项目和其他需要提货情况，资金需求情况，可能的备选方案等……确保公司对所有风险有充分的了解，并帮助合作伙伴 D 在公司内部争取最大的支持，无论是资金，还是发货节奏等。最后，虽然双方解约，同时签署新的合约，但并未给双方业务带来太大的影响。

3.5 渠道招募案例

在第 2 章里，案例 1 描述了对于一个虚拟的新企业 C，在筹备阶段如何规划设计适合新公司的渠道体系。当策略确定了，设计完成了，接下来的问题是如何实现，在本章的案例中我们介绍第一步——完成渠道的招募。

2015 年，也就是合资公司成立前，产品系列 H 和 L 是分别在 A、B 两家企业的平台上运行的，同时筹备小组准备在一月新公司正式运营时，直接转到新公司运行。这意味着重要渠道的招募必须在开业前完成。为此基本经历了如下的过程和准备工作：

3.5.1 起草招募合作伙伴所需的必要文件

一般合约的设计，是由渠道管理部门提需求，由公司法务部门起草。但因为合约涉及合作的很多方面，所以需要综合很多其他部门的意见才能完成。因为在规划时，决定采取比较严格的合作伙伴合约，即在合作伙伴合约中，尽量明确各方权益以及各类问题，这样在之后的每个交易，就可以简化下单时的合约，以 PO（订单）形式完成。所以这份合作伙伴合约比较复杂，整体设计进行了几个月。

(1）针对不同的合作伙伴类型，设计各类合作伙伴合约

首先设计一个 C 企业的合作伙伴的主合约，然后，不同类型的合作伙伴根据他们的性质和任务不同，会有不同的附加条款。

合约内容量很大，在之后的法律部分将对合约进行讲解。详见第 8 章。

（2）合作伙伴申请书

申请文件除了包括双方合作的具体产品、领域等信息，有关合作的法律问题，还会包括必要的合作伙伴公司的信息。在此，摘选其中一部分内容。

* 公司信息

请完整填写下列表格中的字段，否则，我们可能无法处理贵公司的申请。

（1）公司名称、地址及其他详细信息

项目	中文	英文
公司名称		
街道地址		
城市		
国家		
邮编		
电话号码（包含国家代码）		
公司主页网址		

①需是公司的合法注册名称，与贵公司的工商登记证上信息保持一致。请务必提供中文和英文公司名称。

②需为贵公司工商登记证上列明的公司的地址。

（2）公司管理

①如果上述职位不适用于贵公司（例如，贵公司没有"首席财务官"），那么请为贵公司拥有同等或类似人员提供所需资料。

如果一个人兼任上述多个职位，请在姓名栏位注明参考其他职位：例如"与首席执行官/执行总裁相同"。

职位	中文姓名	英文姓名	出生年份	电话号码（包括国家代码）	邮箱地址
首席执行官/执行总裁					
首席财务官/财务总监					
销售总监					
申请签字人（如不同于以上列出管理者）					
合同事宜联系人（如不同于以上列出管理者）					

② 请以中文列出在官方证件如身份证/护照上显示的姓名。

③ 请以英文列出每一个人的姓名（如适用）。

④ 请只列出每个人的出生年份，而不是出生的月份或日期。

（3）公司所有权

① 请确认所有拥有公司 5% 以上所有权的个人和公司：

A. 个人

中文姓名	英文姓名	出生年份	所有权占比	所在国家

a. 请以中文列出在官方证件如身份证/护照上显示的姓名。

b. 请以英文列出每一个人的姓名（如适用）。

c. 请只列出每个人的出生年份，而不是出生的月份或日期。

d. 如果没有拥有 5% 或更多公司所有权的个人，须在此部分标记为"不适用"。

B. 公司

中文公司名称	英文公司名称	所持份额	所在国家

a. 请务必以中文和英文列出每个公司的名称。

b. 如果没有拥有 5% 或更多公司所有权的公司，须在此部分标记为"不适用"。

② 请提供贵公司最终母公司的名称

中文公司名称	英文公司名称	所持份额	所在国家

a. 请务必以中文和英文列出公司名称。

b. 如果没有最终母公司，须在此部分标记为"不适用"。

* 道德与合规

（1）财务信息

贵公司的银行帐户是否与依法注册经营业务所处同一国家？

是 / 否

如否 - 请提供贵公司离岸银行账户的原因。

（2）政府关系

（3）不道德行为

在过去的五年：贵公司或任何相关的实体（例如，最终母公司、母公司、子公司或分支机构）或其所有者、董事会成员、高级管理人员或任何其他职员是否在任何司法管辖区因从事任何不道德行为的违法活动，如贿赂或腐败曾被调查、起诉或定罪的？

是 / 否

如是，请提供详细信息用于评估您的回复，包括涉及的每个公司、相关实体，所有者、董事会成员、高级管理人员或员工的名称或姓名，该等调查、起诉或定罪的性质和情况，以及司法管辖区发生地。

* 产品

产品分类	产品型号	授权产品（请勾选）
分类 1：产品系列 H		☐
分类 2：产品系列 L		☐

* 业务及市场计划

请简述本次交易贵公司作为我公司业务合作伙伴所提供的价值。

申请表格的设计由渠道部门牵头，并与公司法务部、风控部门、产品部门和销售部门共同完成。设计原则是在风险可控的前提下，采集必要的信息，以便后续相关人员的审批。各个公司的审核流程是不同的，根据企业自身情况，会有不同的审批环节，根据审批人员对申请公司需要提供信息的不同，可以设计适用于自己企业的渠道申请表格。在这里是根据企业 C 申请流程所需信息设计的。除了公司基本信息，其他的信息比如业务及市场计划，是渠道负责人及销售负责人审批时关注的；合作的产品信息，是最终授权渠道销售具体产品时需要的信息，公司产品线长时，会对渠道授权不同的产品合作；申请公司高管及所有者情况，以及道德合规等内容，是风控部门进行伙伴背景调查时需要的信息。

3.5.2 设计招募流程，停止合约流程，定期复查流程

以合作伙伴招募流程为例（图 3-3），流程分三个阶段：准备申请协议阶段，协议确认和审核阶段，协议签署及发放阶段。第一阶段主要为招募人员与潜在合作伙伴准备资料阶段。第二阶段，经过相关人员审核（渠道负责人从渠道冲突、渠道密度等角度判断；销售负责人从行业或区域对渠道需求角度判断；产品部门从候选者技术能力判断；风控部门对候选者进行背景调查，进行风险评估），在审批过程中，相关审批人员可能要求提供更多补充信息以便做判断。如果审批通过，则进入第三阶段，即协议签署发放阶段。如果审批不能通过，会通知申请者。第三阶段，即协议签署与发放环节，由后台运营人员主导，直到招募完成。

图 3-4 为合作伙伴协议终止流程，图 3-5 为合作伙伴协议复查流程。

很多人觉得流程是一个很麻烦的东西，做个事情为什么要那么复杂，由经理或者总经理直接签字就好了。在现实中，成熟的企业，尤其以老牌大企业为代表，通常非常重视流程，各种流程无数，很多人没有流程都不知怎么做事，因为在这些企业由于违反流程而引发的审计，后果非常严重。但也存在有些流程积年累月没有改变，一些审批节点存在意义不大，或者重复，这样会造成公司内办事困难，官僚气息严重，影响效率。IBM 的流程多而复杂，曾经推行项目——Agile，旨在审核所有流程，精简或取消某些无效的流程。当然这个过程中，因为流程简化，有些风险会提高，企业需要衡量得失。反之有些企业，更注重个人决策权的重要性，一把手权力大，而且即使有流程，在关键时刻就会绕过流程，最终流程变成摆设，从而失去了防控风险的作用，但在有些事情上可以快

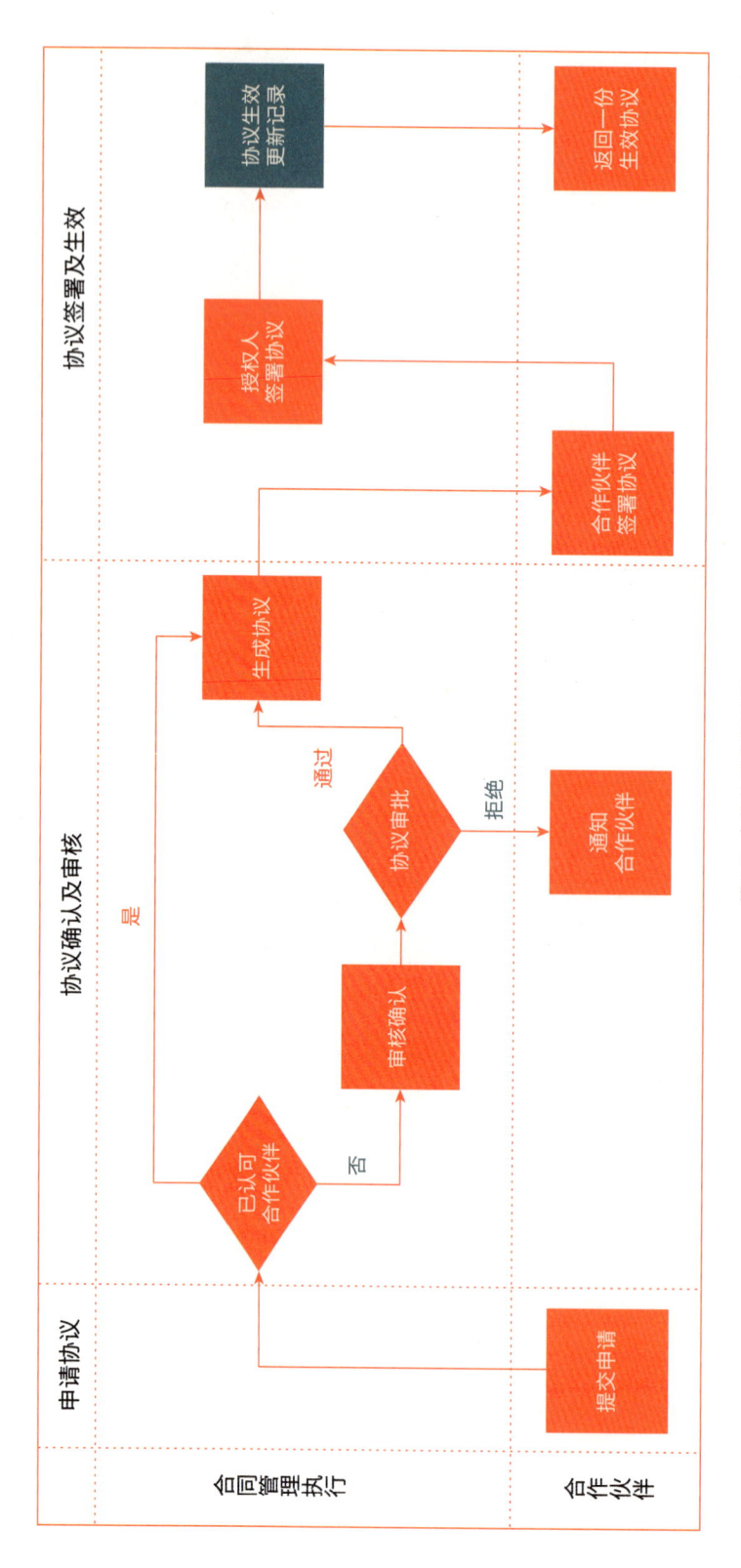

图3-3 合作伙伴招募流程

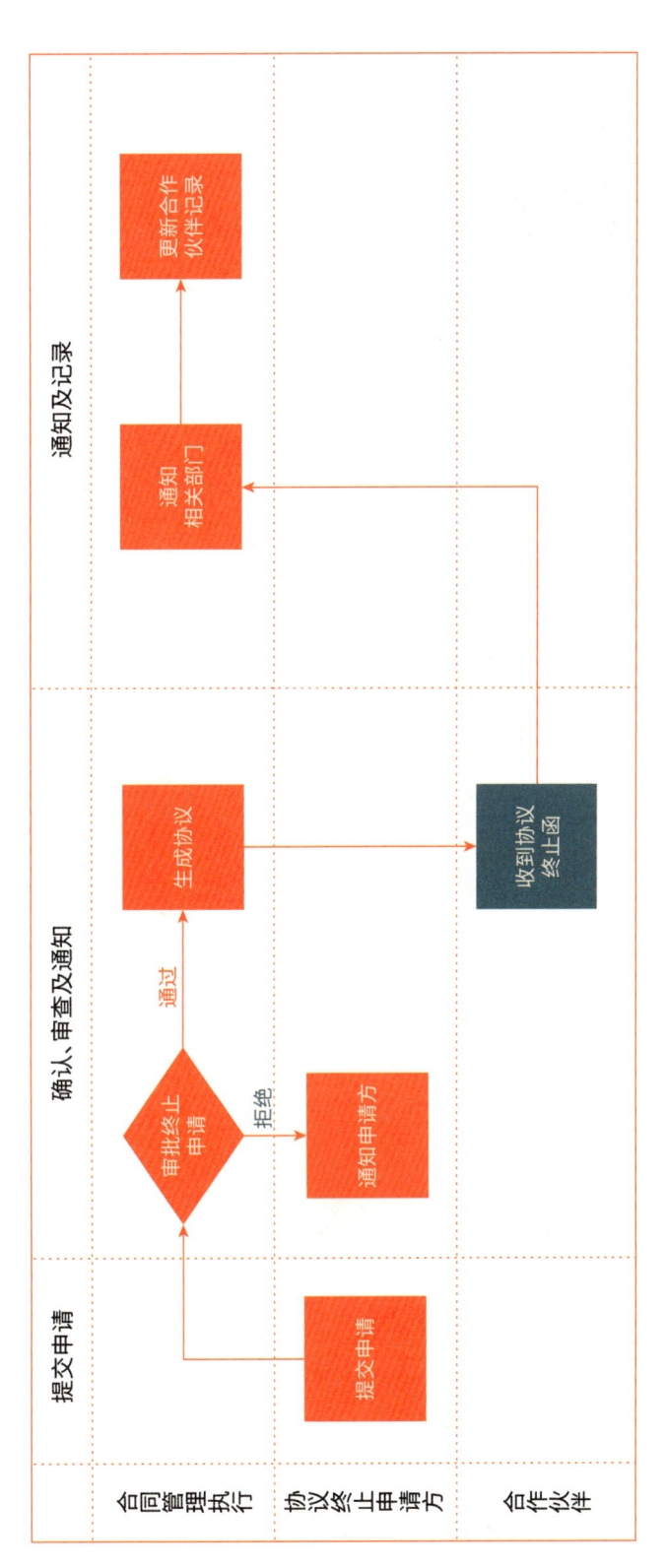

图3-4 合作伙伴协议终止流程

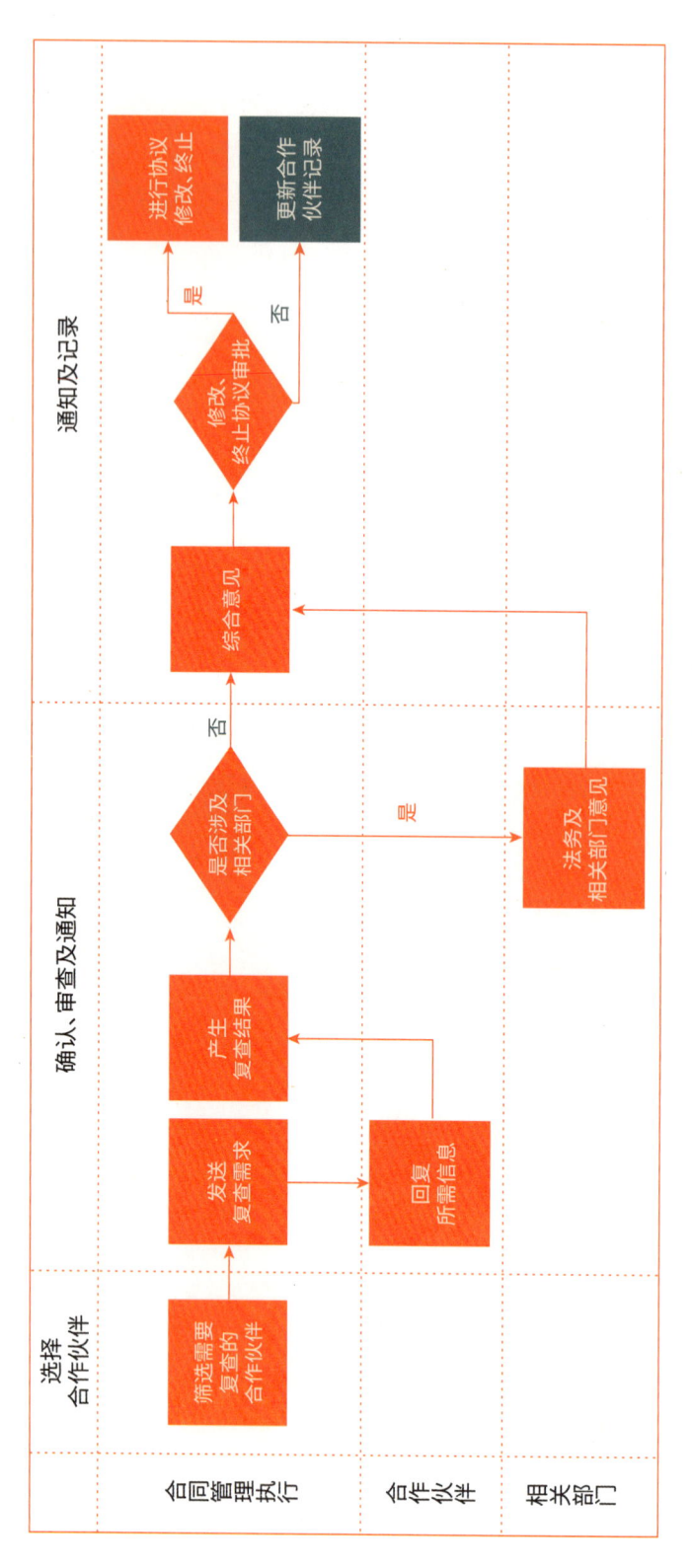

图3-5 合作伙伴协议复查流程

速决策。

多数人觉得流程会使得效率降低，但在实际工作中我们发现，设计合理的流程会提高效率。这在合资公司初期有非常明显的体现。渠道部门对合作伙伴管理的所有相关事宜都提前做好充分准备，有合理流程让大家遵守，虽然招募工作量巨大，人手有限，但效率很高，毫不混乱。这就给业界传递了一个信号，即合资公司管理严谨，给大家以信心，这对新公司在短期完成合作伙伴体系搭建是非常有帮助的。

3.5.3 对内对外进行沟通

面对原企业 A 渠道体系中的合作伙伴，新公司 C 针对他们的具体问题进行答疑，新公司的渠道业务还是以原企业 A 的 H 系列业务为主，也是从原企业 A 的渠道队伍中筛选精英伙伴作为新公司的合作伙伴队伍基础。业务从企业 A 转移到合资公司 C，直接关系到原渠道公司的业务合作对象的改变，大家可以想象原有渠道会有多少问题希望能有明确答案。在第 2 章中，渠道设计者已经把所有各方关心的问题，分门别类进行了研究，随着筹备组工作的进展，各类问题逐步有了答案。此时渠道管理部组织了各种类型的渠道沟通会，对大家进行答疑，特别是针对大的重要的合作伙伴，采用小型的沙龙形式，听取他们的建议，同时完善合资公司渠道的整体计划。

面对原企业 B 的合作伙伴，由于他们对渠道规则不甚了解，但对未来的尖峰业务非常感兴趣。这些也是新公司在原有业务基础上，创新发展的重要支持力量。渠道筹备组首先邀请了企业 B 的渠道部门的同事，进行沟通，向他们介绍新公司可能的渠道架构和规则，同时了解企业 B 本身渠道管理的情况。请他们将未来公司的情况向企业 B 的渠道充分介绍，同时筛选可能成为尖峰产品合作伙伴的公司名单。企业 B 每年有一次重要的合作伙伴大会，新的合资公司渠道筹备组也在大会上进行宣讲，为合资公司进行渠道招募。图 3-6 是当时在会上的一页 PPT，主要目的是让企业 B 的渠道成员了解如何成为新公司的合作伙伴。

因为合资公司管理团队是在合资公司注册后，开始正式营业前就已经确定了。谁会进入合资公司，包括主要岗位也是提前确定的。所以在筹备阶段，渠道设计者除了在筹备组内部会议上汇报未来渠道策略细节，也会对未来进入合资公司的相关人员进行渠道策略培训。期望他们可以帮助从不同途径向市场传递未来合资公司渠道管理的信息。特别是销售人员，他们本身也对这些非常关注。

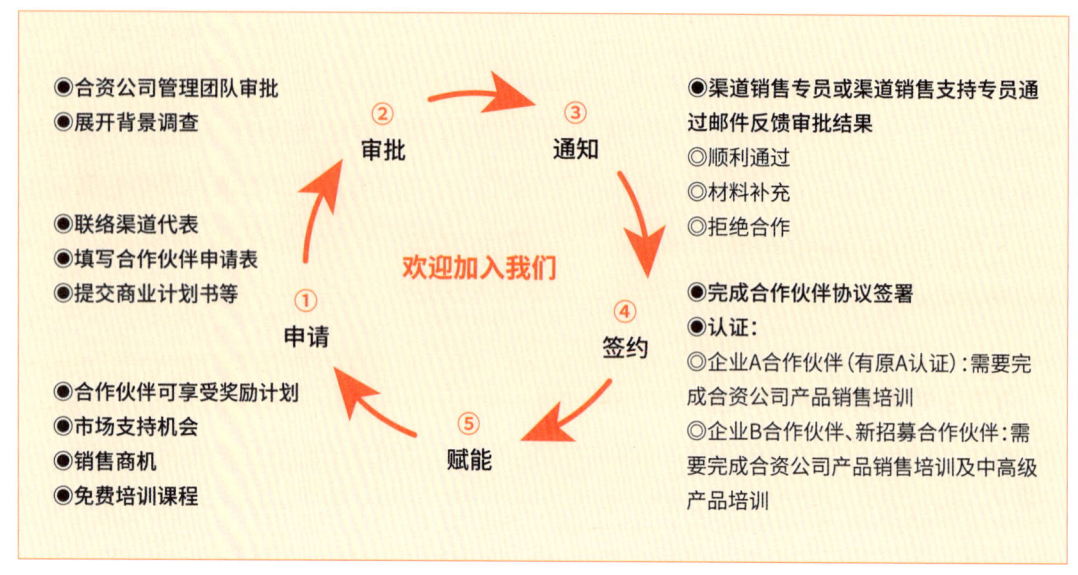

图3-6 合作伙伴招募

保持和管理团队的充分沟通，尽量争取资源。（图 3-7）是渠道负责人在一次阶段会议中汇报的问题。很多时候，企业最高层负责人并非渠道管理的专家，对于渠道设计也不甚了解，所以需要渠道负责人经常和高层保持沟通，使企业高层对于渠道部门的工作有所了解，这样才能得到支持。在合资公司筹建初期，在人员设置上，没有渠道运营支持人员，经过渠道筹备组的反复沟通，最终增加了未来合资公司渠道管理部门的人员预算，增加了渠道运营岗位。

一定要切记，渠道策略是公司整体策略的一部分，需要服务于公司整体目标。定期向公司最高决策层及相关部门通报沟通，对最终渠道工作成功是非常重要的。

3.5.4 动员各方力量，分配任务，完成渠道招募

合资公司渠道筹备组给自己设定的目标是在开业前完成主要合作伙伴的招募，确保开业初期业务的平稳过渡；在开业后继续招募渠道，帮助公司拓展新的领域。在筹备组确定人力资源规划时，经过争取，已经确定了合作伙伴部大约10人的规模，其中包含3名后台人员。只靠7个渠道销售人员在3个月内完成全国近300个合作伙伴的招募是非常困难的，渠道部门动员了合资公司销售、分销商一起进行渠道招募。

① 分销商和重要的经销商的招募，以及梳理开业初期可能有订单的潜在渠道，由渠

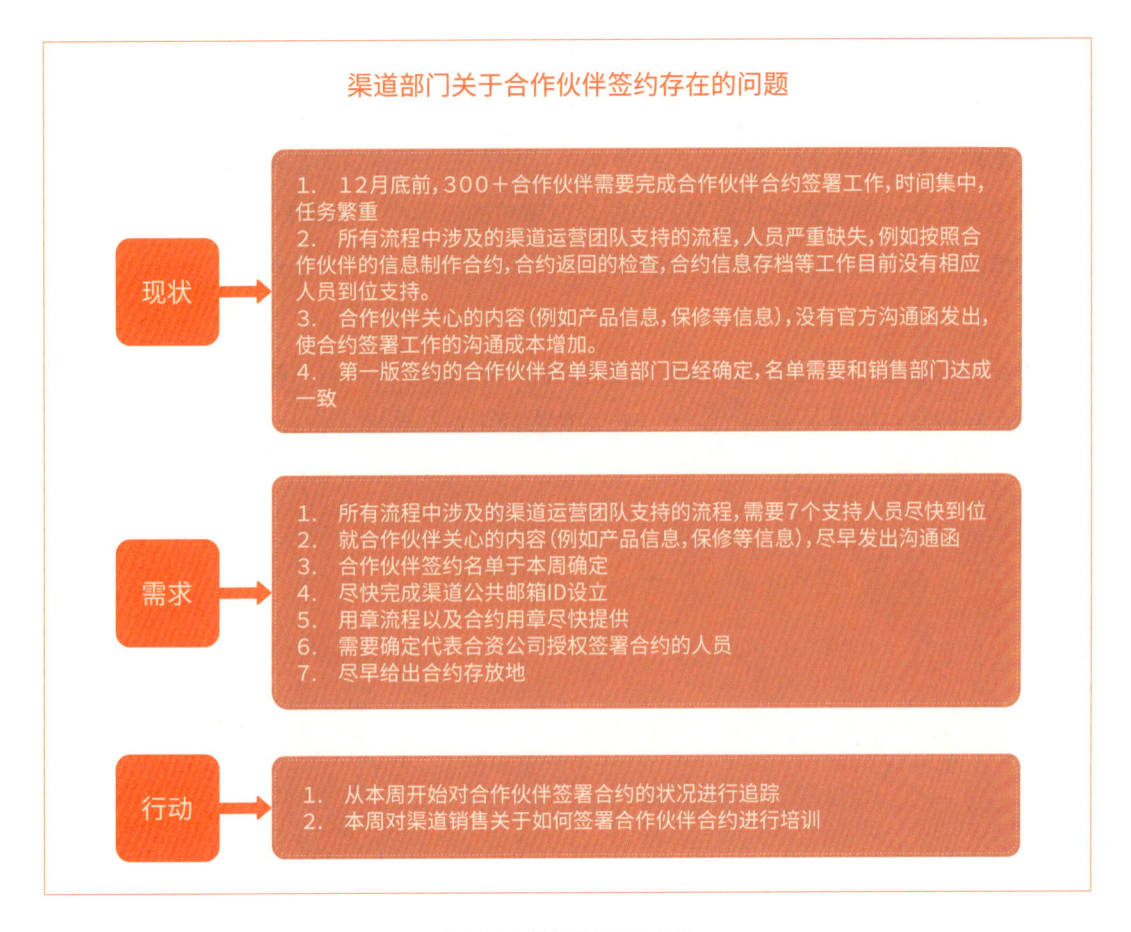

渠道部门关于合作伙伴签约存在的问题

现状
1. 12月底前，300＋合作伙伴需要完成合作伙伴合约签署工作，时间集中，任务繁重
2. 所有流程中涉及的渠道运营团队支持的流程，人员严重缺失，例如按照合作伙伴的信息制作合约，合约返回的检查，合约信息存档等工作目前没有相应人员到位支持。
3. 合作伙伴关心的内容（例如产品信息，保修等信息），没有官方沟通函发出，使合约签署工作的沟通成本增加。
4. 第一版签约的合作伙伴名单渠道部门已经确定，名单需要和销售部门达成一致

需求
1. 所有流程中涉及的渠道运营团队支持的流程，需要7个支持人员尽快到位
2. 就合作伙伴关心的内容（例如产品信息，保修等信息），尽早发出沟通函
3. 合作伙伴签约名单于本周确定
4. 尽快完成渠道公共邮箱ID设立
5. 用章流程以及合约用章尽快提供
6. 需要确定代表合资公司授权签署合约的人员
7. 尽早给出合约存放地

行动
1. 从本周开始对合作伙伴签署合约的状况进行追踪
2. 本周对渠道销售关于如何签署合作伙伴合约进行培训

图3-7 渠道筹备组工作汇报

道部门同事完成。

② 分销商被培训后，各自开始原有的二级经销商的招募工作

③ 原企业B进入合资公司的同事，进行原企业B体系合作伙伴的招募。

按照相同的流程和合约模板，前台人员和潜在合作伙伴进行沟通，进行第一轮审核，收集所需资料，填写表格；整理之后交到后台同事，后台进行审核，帮助推进内部审批流程，如遇问题，再回到前台进行沟通，补充文件，更改等；一切完成就出合约。为了提高速度和效率，有电子合同和纸质合同结合使用。用电子合同小签，再邮寄纸质合同正本，同时归档。

整个过程中，每周都有进度跟踪表，并向合资公司管理团队通报。确保每个途径的招募进度按照预期进行。因为很多新的潜在合作伙伴在开业初期不会有大规模的订单，

首先需要的是赋能，所以并不急于在开业之前完成招募工作，而是可以在合资公司正式运行时持续渠道招募的工作。在 企业 C 成立很长一段时间，渠道销售部门和客户销售都有一个重要任务，就是发现发展新的合作伙伴。当然并非所有公司都适合销售尖峰产品，在招募的过程中，通过商业计划书的沟通，在审核的过程中，也会有一些被 企业 C 婉拒合作的情况。

最终，在企业 C 开业的第一天，已经完成了主要合作伙伴的招募工作，渠道第一个订单，在开业第一天进入 企业 C。之后也有更多的出色公司加入企业 C 的合作伙伴队伍。

第 4 章
渠道市场活动

通过本章内容，读者可以：

——了解渠道市场活动的规划，包括渠道市场活动和企业市场活动的关系，渠道市场活动规划中的注意事项，以及如何进行渠道市场规划

——了解渠道市场活动有哪些形式

——了解如何对渠道市场活动做出评估，包括企业对渠道市场活动的期望目标与评估，以及针对一次市场活动的评估

企业在明确了渠道策略之后，将通过一系列的行动规划和执行来达到渠道目标。上一章我们讲述了渠道招募，本章将讲述渠道市场活动对达成渠道目标的作用。

4.1 渠道市场活动的规划

4.1.1 渠道市场活动和企业市场活动的关系

在讨论渠道市场活动的规划之前，我们先了解一下渠道市场活动和企业市场活动的关系。

企业的市场部主要在以下几个方面发力，并得到 4P 的协同效应。

① 进行市场分析和用户行为分析、调研和信息收集，包括宏观环境，即经济、社会、文化环境和行业调研，用户和合作伙伴调研，以及竞争对手的市场情报，行业政策和协会信息收集等。

② 品牌规划和管理，包括品牌定位、品牌广告策略和品牌推广、公关活动以及媒体关系管理等。

③ 市场推广活动，例如市场推广活动策划、执行和评估；新产品上市宣传规划、产品促销活动策划和执行等。

④ 广告推广合作与管理，包括广告策略制定和费用规划，广告公司选择和合作管理，以及广告监测、统计和评估等。

⑤ 数字营销规划和管理，针对产品和品牌的数字化传播以及营销的规划和管理。

企业通过一定预算的市场活动，提升品牌效应，研究并确立市场定位和市场细分，创造产品需求，从而帮助企业增加业绩收入，提高市场占有率。同样，渠道市场也需要注重上述各个方面，其规划是在公司整体市场规划框架之下，着重结合渠道策略，为渠道业务服务，为达成渠道目标而制定的相关规划。尤其要考虑与合作伙伴合作的市场活动的需求，利用双方的品牌和推广渠道，形成双赢推广效果。

渠道市场活动的规划由渠道市场专员负责。从组织架构来看，不同的企业会有不同的安排，有的企业渠道市场专员隶属于市场部，并专职服务渠道市场；有的企业渠道市场专员隶属于渠道部。无论组织架构如何安排，渠道市场活动都应是企业整体市场活动规划的一部分，渠道市场专员需要同时兼顾市场部和渠道部的需求。

4.1.2 渠道市场活动规划中的注意事项

明确了渠道市场活动规划的目的，渠道市场专员在制定规划时，需要注意以下几点：

① 渠道市场活动应紧密结合渠道策略，规划时应充分理解业务需求，确保活动有清晰的目的。例如，渠道市场活动的主题不应是与策略方向无关的主题。

② 需要考虑渠道市场计划是否满足了合作伙伴的需求，例如，是否对不同地区和不同类型的合作伙伴有较全面的覆盖；是否有合理的频率，既不过于频繁，也不会造成长期没有任何覆盖；是否加速了合作伙伴的销售、收款，提高了长期回报，对市场和渠道生态有积极影响；是否能够改善合作伙伴的现金流或者降低费用。

③ 应提前有整体的预算，市场活动执行应在预算内，需要做到有明确的业务预期，并注重活动的设计、报备、执行、复盘过程以及对财务的影响分析。

企业在审核渠道市场规划时，会考虑市场规划的合理性，对业务的帮助，同时也会考虑各项预算的合理性和投入回报。企业需要注意的是投入和期望值的合理匹配，如果一味地降低投入，却提出了不可达到的期望，则造成不能发挥市场的效力，贻误战机，最终将影响业务的发展。新的企业和生命周期早期的产品，渠道的市场和赋能伴随着较大的人力和物力投入，耗费较多资源，而这一周期按产品的不同，有的很快见效，有的可能需要一两年。什么时候能真正引爆市场，产生商机，有时对企业是一个巨大的压力和挑战。因此，销售、市场、财务和管理团队，需要按具体情况，有一个清醒理性的认知和共识。很多成熟的企业通常已经建立了渠道市场活动的规划和运作模式，有相应的预算，有些企业还为合作伙伴设立了专项市场资金。

◆ 例 1

企业 A 从销售产品的收益中提取一定的比例，作为业务发展基金，用来资助合作伙伴开拓业务，其中最重要的是用于市场活动。合作伙伴可以使用该基金来做广告宣传、培训、促销、举办专题讨论会、参展、产品支持等。该计划属于企业 A 奖励计划的一部分，向全体合作伙伴发布。在实践中，合作伙伴制定具体活动计划，在规划时要求开支合理，预先审批并要求后续票据备案。

合作伙伴可以在年初就通过系统提交市场活动计划，而不需要等待销售的实际发生。活动计划发生变化也可以在系统内修改。

合作伙伴获得的资金在下月就可以使用。例如，用于制作广告宣传品（产品彩页、手册、影像资料等）和布展等；用于市场营销研讨会的场地租用、设备租用、产品资料等；在展会上展位租用、宣传资料等。企业A提供了活动列表，符合规定的活动由合作伙伴提出申请，活动完成后提交证明，即可获得一部分活动费用补偿。在系统中，合作伙伴可以查到业务发展基金的申请情况和使用情况。

业务发展基金与合作伙伴的业绩挂钩，企业A预先审核合作伙伴的市场计划，予以批复。由于涉及支付，活动的实际明细、发票和执行证明等需要核查，再进行资金发放。

4.1.3 如何进行渠道市场规划

渠道市场规划，通常包括年度和季度规划。

在做年度计划时，通常需要考虑两个方面：

① 企业全年的大方向是什么，比如企业的品牌形象推广、新领域推广、新产品推广等，然后考虑渠道如何配合进行市场活动。渠道的市场宣传主要负责将公司的传播策略导入到渠道中，使渠道的合作伙伴成为公司年度传播策略的扩张点。

② 在渠道部门配合公司的战略规划时，确定了渠道体系的全年战略规划，那么市场如何配合？比如是要发展更多的新代理，还是希望着重发展某一类型的合作伙伴，为企业提供更多的渠道生态？如果企业希望在某个行业有所突破，或找到本年度可能的市场增长点，那么渠道部门需要决定是否寻找更多的此行业合作伙伴，还是希望既有的合作伙伴在此行业深耕。这时渠道市场专员需要做出相应的配合，规划设计出哪些活动或者数字营销活动可以使目标合作伙伴或生态圈能够了解到公司的招募计划，可以更加快捷有效地完成渠道赋能等工作。

通过年度规划，渠道市场制定出全年整体预算，以及主要的市场宣传活动安排。

在季度规划中，需要更加紧密地和渠道业务部门沟通，例如，和渠道业务部门确定本季度需要完成的招募以及赋能目标。再依次落实具体的市场推广计划和行动方案。预算也需要根据年度预算的规划，参考季度的实际业务需求，拆分出季度的市场预算，来配合市场宣传的目标。由于市场活动是销售活动的前战，且需要时间去安排执行，规划和执行之间通常需要留出足够的准备时间。如果以季度做规划，季度执行，季度结案的时间表推进，那么就需要在三个月内合理地分配和控制计划、执行和结案的时间，以保证当前季度的宣传效果。也可以提前到上一季度的最后一个月开始下一季度的规划。企业可以根据自身情况决定季度规划完成的时间。

渠道市场规划中涉及的活动安排方面，有些活动是嵌入在企业市场活动中，是企业市场活动的一部分。例如，在企业讨论年度的主体市场活动，像品牌推广，年度客户大会，新产品发布时，需要找到渠道参与，包括是否联合渠道合作伙伴一起邀请客户参加？是否邀请渠道现身说法，做展台或演讲？是否有一个针对渠道的分会场等。也有一些是渠道专属的市场活动，例如，年度合作伙伴大会、联合市场活动等。下一节将对渠道专属市场活动的具体形式有所阐述。在规划中，以上两种活动安排都应体现。

在完成了年度规划和季度规划之后，都需要上报企业的管理层，在审核确定了规划的合理性，预算的合理性之后，开始执行。

◆ 例 2

某企业根据本年度的渠道目标和重点，制定年度渠道市场活动规划。规划时，重点考虑扩大渠道覆盖，提高渠道激活率和产出；积极赋能，扩大渠道市场影响力。同时，对各类合作伙伴的需求做出全面覆盖，如图 4-1 所示。

从活动规划中可以看出活动在地点、时间、内容类型、行业、合作伙伴类型等各方面，都需要合理地安排，并针对每项活动预估预算。在规划中需要确定年度的重要活动。规划制定后，需要提交管理层批准。

4.2 渠道市场活动的形式

这里列举一些渠道专属的市场活动。

4.2.1 官网中的合作伙伴页面

企业的官网是了解企业的一个途径。用户和潜在的合作伙伴可以通过"关于我们"页面，看到企业的成立、发展进程、新闻资讯、联系方式等；通过"产品和解决方案"了解产品系列和解决方案系列。在"合作伙伴"页面，主要展示与企业签署了合作协议的合作伙伴名单（Logo 墙），合作伙伴与企业合作的解决方案和产品等。同时，也作为吸引新合作伙伴的窗口，介绍成为企业合作伙伴后可以获得的权益等，并提供申请加入的入口，选择希望加入的合作伙伴类型等。这一系列设计的目的是使合作伙伴产生归属感，

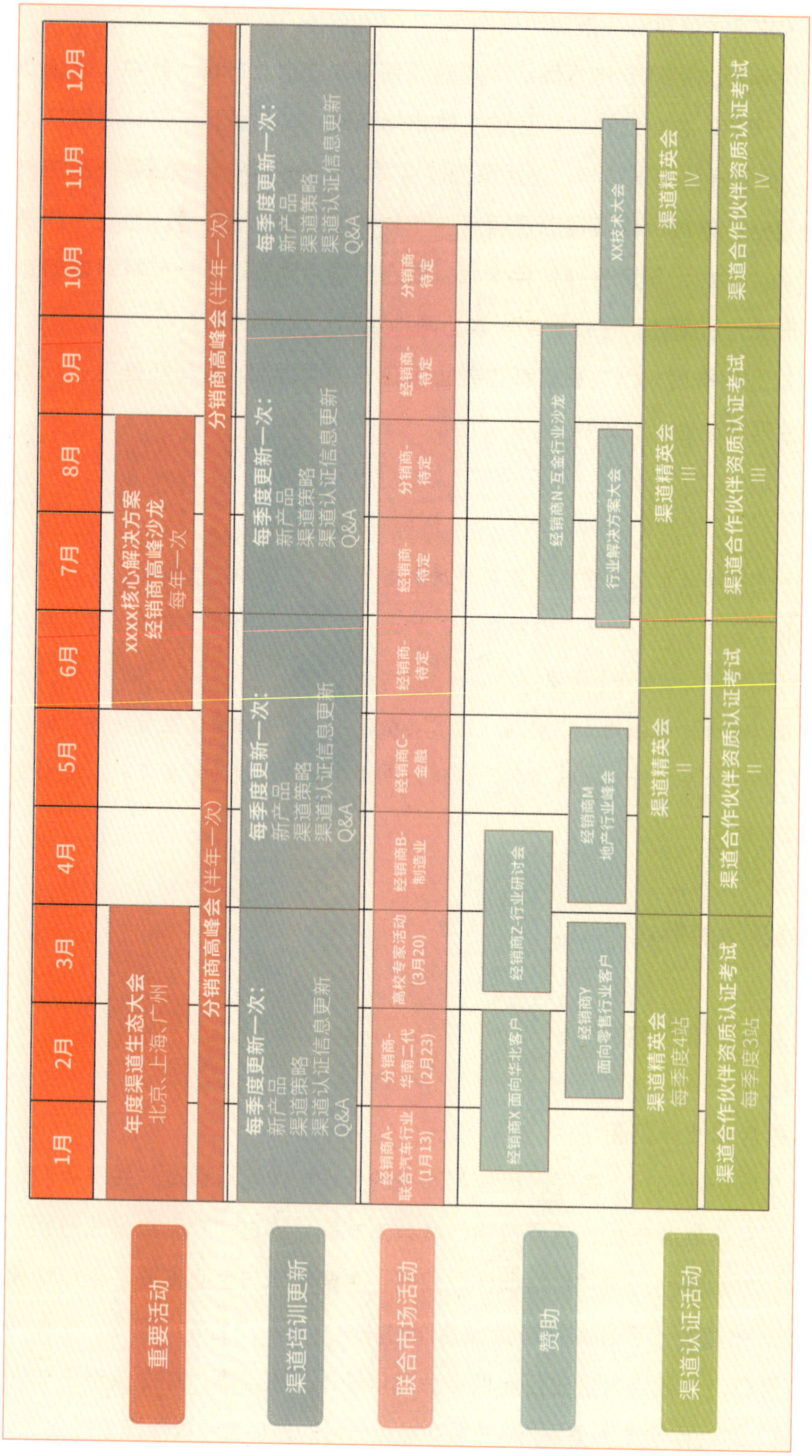

图4-1 渠道市场活动规划

并提供交流和展示的平台，同时也激发新的合作伙伴加入合作伙伴阵营的愿望。因此设计时需要方便有意向的潜在合作伙伴留下公司资讯，进而可以成为渠道市场进一步触及的对象。

◆ 例3

企业A在其官网首页醒目位置提供了"成为合作伙伴"直接便捷的注册加入的接口。一经注册，企业A就得到合作伙伴的留资。如果合作伙伴没有在这里停留注册，在浏览网站寻求支持的过程中，有多处弹窗或信息框提醒合作伙伴留下联系信息。

为了吸引潜在合作伙伴，企业A在"合作伙伴"页面进一步引导潜在合作伙伴了解渠道计划。

首先，企业强调了其和合作伙伴的共同目标——服务用户，强调了长期合作和双赢。

其次，企业A描述了合作伙伴的类型，包括分销合作伙伴，增值合作伙伴，技术合作伙伴和服务合作伙伴。合作伙伴可根据自身业务情况，选择加入，并提供了加入流程以及需要准备的申请资料。

更为重要的是，企业A强调投入了大量资源帮助合作伙伴，合作伙伴可以了解企业提供了什么支持，也就是合作伙伴权益列表。合作伙伴按钻石、金牌、银牌分级，权益包括获得合作伙伴授牌，专属的渠道经理，完整的技能提升方案，专享培训优惠，在企业的市场营销中获得更多的品牌、解决方案和案例的宣传曝光，参加合作伙伴专属市场活动，联合市场活动，获得市场开发基金，获得商机，获得企业销售和技术团队的支持，奖励计划，以及和其他生态伙伴的连接。覆盖了从赋能到市场营销，再到销售的全方位支持。

网站还提供了重要伙伴的logo墙，以及合作伙伴的成功案例。

网站的规划逻辑清晰，描述简洁易懂，吸引和方便合作伙伴一步一步推进了解和加入。

对于渠道市场来说，如何维护网站的实时性非常重要。有时企业网站中，合作伙伴部分内容常年不变，使得客户很快失去了经常访问的兴趣。这就需要市场部和渠道部形成机制，定期更新网页，发布新的动态，吸引访问量。

疫情期间，充分利用线上的方式，是各个企业都在采取的方法。

◆ 例4

在疫情前，某企业所有渠道培训，考试都是线下完成的。疫情发生后，必须改到线上模式。

因为公司的认证是和合作伙伴等级、奖励返点挂钩的，如何保障考试的真实性就是非常重要的问题。当时市场部负责渠道的同事，一方面积极与后台IT协调完成网上认证的技术细节，一方面参考TOEFL等标化网上考试的运作方法，设计自己的网上培训考试流程。在最短时间里完成了网站的更新，实现线上培训认证。

4.2.2 渠道招募会

在规划渠道招募活动时，同样要结合业务需求，考虑增加业绩收入并控制开支。这时就需要思考"渠道招募会开的越多越好吗？""哪些地区和行业的突破最能够带来效应？""什么样的活动方式和活动顺序可以控制预算，可以增强效果？"等问题，并在有限的资金内，做好取舍和优化。

渠道招募会通常采用线下形式，并直接安排在需要招募的合作伙伴所在地，例如，针对华西市场的渠道招募应安排在成都、重庆、西安等地，而不是北上广。事先应有活动的通知和推广。活动内容通常包括公司的介绍、产品介绍及演示、渠道策略宣讲等。企业在策划多地的招募会时，可以采用路演的形式，把企业的声音带到各地，配合媒体的发稿，在市场上造成一定的效应。活动可以由企业总部结合当地团队执行，或者联合分销商一起执行。渠道招募会存在场地、人员和广告的投入，为了吸引更多的公司参加，可以结合当地的行业协会或者分销商，以提高参会的人数。

渠道招募会是企业和潜在合作伙伴的面对面接触，做得好将给潜在合作伙伴留下很好的印象，企业应利用这个机会宣传和推广品牌和产品，宣传企业的理念，以吸引潜在合作伙伴。渠道市场专员应详细记录参会的人员信息和反馈，特别是表达出有进一步合作意愿的参会者，可以把名单交给渠道销售专员跟进。

渠道招募会的场地会随着产品和品牌体现出差异性。针对企业用户的高价值差异性产品，往往会选择酒店会议厅；但随着用户的年轻化和办公场地的多样化，创业中心和WeWork等移动办公的会议室，有着创意和充满活力的氛围，加上成本上的优势，也是不错的选择。有些时候，线上招募会也是一个可以考虑的方法。

渠道招募会通常发生在企业需要迅速建立渠道或者扩编渠道的时期，密集连续地举行渠道招募，可以在市场造势上有更好的效果，潜在的合作伙伴会感受到企业很强的意愿。当合作伙伴的覆盖基本达到企业的计划时，则不再需要特别举行渠道招募会。

渠道招募会可以单独举办，也可以与当地的渠道赋能或其他市场活动结合举办。结合举办的方式一方面可以达到目的，节约成本（包括财务和人力成本），另一方面可以达到更好的效果。规划时需要考虑不同地域的市场活动与招募赋能的频度，例如，企业考虑到西区和东北地区由于地域广阔，城市繁多，而代理商比较分散，财力上也比较难支持每个城市都举办招募会，那么在地点的选择和邀请时要就要考虑代理商的住宿以及交通便捷性的需求。比如，某企业在东三省保持每季度一次渠道活动的频率，各季度会选择沈阳、哈尔滨、长春等不同地域城市举办。在新疆、甘肃等合作伙伴较少的地区，至少保证每年一次的渠道活动，在活动时进行渠道招募。

渠道招募中的很多工作也可以在网上完成，如何线上线下结合达到目标，也是非常重要的考虑点。所有这些，都需要有规划，全盘考虑，企业在做市场整体设计和每季度规划时，需要尽量协调各种活动，才能达到最好的效果。

◆ 例5

某个新兴的创业公司需要构建超过200家的合作伙伴体系。公司总部位于上海，并在北京、深圳、成都设有分公司。在渠道招募会的安排上，公司邀请潜在的合作伙伴前来分公司的办公室，或租用酒店和新型的创意空间。招募会的安排则每月三场，其中华东、华北、华南或西南各一场。招募会连续执行半年。

前期，由市场部门在官网和公众号做招募宣传。招募会中，通过直接面对面的宣传和互动，加深了潜在合作伙伴对公司的了解和认同，传达了企业投入当地市场的信号，为吸引伙伴的加入做了较好的铺垫。通过一系列的招募活动和后续跟进，公司得以在各个地区建立起合作伙伴的网络。

4.2.3 年度合作伙伴大会及其他针对合作伙伴的会议

企业的年度生态大会（合作伙伴大会）往往是企业渠道部最重要的市场活动。企业的最高领导层会参加这个活动，向合作伙伴报告企业的发展方向，对市场的看法，包括渠道生态计划的重大投入和重大举措等。产品方面，大会通常发布产品发展路径。生态建设方面，渠道负责人通常对过去一年进行总结，对优秀合作伙伴进行表彰，同时发布新的一年渠道生态的策略。大会动员合作伙伴再继续聚力合作。会议同时邀请媒体采访和发稿，在市场上造势。

在内容的编排上，除了企业本身的内容之外，还可以加入合作伙伴解决方案演示，和嘉宾的同台讨论，以启发台下合作伙伴观众群体的灵感，找到合作共鸣。

年度合作伙伴大会需要场地、设备和人力的投入，在执行过程中，通常由第三方会务公司参与执行。近年随着互联网的发展，大会通常同时开通线上直播，让无法到达现场的合作伙伴，可以通过注册和线上观看直播的方式，直接参与，这大大增加了可以参与会议的人数及覆盖面，其效果比起现场丝毫不打折扣。而且观众可以通过留言板提问互动等形式，加大参与感，大幅提升收看效果。

企业针对渠道，也会有区域性、行业性或不同渠道类型的市场活动。在做这些活动时，要全盘规划考虑，既要尽量覆盖全面，不要有遗漏的区域，也要考虑频度，除非有新的内容需要传递，否则不要为了市场活动而市场活动。因为在一个小的区域里，合作伙伴数量有限，定期的综合性的市场活动往往比一次一次独立内容的小活动效果更好。

◆ 例6

在渠道部和市场部的共同规划和执行下，某企业每年有如下针对渠道的会议：

① 年度的合作伙伴大会，一般分北京、华东、华南三场，如图4-2所示。是全年最重要的合作伙伴会议。会上回顾前一年公司及合作伙伴部的成绩，介绍新一年的发展方向及工作重点；介绍新一年渠道政策、奖励计划等等。也会对前一年优秀合作伙伴进行奖励。当然不可或缺的也有渠道代理商赋能的培训活动。

② 半年或季度的分销会。会议邀请公司所有相关部门负责人，VP以上的企业负责人，所有分销商相关负责人，回顾上季度情况，讨论这季度业务方向。分销商会提出各种问题，如果可能就当场解决。有些问题则在会上直接指派给相关部门，一般很快都会有答复。

③ 年度的重要经销商峰会。会议邀请最主要经销商领导参加。探讨长远的合作问题，技术走向、公司发展、业界动态趋势和公司合作中的问题等，具有沙龙性质。

④ 定期不定期的地域代理会（结合赋能和认证考试）——渠道精英会（图4-3）。

基本每季度会有3~4场，在不同地区，基本在40~100人的规模。介绍渠道策略、奖励政策、技术培训、合规培训等，同时有认证考试。

很多企业有年度用户大会，有的企业在年度用户大会上有合作伙伴专场，而有些企业针对合作伙伴的市场活动有单独的名称和品牌。

第 4 章 渠道市场活动

年度合作伙伴大会

1月18日、1月25日、2月10日

北京、上海、深圳

举行**3**场，共**28**个主题演讲

共有**180**家合作伙伴参与会议

对**45**家钻石/金牌/银牌合作伙伴现场授牌

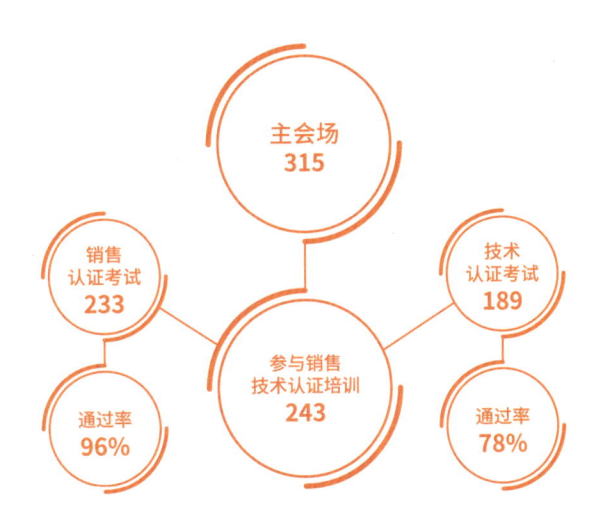

主会场
315

销售
认证考试
233

技术
认证考试
189

参与销售
技术认证培训
243

通过率
96%

通过率
78%

❶ 本次大会涵盖主旨演讲、政策发布、签约仪式、专题讲座、媒体访谈、认证培训等，活动异彩纷呈，跟以往的合作伙伴大会不同的是：在既有以分销渠道为主的基础上，将行业ISV作为三大业务战略的焦点，构建更加完整的合作伙伴生态体系，真正实现"互生共赢"！期待下次盛会！
xx有限公司业务发展总监 xx

❷ 恭喜合作伙伴生态大会圆满成功。作为新晋金牌渠道，通过大会全面了解了最新的渠道政策及产品策略。未来愿携手同乘时代之浪，聚力同心，共赢未来！
xx有限公司 总经理 xxx

❸ 生态大会上海站圆满闭幕，也是新财年征程的开幕。伴随着合作伙伴生态圈的稳定发展和壮大，新财年一系列组合拳产品政策、渠道政策、趋势演讲、方案分享、技术培训等等，使我们备受鼓舞，殷切期待共同创造一篇新的乐章。
xx公司总监 xxx

图4-2 渠道市场活动：年度合作伙伴大会

097

渠道精英会
2月15日、2月18日、2月23日、3月3日
沈阳、武汉、南京、成都
举行**4**场，共**22**个主题演讲
共有来自**95**家合作伙伴参与会议

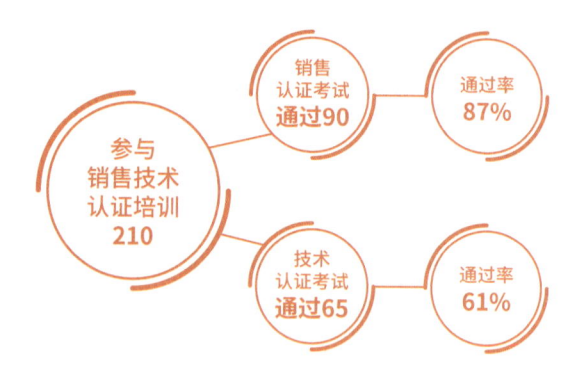

参与销售技术认证培训 210
- 销售认证考试通过 90 — 通过率 87%
- 技术认证考试通过 65 — 通过率 61%

图4-3 渠道市场活动：渠道精英会

◆ 例 7[1]

IBM 每年会在美国举行 IBM Think 大会，这是一年一度充满创意、挑战和颠覆性技术的盛会。IBM Think 2019 于 2019 年 2 月 11 日到 15 日在旧金山举行，为期五天，有近三万人参加。其中，八千多位来自世界各地的 IBM 合作伙伴参加了 Think 大会以及 PartnerWorld@Think（简称 PWaT），他们身临其境地感受到了科技改变生活，改变世界的力量。

整个活动高潮迭起，不仅吸引着参会者的眼球，更是透过媒体，迅速传向全球。例如，人与 AI 的辩论赛 Project Debator；IBM 5in5，对未来五年五大科技预测；CEO 关于数字化重塑 2.0 的演讲等。

在 PWaT，开启了一场探讨新生代伙伴生态系统的年度大会，强调了合作伙伴驾驭科技的力量于 IBM 共建未来的重要性，倡导合作伙伴以创新者和颠覆者的姿态，担纲新生代的伙伴生态系统的中坚力量。PWaT 大会上，来自 IBM 总部的各位大咖与合作伙伴共同登台探讨了一些大热话题。

◆ 例 8

国内鼎负盛名的就是年度的云栖大会。阿里巴巴云栖大会始于 2009 年，由早期的开发者大会逐渐发展成全方位展示云计算的应用实践的科技盛会。大会主题每年都会演进变化。

例如，2021 年云栖大会于 10 月 19 日开始，为期四天，主题为"前沿·探索·想象力"。大会

---

[1] 部分内容选自"IBM 中国"公众号。

通过主论坛和近百场分论坛，聚焦了科学家、知名教授、行业领军等，分享了数百种前沿科技。除了现场参加，大会还通过直播形式传播，并配合媒体文章，将会议的最新内容广为流传。

云栖大会有大量合作伙伴的内容，例如来自国内国外的主要赞助商的主题演讲、访谈。众多合作伙伴介绍了自身行业解决方案、案例。凭借企业知名度，和整合合作伙伴的内容，将合作伙伴推到了观众的眼前，形成了很好的宣传效果。

◆ 例9

蓝旋风计划是IBM中国在2005年推出的合作伙伴计划，主要针对系统与科技事业部的产品线，如服务器、存储等硬件产品线。会议促进渠道对IBM的产品及产品趋势的了解；专注于对合作伙伴的支持；提供一个相互交流的平台；让渠道伙伴与IBM做生意更容易。第一届蓝旋风合作伙伴大会于2005年8月在九寨沟举办，题目是"乘蓝色旋风，创卓越盛世"。之后，以蓝旋风为品牌的合作伙伴年度活动在多地召开。数百位合作伙伴齐聚一堂，倾听最新战略重点，鼓舞士气，对业务的推动起到了积极作用。

蓝旋风计划市场活动，使一些中小城市的中小合作伙伴也有机会参加大会，直接听到厂商的声音，接触到厂商的团队和管理层，体会到团队感。

4.2.4 联合市场活动

企业和合作伙伴针对行业用户或区域用户而开展的联合市场活动，更具有针对性。首先，在内容的编排方面，如果只是企业介绍产品细节，用户往往不会有兴趣参会。如果合作伙伴和企业配合，介绍落地场景，整体方案能解决什么问题，能给用户带来什么样的收益，有哪些成功的案例这些角度的内容，则会大大增加用户的参会兴趣。除了企业和合作伙伴的专家，也可以邀请到外部行业专家顾问演讲。

联合市场活动由企业和合作伙伴分别邀请到目标客户。由于内容具有针对性，用户现场参与度高，很容易产生共鸣，通常会看到会场上或茶歇时热烈讨论的画面。搞好这个活动，很有机会直接捕捉到商机，激发用户进一步沟通的意愿，产生购买需求。

联合市场活动也可以存在于两家企业之间，如果双方的方案具有互补性，能构成完整落地方案，则可以共同挖掘用户和潜在的合作伙伴。这也使得活动更有趣味，避免落入单纯的产品介绍。两家分担还可以降低成本，增加邀请人数，也是互惠双赢的方式。例如，咖啡连锁品牌和化妆品企业推出联名水杯。

如果是平台商举办联合市场活动，则可能是平台商和多家应用商一起，更多借助平台商的效应，让较小的应用商得到实际的帮助。例如，淘宝、天猫的双十一活动。

4.2.5 赞助合作伙伴市场活动

在这种模式中，合作伙伴邀请用户，而企业则提供赞助，提供内容话题。下面介绍两种赞助合作伙伴市场活动的情况。

① 某 ISV 在自己的行业内有着很高的地位，也有着很强的客户关系。这是企业本身所不具备的，也就是说企业很难触及这个客户群进行市场活动或销售活动。而通过赞助 ISV 的市场活动，企业可以利用一个演讲时间，向用户宣传自身产品与该 ISV 解决方案结合后如何满足客户的需求；可以通过展台的方式进行演示；在规则允许的情况下，可以会后得到参会者的名单，或了解到采购意向，以便于日后的销售跟进。

◆ 例 10

例如，公司 H 是在证券基金行业的龙头 ISV，是企业 A 的合作伙伴。每年公司 H 都会组织全国的客户会。通过对会议的赞助，在他们的客户会上，企业 A 介绍其产品的应用场景，使其产品有了很强的证券行业曝光度，大大增加了用户接受其产品的机会。当然，所有这些的前提是双方长期的密切合作。

◆ 例 11

公司 Z 是保险行业重要的解决方案提供商，也是企业 A 重要的 ISV。在一次公司 Z 的客户大会上，Z 公司邀请了很多的中小保险公司参加。企业 A 不仅参与了演讲，还提供了产品展示，因为双方合作密切，双方的销售人员可以一起在会议间隔阶段，直接见到客户，介绍解决方案，产生商机。

② 大型合作伙伴自己的生态大会。有些大的合作伙伴，本身就有非常庞大的生态圈，作为其供货商之一，通过对其大型活动的赞助，可以让更多的其下游的合作伙伴对本企业的产品、渠道策略有所了解，吸引更多的合作伙伴加入企业渠道体系。

◆ 例 12

D 是某行业最大的分销商，也是供应商 A 长期的合作伙伴，代理供应商 A 多条产品线。每年 D 都会举行合作伙伴大会，邀请众多的供应商，特别是大量的自身渠道商参加，规模很大。基本每年供应商A都会赞助这个会议，设立展区，会上演讲等等，一方面加深双方的合作，一方面吸引更多的面向客户的渠道成为供应商A的二级经销商。

这些都是渠道市场活动的成功范例。

4.2.6 签约仪式

企业和合作伙伴之间达成重大的战略合作，或促成重要的项目合作，则会组织签约仪式，这也是市场宣传的重要题材。配合媒体采访和新闻发布，可以向市场传递合作领域和重要性等信息，以及双方对市场的承诺等，这将起到很好的宣传作用。

4.2.7 展会

合作伙伴参加行业展会，并在展会上演讲和搭建展台，是一个很好的宣传方式，有时候合作伙伴会向企业申请分担展会开支。随着各种行业和地区展会越来越多，渠道市场专员需要思考预算、观众的数量和行业，并判断展会对后续业务的影响，做出取舍。例如，展会现场达成交易的可能性不大，但在展会上演示产品，宣传品牌，发放资料，吸引关注，将会发现一批有潜在意向的用户，那么渠道市场专员应重点考虑展会产生的商机质量，以及后续企业和合作伙伴是否有能力去跟进。

4.2.8 合作伙伴满意度调查

除了最终用户的满意度调查，针对渠道也应专门设立定期的满意度调查。方式可以是通过第三方公司的访谈或问卷调研，调查内容可以覆盖渠道管理的各个环节。另外，通过整理市场活动的反馈，也可以较好地获得合作伙伴对产品和企业的支持等方面的意见和建议。

渠道的满意度调查不宜过于频繁，而更应把合作伙伴集中反映的问题及时整改。例如，企业会定期召开由主要合作伙伴领导组成的委员会会议，其目的是让合作伙伴更多地提供反馈，提出对渠道策略和执行行动的意见和建议。但有时会流于形式，合作伙伴被动参加，在会上被动发表意见，而谈不上提供深入的建设性的建议或者真正对业务有帮助的提议。因此，在涉及合作伙伴满意度和反馈意见时，需要考虑如何安排能和合作伙伴有深入沟通，让合作伙伴更能反映他们的心声，并对一些重要的反馈意见足够重视。

◆ 例 13

某企业非常重视渠道成员的稳定性。除了常规的年度合作伙伴满意度调查，该企业还结合一些异常指标，关注合作伙伴的满意度。比如，某个地区的渠道业绩发生滑坡，某个重要合作伙伴的提货量明显减少。企业希望认识到这些迹象发生的原因，于是组织针对这一地区的满意度调查，针对重要合作伙伴的高层拜访，倾听合作伙伴的反馈。企业针对反馈意见及时采取行动，从而避免了该地区合作伙伴的流失和转投竞争对手。

4.2.9 合作伙伴奖励计划

合作伙伴奖励计划有年度计划，季度计划，和短期的促销计划，通常发布于年度和季度的开始。由于这部分的重要性，后续有专门章节，分析奖励计划的设计，发布和执行要点。

4.2.10 调研和竞争分析

调研包括了在一个新兴领域里的生态的调研。例如，由于互联网发展的带动，每个行业里都有很多新生的公司。针对企业的目标市场，企业需要通过调研了解这个市场中有哪些现有的玩家，每年有哪些新生的公司，哪些公司发展迅速，哪些公司的发展遇到了大的阻碍，这些都是企业开发这个目标市场时需要去考虑的因素。

当竞争对手在市场上有了动作，例如新品发布，建立了重要的战略联盟，政策调整等，企业的销售和合作伙伴就会被用户问及。这时候就需要产品部门、渠道部门和市场部门尽快拉通，做出回应方案。方案中未必是针对竞品的直接攻击，但可以通过强调自身的优势等，让一线的销售和合作伙伴知道应如何从容应对。

在营销的各个层面都会牵涉到竞品分析，例如产品部会有竞品对比的性能分析，市场部门会分析竞争对手的市场策略、市场占有率、品牌动作等。

渠道部本身也需要对竞争对手渠道策略尽量了解。比如渠道模式、主要合作伙伴队伍、整体奖励计划、可能的渠道相关的活动、近期有什么重要的策略变化或新政策推出等。有些信息可以由企业市场部直接从公开的媒体获得，比如互联网、公众号、产品发布会、大型会议中的演讲等等，有些信息需要通过外部的咨询机构获得，或者通过对自己的合作伙伴访谈获得（因为往往他们可能也是竞争对手的合作伙伴，注意不应是机密信息）。但市场部会作为所有信息获得后的接口，同时进行信息分析，并将结果提供给管理团队，在进行渠道决策时参考使用。例如，定期对竞争友商的渠道策略进行了解和研究，比较调整自身的渠道策略，以便确保做到一段时间里的渠道策略的行业先进性。这些都需要渠道市场提供的信息及分析。

4.2.11 组织各种广告和渠道沟通信息编写

在对市场进行研究、对竞争对手有了足够了解之后，组织针对合作伙伴的"话术"，通过内部培训或指导邮件，培训企业的渠道人员和销售人员，统一对外界的声音。

◆ 例 14

某企业在合资初期，市场对于合资公司有很多疑问，竞争对手也有很多对合资公司不利的声音散布在市场上。市场部和销售部、渠道部合力收集几十条问题，并准备了关于这些问题的"答案"，使每个员工都能够对外提供最准确的情况应答。同时经过沟通培训，使得合作伙伴同步。

对外的渠道相关的各种宣传手册、彩页等也是由渠道市场人员统一负责编写和发布。

4.3 渠道市场活动的评估

企业对市场活动的评估，既要注重过程管控，又要注重结果效果。需要对每一场市场活动提出期望目标，并追踪衡量。

4.3.1 渠道市场活动的期望目标与评估

① 与渠道招募相关的市场活动，最直接的目标就是招募的合作伙伴数量。

在渠道招募章节谈到了寻找合作伙伴的途径。在市场部有了大量潜在合作伙伴信息之后，需要多次触及，例如通过公众号、活动和培训推送等方式，反复触及并邀请这些潜在合作伙伴参与到企业的活动中来，直到合作伙伴具有加入的意向。到了这一步，再由渠道销售跟进，进行后续的审核和签署合作协议。因此，可以通过衡量招募的合作伙伴数量来评估市场活动的有效性。

② 市场活动最直接的目标是产生的需求和商机。

有些企业在批准活动的预算时，要求活动要产生相应比例的商机，也就是市场活动的投入和商机产出的比例。例如，这次活动邀请了多少用户和合作伙伴参加会议，在这个会议后，用户和合作伙伴提出了多少新的商机需求，或者帮助了多少已经存在的商机又向前推进。

企业通常要求市场专员将产生的商机录入系统，并进行后续的质量跟踪。例如，目前的 CRM 系统都可以输入商机的来源，如果是某场市场活动产生的商机，就应该在 CRM 中标注，由于 CRM 系统贯穿商机的全周期，这就比较方便追踪商机最后的赢率，完成一个商机的时间周期，以及商机的金额等。这也要求市场专员在设计活动之初，就思考活动是否能带来有效的商机，并对合作伙伴提出要求。目前有很多针对市场活动的商机效果的工具可以用来评估市场活动的结果。

更精细的管理情况下，还可以把客户商机按照采购行为的不同阶段进行划分，比如有需求，已经立项有预算，开始寻找供应商，开始谈判、签约，供货等等。除了可以评估市场活动产生的商机，还可以评估产生不同阶段商机的情况，以及后续商机的推进情况，综合评估市场活动效果。在这里需要提及的是，所有这些工作都需要人力和系统的投入，管理越细致，需要的投入越大。企业一定要进行评估，找到合适的平衡点。

③ 在品牌推进方面，渠道市场通常是通过一段时间内，在行业媒体或专业媒体发文的数量，阅读数量等进行评估。而通过品牌的力量，带动销售业务的发展。

④ 其他评估。例如，随着互联网的应用，渠道推广多了很多线上的形式和追踪工具，如官网页面、公众号等，可以通过工具追踪阅读量，收集用户和合作伙伴的留资等。渠道市场专员可以通过分析数据和趋势，来评估效果，并做为后续的内容运营的参考。

4.3.2 针对一次市场活动的评估

当针对一场市场活动的复盘时，通常包括以下方面：

① 参加人员名单，实际参加者与邀请名单的差距有多大，实际参加者是否是更合适的参会人员（这在会议的规划期就要设定好目标人群，例如邀请人员是什么级别或者部门。

② 活动中的信息传达是否有效，参加者的反馈，有哪些改进空间等。这些可以在现场通过调查问卷的形式完成，扫码填写的线上模式，或者是线下纸质版都是可以的。

③ 实际执行是否和计划相符（包括财务上和内容上），是否达到预期的产出。

这就要求市场专员提交实际执行的报告，报告中包括上述复盘的内容，会议产生的各项花费到底有哪些，活动的照片和票据凭证等。当涉及第三方会务公司或合作伙伴自行执行市场活动时，要确保第三方会务公司或合作伙伴也提交以上证据，在评估和审核过后，可以作为企业支付活动费用的凭证。

④ 市场活动产生的商机也是复盘中效果评估的一个重要环节。

市场活动后，应记录通过这次活动发现的新商机，以及现有商机的实质性进展。在复盘评估时，也会分别审核新的商机和助力已有的商机的实际情况。

在对渠道市场活动复盘时，针对市场活动的效果有时会碰到这样的问题——渠道市场的工作有时会被销售和合作伙伴诟病，认为所创造的商机是无效商机。例如，当渠道市场同事将活动后获得的信息录入 CRM 系统，在销售接单后，联系用户，发现用户并没有落实的预算，甚至只是用户的某一个员工想了解一下产品而已。这种情况下，从销售和合作伙伴的角度来看，是浪费了他们的时间，没什么用。比较好的解决方法是，仍旧交回 CRM 的公有池，由市场部继续运营。有些用户需要多次反复的市场活动不断推进，才能产生并转化成真正的用户需求。

从本章的内容可以看出，渠道市场活动所呈现的影响是长效、多面而立体的。部分是立竿见影的商机，部分是品牌的影响力扩大，部分是在逐渐接近引爆市场的途中。对企业和合作伙伴来说，市场活动都是非常重要的，考虑到花费的时间和人力精力，追求市场活动的产出是最值得关注的问题。通过规划、执行和评估环节，探索市场活动的新形式，反复提升市场活动的质量，使市场活动成为销售环节最重要的前战。

第 5 章

渠道赋能

通过本章内容，读者可以：

——了解企业应如何构建赋能体系

——了解赋能的内容

——了解赋能的方式

——了解企业在赋能中的生态合作

——了解企业在赋能中需要考虑的投入与评估

首先，我们先来看一下渠道赋能是指什么。由于赋能一词运用极其频繁，我们会听到产业赋能，AI赋能某行业，赋能企业的数字化重塑等。我们所讲的渠道赋能，从字面就可以理解，向渠道赋予企业需要渠道具备的能力，这里的能力可以是多种多样的，由企业希望渠道所起的作用而决定，涉及能力内容和能力深度。比如通过赋能教会渠道合作伙伴理解产品细节、产品特色、运用场景、竞争优势等，让合作伙伴掌握销售和使用产品的技巧，能够围绕产品打造方案，拥有基于产品提供开发和服务的能力；帮助渠道提升销售技巧，使得本企业的渠道较之竞争对手的渠道更为专业，有更强的销售能力；帮助渠道提升管理的理念，提升合作伙伴的管理水平，并通过企业文化交流，使得双方合作更为紧密，甚至影响渠道的行为方式，帮助企业规避渠道风险……渠道赋能的效果，直接影响整个生态系统的能力水平，影响渠道体系最终目标的达成。

以下将介绍赋能体系搭建，赋能的内容和方式，以及赋能的执行评估等，从而可以看出企业需要为赋能投入资金和人力，并在投入和效果中取得经济上的平衡。

5.1 构建渠道赋能体系

5.1.1 构建赋能体系需要考虑的问题

渠道赋能的需求广泛而持续存在，这是由于随着知识水平的提高，用户在做购买决策时，对产品想要更深刻地了解。例如，很多消费者在购买化妆品时，并不简单地停留在对品牌的认知层面，而是进一步探究各款化妆品的成分与自身皮肤的匹配度等。因此，企业和渠道在销售的时候，就需要具备相关知识，才能正确引导用户，形成良好的购物体验。这只是渠道所需的各类赋能的一方面。通常企业需要构建赋能体系，来应对渠道的各类赋能需求。

同时，因为赋能体系的构建及运行是需要投入的，所以在构建赋能体系之初，应该充分论证。赋能体系的建立是为了使渠道具有一定的能力，那么需要渠道具有什么能力呢？能力的水平深度怎样？这是渠道体系设计者必须回答的问题。

在前面章节我们已经讨论了渠道的作用。渠道的作用是多方面的，不同企业对渠道的需求不同，需要渠道具有的能力不同。例如，销售工业设备和销售家居用品所需的能力不同。同一企业对渠道中不同类型的合作伙伴所需的能力不同，或者是所需能力的深度不同。例如，负责小家电外形设计的生态伙伴和负责产品销售的渠道伙伴，所需的能力不同。渠道管理者应该在渠道构建之初以及渠道运营的不同时段，对所需渠道能力进行评估，并决定不同类型渠道需要达到的技能要求是什么，技能水平或深度是什么；是否需要被认证，企业自身认证，还是第三方的认证，认证结果如何和渠道激励或渠道资质挂钩；是否需要提供培训、赋能，需要哪一方面的赋能，深度如何，频度如何；如何进行赋能，所需的资源是什么（人力、物力）……因此，在研究赋能的需求时，设计者需要考虑以下几个方面：

① 需要考虑产品的特性，这与渠道的技能要求有关。

比如产品技术含量越高，渠道需要具备的技能就越高，就越需要被赋能，甚至需要被认证才能代表企业进行销售。比如 IT 行业，几乎所有厂家对产品赋能都非常重视，甚至有些产品渠道需要认证后才能销售。这是希望渠道具备足够的解决客户问题的能力，之后才能代表原厂进行销售或其他工作。比如医疗行业，渠道对于产品性能是否足够了解，直接影响到其在最终用户端的销售。但有一些技术含量低的产品，赋能就不需要太大投入，比如食品、书籍等等。所以赋能是需要提前充分评估的。

② 一个生态系统中，不同类型的渠道，需要的技能内容和水平也不同。

一般知识的掌握会分不同的等级：A 级（知道）、B 级（熟悉掌握相关知识）、C 级（可以教授别人）。比如一个企业，对于某一产品知识的掌握，要求大量经销商达到 B 级，但对分销商要求达到 C 级，因为需要分销商对二级经销商答疑解惑。这样就要对不同类型的渠道，给予不同深度的赋能。当涉及联合产品开发以及授权服务商时，知识级别的要求会更高。

③ 企业不同产品线可能对渠道技能要求也不同。

企业需要对不同产品线具体分析，赋能体系设计时也要通盘考虑。比如都是医疗仪器销售，销售低端产品时，用最简单的方式让渠道了解产品；但对高端产品线，涉及更多的技术含量，就需要多次的赋能，确保渠道充分具备销售技能。

④ 生态系统中，存在产品相关知识以外的对业务发展产生影响的技能要求。

企业在构建赋能体系时，也会面临有些渠道的销售能力和管理水平不足的挑战，这时可以在赋能的需求中加入销售培训和管理培训等。同样需要考虑对渠道的具体技能要求和技能水平的要求。例如，有些企业为渠道提供沟通技巧、谈判技巧、销售方法论的课程；以及提供领导力培训、渠道信息系统培训等。

5.1.2 认证体系

确定整体渠道体系所需的各种技能之后，在设计赋能体系时，也要考虑是否需要认证。认证是对渠道赋能后，对渠道掌握知识水平的评估。很多企业对不同类型渠道都有不同的认证要求，相当于要求渠道"持证上岗"。这类渠道往往给业界更专业的印象。获得大企业的认证，对渠道本身或渠道个人都是有益的。

◆ 例1

一些大的 IT 企业的某些认证，是获得整个行业的认可的。很多渠道合作伙伴，其负责人都希望自身企业从"搬运工"转向高附加值业务，他们对员工的技能提升也是非常重视的，这和企业的渠道管理目标一致。在 IBM 的合作伙伴圈里，很多渠道企业就要求员工获得 IBM 某些认证，当员工获得一个高级或难度很大的认证时，渠道企业还会给予个人奖励。

企业的认证体系建立也是需要投入的，无论对于企业本身，还是对于渠道伙伴，是否需要认证，不能一概而论。如果确定需要认证，一般会和渠道资质挂钩，和激励计划挂钩。

◆ 例2

延续第 2 章案例 1，企业 C 在规划认证时，按产品线确定是否需要认证，并将认证和合作伙伴级别挂钩。此认证要求正式发布给合作伙伴，以便于大家及时参与各类培训赋能，并完成认证考试。随着产品的更新换代，赋能及认证考试的内容会由产品部及技术支持部不断更新。每年也会重新审视此认证体系是否需要更新。

① 在渠道体系筹备阶段，其中一项重要工作就是明确对于不同渠道商，对于不同产品需要具备的技能水平。由渠道部门牵头，会同产品部、技术支持部、市场部经过几轮讨论，确定两个产品组不同的认证要求，见表 5-1。

② 对于不同产品组，确定认证名称及获取方法。同时对原 H、L 同类产品的认证情况，如何在 C 企业的新认证体系使用，做了规定，见表 5-2。

③ 明确了对不同级别合作伙伴，对于产品能力的要求，见表 5-3。

5.1.3 确定赋能内容

确定整体渠道需要的技能及水平后，需要设计赋能内容，包括大的分类，例如产品

表5-1 产品分组和认证要求的对应关系

2016 年产品分组和对认证的要求		
产品分类	认证要求	对应产品列表
分类1：产品系列 H （强制认证，渠道至少拥有 1 个销售认证和 1 个技术认证，销售与技术分为不同人获得）	销售认证 （考试代码：Q-40） 高端产品及方案技术认证 （考试代码：Q-41）	H 系列： H401 – H415
分类2：产品系列 L （不要求强制认证）	销售认证 （考试代码：Q-40） 中低端产品及方案技术认证 （考试代码：Q-46）	L 系列： L501-L540

表5-2 新旧认证体系的对应

渠道合作伙伴认证体系更新				
认证类型	认证名称（认证代码）	认证形式	认证要求	
			已有认证的合作伙伴	新签约合作伙伴
销售类	产品及方案销售认证 (Q-40)	线上线下培训 线下考试 获取认证	原销售认证（Q-30）： 仍然有效，截止到 2017 年 1 月 31 日	需要考取新认证
技术类	高端产品及方案技术认证 (Q-41)		原高级技术认证（Q-31）： 仍然有效，截止到 2017 年 1 月 31 日	需要考取新认证
	中低端产品及方案技术认证 (Q-46)		原中级技术认证（Q-36）： 仍然有效，截止到 2017 年 1 月 31 日	需要考取新认证
备注： 2015 年 12 月 31 日之前考取的所有认证有效期将截止到 2017 年 1 月 31 日（需升级为全线新产品认证） 2016 年 1 月 1 日~2016 年 12 月 31 日考取的新认证有效期将截止到 2018 年 1 月 31 日				

赋能、销售赋能、管理赋能。针对每一分类设计课程种类、课程内容和形式、课程更新频度等，一般这也是渠道部门和产品部门及其他相关部门共同完成的。比如产品的销售及技术培训，主要由技术和产品部门设计内容，并按需更新。管理赋能可能需要寻找外部课程或外部讲师资源，这就需要渠道管理者在设计这类赋能时，对培训市场有所了解；也有可能是由企业内部其他部门的专家提供的，这就需要渠道部在企业内部提出需求，

表5-3 不同级别的合作伙伴的认证要求

合作伙伴授牌对认证的要求	
钻石 Diamond	要求至少 6 个产品相关认证： 至少 3 个产品销售认证 至少 3 个产品技术认证 （包含至少 1 个中低端技术认证和至少 2 个高端技术认证）
金牌 Gold	要求至少 4 个产品相关认证： 至少 2 个产品销售认证 至少 2 个产品技术认证 （包含至少 1 个中低端技术认证和至少 1 个高端技术认证）
银牌 Silver	要求至少 2 个产品相关认证： 至少 1 个产品销售认证 至少 1 个产品技术认证 （包含至少 1 个中低端技术认证或至少 1 个高端技术认证）
备注： 要求销售类认证和技术类认证必须分别为不同人考取 普通合作伙伴没有中低端产品强制认证要求	

征得高层的支持，寻找合适的培训者及合适的培训题目。

◆ 例3

在本章例 2 中，已经明确了企业 C 渠道管理中，对于销售不同产品所要求掌握的技能，以及技能与渠道等级的关系。之后需要对表 5-2 的具体课程进行细化。构建线上线下结合的赋能体系，见表 5-4、表 5-5。

5.1.4 确定赋能计划及预算

前面已经提过，赋能体系是需要投入的，包括人力投入，如进行课程设计和讲授，提供技术支持及管理等，这些都需要内部或外部资源；系统投入，如创建在线认证系统等；设备投入，如配备演示产品，企业为合作伙伴提供产品体验或测试环境等；场地投入，例如产品演示中心场地、线下赋能的场地等。因此，在赋能体系设计时应结合赋能的方式做出取舍，设立体系建设的优先级，使企业的投入创造出更有价值的效果。我们在后

表5-4 培训课程设计

	线上培训	赋能培训（结合年度合作伙伴大会、渠道精英会）	专属认证培训
2016年渠道合作伙伴培训课程设计			
目标伙伴	所有已签约或有意向签约的合作伙伴	所有已签约或有意向签约的合作伙伴	所有已签约的合作伙伴
目标听众	所有人员	公司高管（C-level） 部门总监、部门经理 销售经理，主管 技术经理，主管 服务经理，主管	销售代表 商务专员 技术专家 产品专员 方案专家 服务专家
内容侧重	新产品发布 新功能增强 热点方案简介 渠道政策 渠道市场活动 工具类产品介绍	市场趋势探讨 产品策略推广 产品定位与定价 产品优势分析 行业解决方案介绍 成功案例推广	加强销售培训与认证： 渠道策略和奖励 渠道认证更新 产品及方案销售要点 诚信合规 加强技术培训与认证： 技术优势分析 高端产品详细介绍 特有解决方案 高价值解决方案 行业热点解决方案
培训形式	官网在线	培训酒店	培训教室
内容更新	随时	每一年更新（2月）	每半年更新（2月和8月）
培训时长	30～90分钟	1天	1～5天
培训场次	按需上线	3场（半年）	2～3场/季度
覆盖城市	所有	一线城市	重要省会城市
获得认证	无	有 （销售认证和技术认证）	有 （销售认证、技术认证）

面会讨论赋能的方法，企业趋于寻找成本更低而覆盖面更广，更易获得的方式，而且往往企业会是多种赋能方式结合使用。

在规划中，也可以整合企业的技术支持和分销商的技术支持，构成一个互补的支持

表5-5 培训内容大纲

渠道合作伙伴培训内容大纲	
产品及方案销售培训与认证 （Q-40）	● 渠道策略和奖励 ● 渠道认证更新 ● 诚信合规 ● 产品及方案销售要点 　○ 加大产品以及解决方案内容（至少占1/3内容） 　○ 强化高价值解决方案的销售卖点
高端产品及方案技术培训与认证 （Q-41）	● 技术优势解析 ● 高端产品详细介绍（H产品） ● 高价值热点解决方案介绍
中低端产品及方案技术培训与认证 （Q-46）	● 中低端产品详细介绍 ● 解决方案，案例详解 ● 系统及方案介绍

体系；可以引入第三方的赋能资源，补充企业的赋能资源，用最有效的方式去满足渠道生态的赋能需求。当企业的赋能被业界认可，并具有潜在的市场时，甚至可以在规划中考虑建立培训赋能的输出，做成收费项目。

在计划阶段，渠道管理者需要提前，一般是在财年初完成全年赋能计划的撰写，其中包括预算。预算包括本段提到的所需系统费用、场地费用、人员费用、设备费用等，之后需要经过公司同意，使之在企业本年度的预算中。

◆ 例4

渠道市场负责人员，在公司筹备阶段就做好渠道赋能的整体规划，并提交公司高层审批，见表5-6～表5-9。

5.2 渠道赋能的内容

企业根据自身的需求确定赋能的内容，常见的赋能内容包括产品赋能、销售赋能和管理赋能。很多企业为赋能计划设立专门的名称，将内容系统地归类。有些企业的赋能

表5-6 赋能计划（一）

渠道合作伙伴培训计划	
培训目标	● 发布合资公司合作伙伴生态体系，实现渠道体系平稳过渡 ● 构建渠道管理体系，发布渠道策略及奖励计划 ● 维护良好的合作伙伴关系，树立渠道信心 ● 简化流程，确保合作伙伴与合资公司日常交易的顺畅进行 ● 强调渠道合规管理，保障业务健康发展
培训内容	● 开业前培训 ● 开业后定期培训 ● 开业后技术培训
培训类别	● 合资公司开业前和开业后 ● 年度培训、季度培训以及特色、创新培训等 ● 技术培训、销售培训、业务培训、流程培训、合规培训等

计划运行得非常成功，成为一个品牌，将赋能内容向业界输出。企业在对外输出赋能内容时，其最主要的目的还是为了发展业务，因此赋能内容以及赋能提升的技能都和业务有较紧密的联系。

随着市场的不断发展，对于技能和专业度的要求呈现出越来越高的趋势，这无论对老的合作伙伴还是新进入行业的合作伙伴都是一个挑战，也对企业提出了更高的要求，这在赋能的内容上有所体现。加盟的养生馆定期培训解剖学、中医经络等方面的知识。例如，很多企业从单纯的产品介绍，转而咨询顾问式的销售模式，而企业也需要把这一类销售模式赋能给合作伙伴。

5.2.1 产品赋能

产品赋能是企业最基础，也是最重要的赋能，它贯穿了合作伙伴的整个合作周期。例如，在最初的渠道招募会上，产品的介绍和演示是不可缺少的一个环节。招募完成后，更是有针对合作伙伴销售和技术人员的培训和认证。之后每一代新产品的推出，新的解决方案的推出，企业都会对合作伙伴及时培训。

企业对内部员工定期进行产品的培训，包括提供话术、演示产品、挖掘用户需求场景、分析竞品等。同样，企业对合作伙伴也需要进行培训赋能。它的目的是使合作伙伴合资公司开业前培训计划：

对所有的合作伙伴进行线上、线下的产品介绍、宣传以及问答，让合作伙伴了解了产品和销售方式。

线上产品资料需要产品部提供，需要市场部将资料发送到相关网址并提供搜索方式。

线下产品资料宣传册、白皮书，讲师需要产品部提供，市场部提供经费安排场地，渠道部组织安排合作伙伴培训学习（三大区各一次，北京可增加一次）。

表 5-7 赋能计划（二）

渠道合作伙伴培训计划——开业前培训计划

分类	内容	范围	对象	时间	责任人	需要的支持	频率	区域
渠道管理	渠道策略	渠道策略/销售路径/认证要求/奖励计划	所有的合作伙伴	开业前	渠道部	会议和电话会议两种形式；渠道部/奖励计划负责人/产品部资料（经费2.5万元一场，3场7.5万元）	会议1次/电话会2次	北京/上海/广州
	产品培训	新产品介绍/产品分类等	所有的合作伙伴	开业前	产品部/市场部/渠道部	第三方在线培训平台建立，相关产品网上课件/资料（线上/线下）；（经费：平台费用25万元/产品课件10万元/解决方案课件10万元；线下活动2.5万元一场共3场、7.5万元，共52.5万元）	1次线下/线上次数不限	北京/上海/广州
产品销售	订单流程	下单/支付/发货流程	分销商和直接下单的集成商	开业前	流程部门	流程部门给出流程图，解答流程问题的管理人员相关资料	会议1次/电话会2次	北京
	价格申请流程	价格申请/特价流程	分销商/直接下单的集成商/核心经销商	开业前	流程部门/渠道部	流程部门给出流程图，解答流程问题的管理人员相关资料	会议1次/电话会2次	北京/上海/广州
合规审计	合规流程	合规流程要求	所有的合作伙伴	开业前	合规部/渠道部	在线课件/资料问答（可加在产品销售中），课件制作2.5～5万元	会议1次/线上次数不限	北京/上海/广州

116

第 5 章 渠道赋能

表 5-8 赋能计划（三）

渠道合作伙伴培训计划——定期培训计划

定期培训计划：
渠道政策、产品发布、订单流程、价格管理、销售能力的培训，提高合作伙伴的各项能力
合作伙伴开年大会
季度性的分销商和核心经销商策略计划会议
季度性的合作伙伴订单流程、价格体系策略会议
新产品、新解决方案发布会（对所有客户和合作伙伴）

培训	内容	讲师	需要的支持	现场支持	频率	地点	目标人数
合资公司合作伙伴开年大会	产品销售/渠道策略/渠道奖励计划等	公司领导/渠道部领导/产品部讲师	半天的会议，经费/市场部支持：第三方电话邀请、会议室，资料，茶歇，晚餐等；北京 15 万元/上海+广州 10 万元（合计 25 万元）	酒店 公关公司	1/年	北京 上海 广州	120/60/60
合资公司合作伙伴奖励大会	制定奖励计划、规则等	渠道部	费用、计划，实施方案以及费用待定	旅行社 公关公司	1/年	待定	40～50
核心经销商策略会	产品销售和技术/渠道策略/奖励计划/合规等	渠道部领导	半天电话会议：第三方电话邀请、会议室，资料，晚餐，茶歇等；（一场 2.5 万元/一季度，7.5 万元/一年度/3 个季度）	酒店	季度	待定	30～50
分销商季度计划会	产品销售和技术/渠道策略/奖励计划/合规等	渠道部领导	一天会议，上午大会、下午分组。经费支持：会议室，午餐，茶歇等（一场 2.5 万元，一年 10 万元）	酒店	季度	待定	20
订单流程、价格体系、合规培训	订单流程/价格流程/合规审计	合规部	在线课件培训（一个课件 5 万元，3 个课件 15 万元）	线上	随时	全国	所有合作伙伴
各区本地需求	有本地特色需求的活动：客户的/行业的	本地销售经理/技术人员	根据不同的合作伙伴需求结合当地方特点行业特征、客户类型申请（预估：全年 10 场，2.5 万元，全年 25 万元）	酒店/合作伙伴自定	随时	待定	15～30
新产品、解决方案发布会			根据公司的节奏邀请相关人员				

表 5-9 赋能计划（四）

渠道合作伙伴培训计划——所需资源		
渠道部支持要求	渠道技术人员的要求：3 人	● 具备帮助、指导合作伙伴完成培训、方案、配置、实操、测试、调优等技能 ● 对合作伙伴的日常技术支持，相关产品、解决方案的课件制作
	渠道市场人员的相关要求：1～2 人	● 帮助完成各项渠道市场活动、培训等，提供市场报告和市场分析，对市场有敏锐洞察力
	渠道市场活动经费的相关要求：（估算 450 万～500 万元）	● 在线平台的建立、各种课件的制作、培训经费、合作伙伴市场经费、活动经费、微信、APP 平台经费
	渠道合作伙伴 IT 系统的要求	● 合作伙伴合作关系注册网站 ● 登记、查询、变更的技术认证系统

掌握销售产品的技巧方法，从而通过合作伙伴群体的复制力，大大扩充销售力量。如果合作伙伴都说不清楚产品的特色、应用场景、竞争优势，可想而知，怎么能做好销售。因此，赋能就是要通过系统性的培训，帮助合作伙伴，从而提升其销售团队的市场开发能力。例如，销售手机的商店，销售人员根据客户的预算，用户喜好的外观和主要功能，推荐几款产品，可以是同一品牌，也可以是不同品牌，供用户现场体验比较。前提是已经对销售人员就所有产品的基本性能进行培训，并准确掌握。赋能还要帮助合作伙伴和用户学会产品的使用，这时赋能就延伸到售后环节，例如，有些项目中，用户会专门预留培训费用，或购买售后的赋能服务，系统性地学习，确保后续能把产品用好。企业通过系统性的赋能，帮助渠道和用户学会使用，真正解决用户业务中的痛点，让用户喜欢本企业的产品，便会提升企业和产品口碑，产生更多的落地场景，创造新的需求。例如，一些简单的小家电，渠道提供用户扫码观看视频，学习基本的使用方法；而对于家用电脑等，渠道则需要帮助用户设好配置，装好软件；而一些企业级的产品就需要渠道提供正式的培训来教授使用方法。企业做好产品赋能，可以培养出一批技术优秀的合作伙伴，在售前和售后方面减轻企业的资源负担，并根据用户需求提供附加价值，提高服务水平和用户满意度。因此，产品赋能是一个必不可少的重要环节。

5.2.2 销售赋能

企业仅提供产品方面的赋能还不够。例如，合作伙伴在和企业签订合作协议之后，大量招募销售，有时这些新人的销售技能还不足。企业则需要延展赋能的范围，将自身的销售技能课程提供给合作伙伴。只有合作伙伴有能力完成销售，企业和合作伙伴才会获得收益。

销售培训可提供基本的话术，讲授如何倾听用户需求，了解用户痛点，如何和用户建立信任关系，如何确认商机，如何提供解决方案，并运用沟通技巧引导用户，与用户就解决方案反复协商达成一致，如何促使用户做出购买决定，如何推进合约商务环节等全过程的销售技能。针对销售方法的培训，也可以加入模拟用户场景，由经验丰富的销售扮演用户，而被培训者就扮演销售，双方模拟一次会谈，然后由经验丰富的销售来拆解分析过程中哪里做得好，哪里不好。通过销售经验的分享，帮助合作伙伴快速提升。

销售培训把整个销售过程拆解成过程模块，每个模块对应项目销售的某一阶段，每个阶段都有需要解决的重点问题。这样可以使合作伙伴掌握一定的方法，在用户面前沟通更有效，表现更专业，对业务的推进起到促进作用，是体现渠道差异化、增强竞争力的有效方法。

5.2.3 管理赋能

在合作伙伴的管理能力相对薄弱时，企业如有能力提供管理培训，也会获得长期的益处。企业可以组织一些交流活动，由企业的管理层和邀请的外部专家一起，向合作伙伴更多地介绍企业的管理理念、管理实践、责任和价值观等，一旦得到合作伙伴的认同，会大大提高其配合度，加深双方的绑定。企业通过经常性的管理培训，会发现其长期合作的合作伙伴形成了和企业相对接的组织架构，沟通很有默契，业务往来也更顺畅，而且更容易建立共同的目标。因此，企业的管理培训可以形成一定的团队模式，提高效率和凝聚力，做出渠道差异化，增强在市场上的竞争力，也能提高渠道的稳定性，防止渠道转投竞争对手。

企业在组织这一类赋能活动时，需要从内部和外部找到专家，培训可以采用收费模式，也可以奖励合作伙伴一定的免费名额。企业的管理培训可以涉及很多方面，例如，领导力培训，侧重于合作伙伴各个层级的管理者的能力培养；合规方面的培训，帮助合作伙伴提高风险意识，遵从企业的合作伙伴管理规范，配合风险管理要求；组织业务流程培训，财务管理、人事管理的培训；关于转型变革的培训等。

◆ 例5

2007年，IBM成立了国内第一家定位于服务合作伙伴的大学——IBM中国渠道大学。渠道大学是一个综合性的培训平台，它不仅提供了硬件、软件和服务的培训，更集合了行业和管理，为合作伙伴提供全方位的人才培育。

渠道大学分为针对销售和技术经理的系统学院、软件学院、服务学院，针对高层主管和业务主管的管理学院、行业学院，以及针对工程师和销售的远程教育学院，拥有线上和线下的课程来满足渠道合作伙伴对人才培育的需求。其中精品课程"领导力培训"，更是以IBM的人才培育为模板，由IBM高层管理人员团队和外部资深学者们共同担当，为合作伙伴的管理层定制开发的系列培训课程。而远程教育学院所提供的在线课程，使合作伙伴可以随时随地学习，配合Know Your IBM奖励计划，在获得业务技能的同时，还可以获得奖励。

◆ 例6

企业在和合作伙伴的合作中，始终在为建立共同的业务目标而努力，这时不能忽视企业文化的差异。

某企业的合作伙伴在销售方面表现积极，也取得了不错的成绩，但在管理方面则比较薄弱，双方有着不同的企业文化。企业在和这个合作伙伴的业务交往过程中，发现双方对业务流程和决策流程的认知完全不同，沟通模式也不同。企业遵循按部就班按流程办事，通过流程避免个人决策失误或工作失误造成经营风险，而该合作伙伴恰恰是领导一人快速决策，在和企业的配合中，也表现出不愿遵从流程的倾向。由于双方都不认同对方的方式，造成在业务中双方对一个问题的处理有截然不同的意见，彼此拉锯，难以协调，反而浪费了很多时间和精力。

企业试图通过管理方面的培训以及企业文化的交流，来解决这方面的矛盾。企业通过对比近期合作伙伴在销售及奖励计划中由于其粗放管理造成的遗漏，让合作伙伴了解到其实可以有更好的业务方式。

随后，企业邀请该合作伙伴参加其管理培训课程，在一系列的管理课上，该合作伙伴有机会系统地了解企业在管理方面的理念和做法，结合模拟项目训练，过程中既深入体验，还结交了很多同行。在参加完培训之后，该合作伙伴对企业的管理方式更加认可，和企业之间建立了良好的认知基础，在后续的项目中也能做到更好的协同。对企业来说，还有一个重要的益处是建立了很好的沟通桥梁，在整个合作周期中，保持沟通始终是解决问题的关键。而通过管理培训和企业文化交流建立起来的顺畅沟通会在未来的合作伙伴体系中发挥作用。

5.3 渠道赋能的方式

赋能是一个持久的，需要执行力的重要环节。我们从赋能的途径入手，介绍在赋能体系中有哪些线上和线下的赋能方式。

5.3.1 线上赋能方式

互联网为赋能提供了更低成本的可能，且合作伙伴随时随地可获得线上赋能途径。线上赋能的优点还包括内容较标准化，内容质量较容易把控，学习者可以碎片学习，同时，互联网还提供了较好的赋能效果追踪工具。

5.3.1.1 官网上开设赋能资源中心

企业可以在官网开设资源中心，通过视频录播的形式，把课件放在资源中心，同时配合放置文档、白皮书、试用下载。资源中心可开设互动活动，如通过论坛回答问题。并通过阅读量、下载量和留资信息来进行每日的追踪和管理。

内容的提供者按专业领域划分，比如产品部分可以由产品经理提供，课件内容则包含产品概述、特色、适用场景、竞争分析、经典案例等，论坛中则选取代表性的问题作为精选内容，方便用户和合作伙伴查看。

资源中心的设计需要层次清晰，内容方便易找。例如，不同的角色在资源中心学习的需求不同，销售人员只需要产品的概述，如何在客户端操作产品演示，案例讲解；售前技术人员则需要能进一步做方案的论证和配置，能够清晰地回答用户技术人员的基于用户使用环境的产品问题；实施工程师则需要产品在用户业务环境下的实操，产品细节等培训。资源中心需要梳理课件和角色的关系，课件的设计需一步步进阶，方便合作伙伴自助学习。

资源中心可以同时提供认证。资源中心的课程提供完成进度和状态的追踪工具，每个系列课程结束后，可设置考试，考试通过则在线发出认证证书。合作伙伴上传认证证书，可以做为合作伙伴资格认证。这一过程可由合作伙伴自助完成。

企业可根据自己的情况，把资源中心的课程内容延伸到销售技能和管理培训。企业可以自建培训中心，也可以寻找第三方现成的 SaaS 培训解决方案。

◆ 例7

云扩科技在官网 acadamy.encoo.com，按"学习角色""课程级别""课程类型"和"标签"，将课程分组（图5-1）。其背后的设计逻辑如下：

首先，云扩科技在线赋能的受众包括了用户和合作伙伴，如图5-2所示。

其次，确定了内容覆盖产品试用、产品文档、课程和认证，如图5-3所示。

再次，设计了面向不同人员角色的课程路径，如销售只需要了解"RPA办公自动化"，而实施工程师则需要学习从基础到实战所有级别课程，以及实施方法论，见表5-10。

最后，提供了课后测试和相应的线上证书颁发。

企业通过网上课件的方式，增加用户自主学习的机会，可以大大减少赋能这一高重复性工作的工作量，节省人工。为了给学习者好的体验，提升学习效率，企业需要设计清晰，为学习者带来便利。

5.3.1.2 视频课件

企业可同时选择外部的互联网平台传播视频课件，如哔哩哔哩（bilibili）等。

图5-1 云扩在线课程

第 5 章 渠道赋能

技术合作伙伴
借助云扩市场更方便将AI技术落地RPA业务场景
将AI技术标准化包装为RPA组件
轻松触达大规模RPA场景客户,对接AI刚需

云扩市场
提供高效组件开发平台
内置丰富组件满足各行业需求
提供经典行业流程及模板
集成顶级AI技术服务
市场品牌资源共享

客户
通过云扩市场了解RPA业务解决能力
可直接方便地使用第三方集成的AI技术,行业技术
借助RPA集成各平台,轻松实现数字化升级转型

渠道/实施伙伴
利用云扩RPA轻松开发组件/流程
通过云扩市场扩大技术能力边界
借助云扩市场赋能实施团队,提高客户服务能力

图5-2 云扩科技赋能的受众

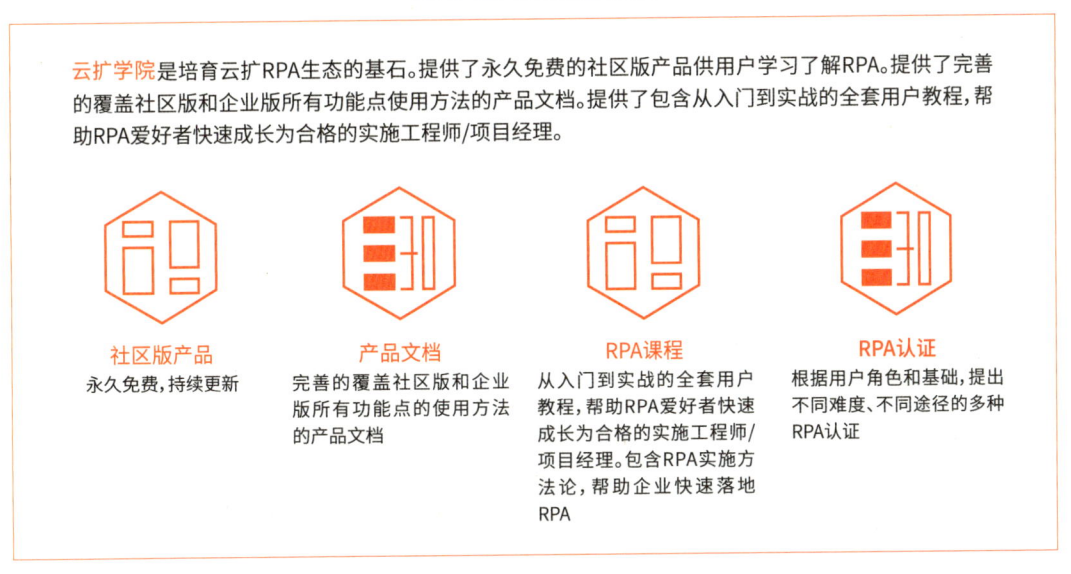

云扩学院是培育云扩RPA生态的基石。提供了永久免费的社区版产品供用户学习了解RPA。提供了完善的覆盖社区版和企业版所有功能点使用方法的产品文档。提供了包含从入门到实战的全套用户教程,帮助RPA爱好者快速成长为合格的实施工程师/项目经理。

社区版产品
永久免费,持续更新

产品文档
完善的覆盖社区版和企业版所有功能点的使用方法的产品文档

RPA课程
从入门到实战的全套用户教程,帮助RPA爱好者快速成长为合格的实施工程师/项目经理。包含RPA实施方法论,帮助企业快速落地RPA

RPA认证
根据用户角色和基础,提出不同难度、不同途径的多种RPA认证

图5-3 云扩科技赋能的内容

无论是官网的赋能课件,还是外部平台课件,课件设计应模块化,由浅入深,搭好课程体系框架,分好层次和受众,做好体验度,这些都非常重要。课程内容过难或过易,过于重复,都达不到好的效果。课程也要保持新内容的推出,例如,产品课件中,配合产品的升级和业务场景的拓展,给合作伙伴耳目一新的体验,增加学习的趣味和黏性。

5.3.1.3 直播课

直播课,有时是虚拟课堂,也可以作为互动赋能的一种,非常便捷。在产品赋能时,

表5-10 面向不同人员角色的课程路径

课程大类	形式	RPA办公自动化	RPA开发者	RPA实施工程师	RPA解决方案架构师	RPA实施项目经理
产品介绍	线上	Y	Y	Y	Y	Y
流程编辑基础	线上	Y	Y	Y	Y	Y
流程编辑高级	线上	/	Y	Y	Y	/
流程编辑实战	线上	/	/	Y	/	/
流程部署	线上	/	/	Y	Y	Y
颁发认证证书	线上	云扩RPA办公自动化认证	云扩RPA开发者认证	云扩RPA项目实施工程师认证	云扩RPA解决方案架构师认证	云扩RPA实施项目经理认证
售前案例方法论	线下	/	/	/	Y	Y
实施案例方法论	线下	/	/	Y	/	Y
颁发认证证书	线下	/	/	云扩RPA高级项目实施工程师认证	云扩RPA高级解决方案架构师认证	云扩RPA高级实施项目经理认证

售前工程师可以担当讲师，事先预告分享的内容，也可以设计一个系列，让合作伙伴可以有选择地听课。直播课内容最好和视频录播课件有所区别，例如可以深度剖析一个案例，而不需要反复重复产品的介绍。

直播课程很容易通过微信二维码来实现便捷的邀请，直播中听众可以提问，并要求授课者详解一些问题，因而具有较好的传播性和互动性。直播课的频率可以根据用户的实际需求调整，可以是每天或者每周举办。例如，企业提供虚拟培训系列，合作伙伴可以查看时间表，并注册参加培训课程。

5.3.1.4 线上交流会

线上交流会，通常是在合作伙伴自主学习了基本课件之后举办的。这也是解决赋能的第二个层级，即合作伙伴更多地需要案例、行业场景和销售经验的分享。由于不同的合作伙伴的需求不同，因此，企业可以集中具有类似需求的一个或几个合作伙伴，组织半天或一天的线上交流。交流会的内容需要特别定制，可事先和合作伙伴研究内容侧重，通常合作伙伴会向企业提出想更多了解行业的方案，案例解析等。

线上交流会解决了空间和时间的问题，通过远程会议工具，可以分享PPT，传输文件，过程中参会者可以较好地互动，现场解决合作伙伴的问题。

5.3.1.5 产品试用和测试环境

有的企业在促销现场提供产品试用。产品试用演示可以使得产品功能具备可视化，帮助强化产品的优势，促使用户做出购买决策。例如，宣传产品的防水性时，将产品置于水池中，取出后正常使用；宣传产品的坚固耐用，将产品从高处摔下，仍可照常使用等。有的企业产品比较复杂，用户和合作伙伴在详细了解了产品的功能之后，在正式购买前希望试用体验一下，甚至要求按照用户的环境安装测试一下。这些都是企业的赋能环节，也是售前的重要环节。

通过产品试用，加快用户和合作伙伴对产品的认知过程，因此，企业重视试用环节用户和合作伙伴的体验，以此来提高试用后的购买率。

例如，前面讲到很多企业在官网提供软件产品试用版下载。试用版通常只有简单的功能，用于学习，演示和体验，企业也可以提供一至三个月的正式版试用，这样，用户就可以了解更全面的功能。并在试用结束后决定是否购买。用户和合作伙伴在试用时的疑问，可以通过论坛、客服电话、会议等方式解决。而企业也需要提供试用的支持专家，确保试用过程中的客户体验。

例如，很多企业和分销商都会在多地提供产品试用环境，并配备专家工程师提供技术支持。用户和合作伙伴现场试用获得指导，也可以通过VR远程体验，或远程登陆试用。

有的产品试用需要企业做出合理安排。合作伙伴在试用之前，需要先向企业或分销商提出环境配置要求、试用的目的，以及试用的起始和结束时间。由企业或分销商根据要求部署环境，并派出专家工程师支持。例如，合作伙伴做性能测试，软件优化，或是针对某个用户需求的方案验证，无论哪种情况，都属于售前需要投入的行动，都需要有商业预期支撑，在繁忙的时候也需要做测试内容和目标管理，尽量在较短的时间和较低的成本内，达到最大的商业效果。

在产品的试用环节，涉及场地、设备和专家的投入。随着云计算的发展，企业在探索降低投入成本，例如，IT测试中的场地和设备方面可以转向云端的测试环境；利用VR、AR技术的虚拟环境等。试用支持中，企业需要落实细节，关注用户体验，关注用户的需求。

疫情发生之后，用线上的方式完成上述工作，变得非常实用和便利，既规避了非本企业人员进入办公区域的防控方面的复杂过程，也变得更为有效。但数据安全，即如何规避数据等方面的风险,是需要双方考虑并沟通协调的。

5.3.2 线下赋能方式

线下赋能方式需要组织者投入更多的精力。但赋能内容更深入,在赋能的现场可以有更多的互动、讨论和实际操作,以满足线上无法解决的赋能需求,例如难度较高的现场实际操作、管理培训工作坊等。

5.3.2.1 线下交流会

线上交流会的内容也可以采用面对面拜访的形式线下商讨。在项目支持中,特别是首个项目中,企业派出资深的技术同事,带着合作伙伴在项目中师徒般赋能,赋能过程可以延伸到售后实施。通过一个项目中手把手的赋能,可以让合作伙伴经历项目的整个过程,迅速培训出售前和售后技术人员,提升合作伙伴的能力。

5.3.2.2 培训中心

企业可以自建培训中心,或与第三方专职的培训公司合作为合作伙伴提供收费培训。培训中心提供课程和实操环境,有些培训中心还能提供考试和认证,在培训考试合格后,发出相应的证书。培训中心的建设需要人员、设备、课程推广和学生招募等投入。

5.3.2.3 训练营

对于高阶的技术培训,可以采取封闭训练营的形式集中培训,而企业可以为此调用产品研发团队或者资深产品经理作为讲师,并安排实操环境,设置实战环节。通过进行为期 3～10 天的深度讲解,可以快速孵化出具备高阶技能的技术人员。

销售和管理培训也可以采取封闭训练营的方式,集中培训。

◆ 例 10

某企业针对合作伙伴开设了 Mini MBA 的课程,将企业自身的人才培养课程向合作伙伴开放赋能。课程的受众是合作伙伴的中层管理人员,也是平时和企业在业务上互动最多的一批人。课程的设置是每月 3～4 天,持续半年的封闭式集中培训形式。企业派出优秀的讲师,在课程的内容上,针对管理的理论概念都附有案例讲解,更重要的是包括了很多模拟的场景训练。

在模拟的场景训练中,参加课程的合作伙伴人员被分成小组,针对模拟的项目场景,讨论设计方案,并以团队形式向讲师和全体参加人员演示。由于有评分机制,小组之间形成了竞争。由于时间紧,任务重,小组成员必须全力以赴,形成紧密的团队合作,并通过不断的讨论，提升方案的水平。在演示环节，讲师和其他参加培训的人员都可以点评，并选出最优秀的方案小组。整个过程中大家相互学习，相互碰撞，既有趣又紧张。

这样的培训形式比简单的课堂上课更有气氛，参加者不仅仅得到了知识，更重要的是成员之间迅速建立起了社交网络，也对企业产生了更多的认可。合作伙伴对 Mini MBA 的课程都给予了积极正面的反馈。这些对后续的业务也有很好的影响。

5.3.2.4 客户中心

很多企业在总部构建客户中心，用展厅的形式，配合影片、展示墙、展台等，综合展示公司的发展历史、大事记、奖杯与成就、具有代表性的产品和解决方案等。

企业可以设计参观路径和讲解内容，并针对每个用户和合作伙伴做一定的定制内容。展厅有专门的讲解员，邀请用户和合作伙伴前来企业参观访问时，向用户和合作伙伴介绍公司的愿景和理念，展示公司实力，有时企业的管理者会亲自解说，也会带来很好的效果。其间可以安排互动效果强的产品演示，来活跃用户参观时的气氛，例如 AI 展厅的现场年龄识别游戏等。企业也可以展示具有前瞻性的技术。参观过后，也可以在客户中心举行研讨会，商谈业务。例如，IBM 客户中心通过科技博物馆密室，让用户沉浸在最真切、触手可及的未来场景中，体会什么是科技为根的时代。同时，通过专利墙、时间轴等，向用户展现企业的综合实力，从而增加业务说服力。

综上所述，当企业赋能目标明确，预算确定后，则需要编排赋能内容、方式和时间表。企业可以对不同的赋能方式进行组合，争取在合理的成本下，满足不同合作伙伴的赋能需求。同时，企业需要追踪赋能的效果，对参加人员、课程完成情况、认证情况有及时的跟进数据，并激励合作伙伴学习和认证。

5.4 渠道赋能中的生态合作

本章中，我们看到赋能中会涉及外部资源，这里我们讨论一下赋能中有可能存在的生态合作形式——培训合作伙伴。

培训合作伙伴是渠道合作伙伴类型中的一种，属于服务类合作伙伴，由企业授权，负责培训的销售和交付。企业和合作伙伴之间开始合作通常要经历以下环节：

① 企业在赋能过程中，沉淀下来优质的培训课件。

如果课件得到业界的高度认可，并有一定的市场潜力，则企业可以将其做成标准化课件，进行输出。例如，早期一些外资企业在进入中国市场后，在销售方法论和管理方面具有领先的经验，尤其是针对本行业的销售管理。这些课程在国内具有一定的市场，可以独立销售。

② 企业做出市场通路的决策，并寻找培训合作伙伴。

企业可以选择成立自己的培训中心，直接向用户销售和交付，也可以寻找培训合作伙伴，由合作伙伴进行销售和交付。在决策过程中，企业可以参照第2章渠道构建的过程，如果企业认为结合渠道更有利，例如更容易增加市场覆盖，加快销售的速度等，则可以采用渠道模式。在选择合作伙伴时，企业可以根据自身要求设定培训合作伙伴的选择标准，例如，合作伙伴的资金情况、讲师网络、版权遵从等情况。

③ 企业授权培训合作伙伴。

除了销售课程之外，培训合作伙伴还涉及交付课件，因此，企业首要的是对其讲师进行深度培训并认证，确保课件交付的质量。在符合企业的要求后，企业可授权其为培训合作伙伴。

在企业的生态中，培训合作伙伴的功能和作用是围绕企业产品和能力提供收费的赋能培训，来满足市场上对于赋能培训的需求。在合作中，企业为课件内容设计者和提供者，合作伙伴提供的增值服务包括课程销售，课程交付以及相关的管理。企业也可以设定业绩目标，设定考核评估机制，并制定奖励计划等。

常见的培训合作伙伴是专职的培训机构。专职的培训机构通常拥有培训平台，有的还有认证的系统平台，可以提供一个或多个企业多类产品的赋能，具有师资的优势，同时在培训界有一定的口碑，能吸引到用户。企业和这类培训机构形成了围绕培训的生态合作，向合作伙伴、用户以及一些个人进行技能赋能。有的分销商也会涉足培训业务，但多数情况下，分销商和培训合作伙伴合作，将培训的需求交由培训合作伙伴来进行交付。

5.5 渠道赋能投入与评估

在"确定赋能计划与预算"一节，我们谈到赋能需要人力、系统、设备和场地等投入。由于赋能贯穿整个合作周期，在不同的时期，赋能的内容随着企业产品和技术的更新而变化，也随着合作伙伴的需求变化而变化，因此，对企业来说，赋能是一个持续投入的过程，例如更新课程，更新设备，维持人员和场地的开支等。因此，企业在年度规划时，需要结合当前的赋能需求，制定计划和预算，并在一定的预算内规划赋能的投入并产生业绩。

在某些情况下，渠道赋能可能不是投入，而是变成新的业务点。比如本章提到的企业培训中心或培训合作伙伴所从事的业务，则是因为企业某一类的赋能做得非常成熟，得到业界的高度认可，此项目变成了收费项目。企业可以参考很多行业的培训机构成立专门的队伍，或者授权培训合作伙伴，进入这个培训市场。也有一些赋能是按一定比例付费的，像举例中提到的 Mini MBA，只要品质有保障，适当收费，合作伙伴也是可以接受的。

企业可以组建专职的渠道赋能团队，负责赋能体系构建，赋能计划和赋能执行，也可以抽调企业中不同部门的专家，参与渠道赋能，从事内容的编制、授课、答疑等各个环节。由于涉及不同部门的资源，这就需要提前做好计划，在规划中明确渠道部门对于其他部门的需求，包括人员水平、人数等，确保能够顺利执行。

企业应从两个维度对赋能进行评估考核，首先赋能的评估考核应与渠道的业绩目标挂钩；其次，企业需要对过程进行评估考核，包括审核其规划和执行的效果。

① 赋能的评估绩效与渠道业绩目标挂钩。

企业认为合作伙伴的能力直接影响到企业的销售和用户满意度，也关系到业务的未来发展潜力，则赋能的结果应确保合作伙伴能力达标，并能反映到销售业绩的表现上。企业采取必要的措施加强合作伙伴对培训认证的重视度，例如，将培训认证与合作伙伴资质，激励计划和渠道业绩直接挂钩；当合作伙伴未能满足要求的培训认证时，无法向企业下单等。赋能要做到为业务服务，帮助渠道业务达到预定的目标。因此，企业在评估赋能时，首先会关注渠道体系的整体业绩情况。

在评估和考核赋能的绩效时，除了与渠道整体的销售业绩挂钩，也可以选择一些重要的合作伙伴进行评估。由于重要的合作伙伴的资源投入通常较大，企业将这些合作伙伴的业绩和赋能情况进行对照评估，以考核赋能的效果。

② 企业需要对赋能进行过程管理，并设立一系列的 KPI。在过程管理中，企业最主要的是从赋能规划和赋能执行两个方面进行评估。

A. 企业针对赋能规划的评估主要包括：

赋能计划是否针对不同地域的合作伙伴、不同类型的合作伙伴，以及合作伙伴的不同角色都进行了有针对性的覆盖；课件和认证的规划是否能满足合作伙伴技能提升的需求，符合业务需求；试用环境的资源布局是否能满足合作伙伴和用户的测试需求；计划中是否合理安排了专家资源；规划是否结合了预算，以达到良好的投入产出比等。

B.企业针对赋能执行的评估，主要是及时追踪执行的进展情况。根据企业的具体要求，可以包括很多方面，以下列举部分主要的评估指标：

赋能网站的阅读量，论坛活跃度曲线；课程的场次，参加人数，完成进度；客户中心的参观场次人次；产品试用量及产品试用后的购买转化情况；合作伙伴认证情况；方案验证测试情况，以及测试成功后带来实际项目情况等。

当赋能与具体项目挂钩时，可以结合 CRM 系统记录，如赋能团队支持合作伙伴为某项目进行测试，测试成功后使项目顺利签单，则可以反映在 CRM 系统中，作为赋能的成果。

当赋能与合作伙伴技能挂钩时，可以在 CRM 系统中与合作伙伴信息相匹配，如合作伙伴获得了某项认证，则可以在 CRM 系统中记录在合作伙伴信息中。而企业可以追踪合作伙伴的整体赋能进度，这样就可以量化赋能的执行情况，以及对渠道业绩目标所产生的影响。

企业通过定期审核，来确保赋能的执行运行正常。

综上所述，赋能是体现渠道差异化、提高竞争力的重要一环。通过对合作伙伴赋能，有效地提高其服务用户的能力，并使其具有更强的未来发展潜力。企业需要规划渠道赋能的整体预算，并结合预算和业务方向，构建赋能体系，做出赋能的计划并执行，然后对赋能的投入和效果做出评估。只有做好渠道赋能，才能提高渠道体系的整体水平，帮助企业达到渠道体系设计时所期望达到的渠道目标。

第 6 章

渠道激励

通过本章内容,读者可以:

——了解渠道激励的种类

——了解渠道产品的定价问题

——了解渠道激励需要注意的事项

——了解渠道激励计划中的财务控制问题

企业通过招募、赋能等环节构建了自己的渠道生态系统，其中包括企业自身、分销商、经销商及终端零售商等渠道通路上的合作伙伴，供应商、服务商及所有外围的各种对企业有影响的企业、机构或个人。在渠道生态系统建立之后，如何能够使这个系统运转得更顺畅，达到这个渠道生态系统的目标，保持整个系统的合理的稳定性，就属于渠道管理的范畴，其中就包含渠道激励。

有效的渠道激励政策对整个渠道生态系统是非常重要的。渠道激励政策的制定既要满足公司的策略和业绩目标，也要对被激励者的行为产生刺激及指导作用，从而调动被激励者的积极性。只有了解被激励者的特定需求，激励才能使被激励者深刻感受到，并产生作用。

渠道激励贯穿整个渠道销售过程，方式多种多样，富有创意，也是渠道管理差异化竞争的重要部分。

6.1 渠道激励的种类

渠道激励并不局限于渠道奖励计划，企业为渠道销售行为提供引导、刺激和保护作用的各种方法都是渠道激励的范畴。渠道激励着眼于合作伙伴最为关心的盈利、业务拓宽、减少风险和损失等方面，因而受到合作伙伴的高度重视。可以说是业务的一块重要基石。要讨论如何有效地激励合作伙伴，需要先讨论作为企业，可以给到整个渠道生态系统的激励包括哪些方面。

6.1.1 产品线的销售权限

作为渠道，被授权销售产品一定是第一位的。特别是在紧密型合作伙伴的管理体系下。对产品销售权限的分配可以从地域、行业、技术领域等进行划分。比如，对有一定技术含量的产品，企业为了保证对最终用户的技术支持、交付质量等，需要渠道具有一定的相应匹配的技能，所以并非希望渠道成员越多越好，而是希望渠道伙伴具有足够的产品知识之后再进行销售。或者企业在考虑渠道密度时（比如东北、华南），有所规划，以保护合作伙伴进行投入，避免同一地域或领域内，渠道之间的过度竞争。或者企业希望渠道和自己理念一致，比如对客户满意度的高度追求，对法律法规的遵守等，以便在市场形成品牌的统一形象……

有些企业有多条产品线，也会授权不同的渠道商销售不同的产品组合。从产品角度，产品是有生命周期的；从市场竞争角度，不同产品线的市场接受程度和产品竞争力也不一样。这些都会造成销售难度、利润情况的不同。分配给渠道商不同产品或产品组合，对于后期渠道商的销售难度、盈利水平是有直接影响的。

◆ 例 1

假如某手机厂家生产多个手机型号，A 款型号为主打产品，市场销量最旺；B 款为旧型号，逐渐被市场淘汰。在对渠道进行授权销售时，假设授权渠道公司 X 销售 A 款产品，公司 Y 销售 B 款产品，则两个渠道商的销售难度和获利空间必然不一样。企业可以通过对渠道销售额、渠道商投入、库存水平、客户口碑等很多方面提出要求，以确定 A 产品销售权的渠道归属，从而对渠道商产生激励作用，渠道商一般会为了获得 A 款产品的销售权而付出努力。

产品的售后服务是一个特定的市场，是否开放给合作伙伴，开放的程度，开放给哪些合作伙伴，都会给合作伙伴带来新的盈利点，甚至直接影响原产品的销售，可以看成另一条产品线的销售授权。

◆ 例 2

同样用此手机厂家举例，一般手机售后服务是原厂来做的。假如此手机厂家授权渠道公司 X 做售后服务，则公司 X 既可以从手机售后业务中获得额外盈利，还可以以此区分自己与其他代理的技术水平，直接在市场上取得销售的优势。

授予某组渠道商某个产品的销售权，是对渠道激励的最基本方法，是制定渠道激励政策时的根基。

6.1.2 专属的培训与赋能

我们在渠道赋能章节也谈到了，当成为某一企业的合作伙伴后，企业会根据合作伙伴类型，合作伙伴需要掌握的技能及水平，提供一系列的培训与赋能。这些赋能包括很多方面，有关于产品本身的、销售的、技术的；有关于法律法规、风险控制的；有关于公司管理的，财务、人事管理、供应链仓储管理等；有关于公司转型变革的……赋能的内容深度也可以不同，可以是通过培训，使被培训者了解产品，达到介绍和销售产品的水平；可以是深度培训，使被培训者达到解决深度产品问题的能力，甚至售后维修的能力；可以是开放更多产品细节，使被培训者具备基于产品二次开发的能力。

对渠道生态系统非常重视的企业，都希望通过赋能提高整体合作伙伴的水平，无论是技术还是销售技巧，甚至公司管理。一方面，使得大家水平达到标准，价值取向一致；另一方面，也使得给市场传递的品牌形象得以提高。

赋能分不同的深度，有免费、付费。很多企业会对一部分合作伙伴开发更多的免费课程，或者提供培训折扣券给到合作伙伴。

企业还可以通过渠道对最终用户进行赋能。当市场接受收费的赋能之后，有些合作伙伴经过认证，从被培训者变成培训者。

上述所有这些赋能都会提高这类合作伙伴在市场上的价值，增加合作伙伴的盈利点。

◆ 例3

国内一些企业被美国商务部调查并处罚。有些企业不得不缴纳大量罚款，同时对内部进行重组并加大风险控制力度，虽然后来解除了美国供应商与之的商业往来禁令，但对企业的持续运营造成非常大的影响。当时企业A的合作伙伴队伍中，也有很多大型的上市公司，他们看到了风险，对于企业的风险控制越来越重视，迫切希望了解美国的长臂管辖原则以及可能影响到本企业的法律法规。但当时国内有这类经验和知识的人才很少。

企业A作为大型的老牌跨国企业，有非常完善的风险管控体系，其中包括对于不同级别员工的不同深度的培训。即使这样，企业A也曾被处罚过，这些案例及之后的解决方法，在公司内部都是培训教材，也因此对企业的流程管控不断地进行改进。看到合作伙伴的需求，渠道部门请到内部的法务、风控、审计等同事，组织了不同程度的合作伙伴培训，收到了市场非常好的反应。针对当时核心的渠道，企业A还上门进行一对一的讨论，帮助流程梳理，尽量规避风险。最后，这些核心伙伴都具备了一定的对于二级代理培训的能力。这不仅对合作伙伴企业本身有很大的益处，也使得企业A的生态系统整体风险降低，使得合作伙伴对于企业A更为认可。

6.1.3 财务支持

企业对渠道商提供财务支持，也是激励政策的一种重要方法。这一般是针对需要承担财务风险作用的一类合作伙伴提供的，比如分销商。他们在整个生态体系中，需要承担一定库存，同时承担对下一级经销商的财务支持，比如分期回款等。一般企业可以提供的财务支持包括：境外交易接受信用证LC；信用证延期；提供渠道商一定的授信额度用于其产品的提货；交付部分货款即可以提货；渠道现金提货给予返点；渠道可以用产品租赁方法替代产品购买……

企业一般会根据特定渠道商的交易量、渠道商财务情况，以及渠道商的其他方面信息，决定财务支持的程度。一般最终是由公司财务授信部门决定的，有时也会引入第三方的财务公司。作为渠道管理部门，需要帮助合作伙伴与之及时沟通，提供尽量多的合作伙伴信息给公司内部，用于做出决定。财务支持最终是由财务部门决定的，渠道管理部门作为业务部门会辅助渠道提出申请，同时一般会监督执行，以及对后续的回款进行跟进。

在对渠道商提供财务支持的时候，一般都会促进当期的销售，但要考虑如何平衡之后的财务风险和当期业绩。虽然财务部门是最终决定者，但渠道管理部门也负有责任。

◆ 例4

在2002年，某连锁企业要在中国大量扩充门店，短期需要很多POS采购。当时企业A有一家合作良好的POS的渠道商H，和客户长期合作，提供设备和服务。客户有大量采购需求，本应是好事，但因为一下需求太大，客户又不能预付全款，对H的资金造成很大的压力。渠道部门通过负责客户销售的同事了解到，最终用户的需求是非常确定的，而且客户对H以往的服务非常满意，希望H能够顺利完成这个项目。渠道部门帮助H向公司提出用于提货授信额度的申请。

因为H注册资金过小，不能一次性提供客户需要的全部数量货品的财务支持。在碰到困难时，各方都没有推卸责任，而是一起想办法。最终客户接受按照开店节奏，分几批交货，和H的付款条款也是分期预付，到货付一部分，调试运用一段时间结清尾款；在企业A内部，渠道部协调产品部，控制交货节奏，尽量减少H下单到提货的中间时间；H协调各方资源，配合客户完成交货，尽量缩短时间；针对这个项目提供循环的授信额度，虽然一次额度不能太大，但只要H还款，立刻可以启动新的额度；为了减少风险，H和A在银行开立共管账户，只要客户款项进账，优先A的还款，专款专用……最后这个项目圆满完成，客户非常满意；A得到了当时非常大的一张订单；H因此盈利颇丰，公司更为壮大，同时和A的关系更为紧密。在后期该企业POS产品走向产品周期尾声时，他也是帮助A销售到最后的合作伙伴。

6.1.4 产品线的折扣

整体渠道体系里，不同层次的渠道会有不同的折扣，渠道商从而能够获利。这也是促使一个公司销售某个企业产品的基本原因。在市场营销 4P 理论里，价格是其中之一。一个产品的定价策略是由产品本身的成本、目标市场、竞争对手、销售渠道几个因素统一考虑之后决定的。当一个企业使用渠道销售模式，产品定价就必须考虑到渠道的因素。因为这直接影响到渠道商与企业的合作，决定着渠道商是否会在其所代理产品上真正投入。在之后一节，会详细地讨论渠道产品定价的问题，这是渠道激励的重要部分。

6.1.5 渠道奖励体系

企业应该搭建系统的渠道奖励体系，可以使用多种奖励计划并行的方法，例如定期或不定期的奖励计划，对渠道的销售方向和行为进行引导，促进渠道销售及渠道目标的达成。

在渠道销售模式下，基础折扣和奖励计划的叠加构成了渠道利润空间。其中基础折扣是长效的，而奖励计划则可以有针对性地做出长期或短期的调剂，具有时效性，同时具有附加的前提条件。两者叠加，合作伙伴就可以先期计算自己的产品进货成本。而特价只是在特殊竞争场合中，针对某一项目的一次性价格计划。由此可见，奖励计划是企业调动合作伙伴积极性的重要工具。

奖励计划一般分为三类，一种是基于业绩的，即为某一类渠道的业绩设定目标、进行奖励的计划。第二类是基于行为的，即如果渠道完成了某一类企业希望的行为，即可以得到奖励。第三类是基于能力的，企业通过奖励，激励合作伙伴投入能力培养。

(1) 基于业绩的奖励计划

可以设定年度的销售额为目标，也可以是季度，甚至每个月的。可以设定某一区域的销售额为目标；也可以设定某一行业的销售额为目标。企业拥有多条产品线的，可以设定某一条产品线的销售额为目标……这类奖励计划设计简单，执行时也相对简单。

◆ 例 5

A. 分销商全年业绩奖励计划。

适用对象为全体分销商，设定一个全年提货额为目标（此目标是与全年渠道销售额目标相关的），设定可以参与此奖励计划的产品范围（分销商可能有企业的多条产品线在销售），设定奖金比例，比如提货额的一个百分点，超出提货额目标之上部分加倍或三倍的返点，相当于超额完成部分奖金比例为提货额的两个点，或三个点。也可以设计成如果达不到目标，就没有奖金，达到目标整体才有奖金。这些细节都会直接影响分销商的行为，一定要充分评估，才能达到最好的效果。

B. 分销商季度业绩奖励计划。

设计思路和年度业绩奖励计划相似，有效时间变成季度，目的是驱动渠道中短期业绩，一般会与年度业绩奖励计划进行叠加。也可以在其中设定月度目标，或月度相对季度目标完成比例，根据完成情况进行奖励。

短期目标设定除了和当期企业对分销商提货额的期望值相关，也要充分考虑市场情况，以及各个分销商本身情况。

通常在制定季度奖励计划时，还会设定阶梯式的奖励计划，即不同目标对应不同的奖励返点。在这种奖励计划设计时，阶梯目标值以及与它对应的奖励返点水平，都是需要仔细斟酌的。如果设计不好，有时不仅不能促进当期销售，还会使短期渠道提货额下降。例如，某个分销商觉得无法达到某个奖励计划目标，通过计算发现和其他分销商获得奖金差距太大，这个分销商由于判断成本差距过大，而放弃此季度提货努力。

C. 针对行业或地域的奖励计划。

适用对象可以是分销商也可以是经销商。选定企业希望渠道投入的行业或者区域，选定产品，规定奖励计划时限。可以设定目标；也可以不设定目标，凡是渠道在这一行业或区域的销售额，都给予额外的奖励。可以是具体奖金，也可以是给予这部分提货额额外的折扣返点。设计非常灵活。

(2) 基于行为的奖励计划

这类奖励计划的适用条件设置非常灵活。按照企业需要，可以是某类渠道发展了多少新用户；激活了多少休眠客户；分销商发展了多少新的二级代理商；开了多少次培训课程或市场活动；渠道报备了多少商机；在某个型号产品的短期促销期间，这类型号产品卖出的台数……

◆ 例 6

分销商年度战略联盟奖励计划

为了鼓励分销商发展二级经销商，并对他们进行支持，扩大最终用户销售额，可以对分销商发展的二级经销商进行统计，凡二级经销商完成每一单本企业产品的销售，都同时给予分销商一定的奖励。奖励计划也是针对所有分销商，同时锁定各家分销商的二级代理名单，明确新增二级代理如何处理，明确适用本奖励计划的产品范围，设定奖金比例。

(3) 基于能力的奖励计划

有时企业的业务发展依赖于合作伙伴的某些能力，这些能力并不一定是企业赋能的范畴，企业通过奖励计划，鼓励具有能力的合作伙伴帮助企业的产品销售。例如，某些设备的操作人员需要特别的资质认证，对渠道合作伙伴来说，具备资质的人比较难找，培养自身员工通过认证所需的时间长，费用高，则企业需要考虑鼓励渠道在这方面的投入。

◆ 例 7

用户在购买某企业的产品之前，经常要求进行一段时间的产品测试和方案验证。购买后，又需要较长时间的售后实施。该企业发现企业自身资源有限，即使是收费服务，也无法满足用户需求，已成为产品销售的瓶颈，从而希望更多的合作伙伴能够具备售前支持和售后实施能力，以减轻企业支持负担。构建这部分能力需要合作伙伴投入较多的人员和精力，为了长期的业务发展考虑，企业考虑设置激励计划，在项目中，如果不使用企业的技术资源，而是渠道自行完成，在产品上可以享受折扣，以此鼓励合作伙伴进行投入，构建能力。

再如，为提升合作伙伴解决方案能力，设置经典业务场景的奖励计划。

◆ 例 8

独立软件开发商专属奖励计划

确定对企业非常重要的某类应用，确定这类应用的龙头开发商，鼓励它的应用更多地锁定在企业的产品上；鼓励独立软件开发商帮助企业在客户端创造商机，或提前发现商机，同时在销售过程中推荐或销售企业的产品。

此类奖励计划也需要明确时效、奖励对象、适用产品、适用的应用，提前明确报备流程，比如 ISV 如何报备商机，企业接受报备后如何向 ISV 确认。在此商机完成销售后，给予此 ISV 固定金额或一定比例的奖励。此 ISV 可以在产品销售流程中，也可以不在。

奖励计划可以根据企业需要，进行各种设计、组合，以期达到激励渠道，完成短期或长期目标。奖励计划既可以覆盖全部的合作伙伴，也可以专门针对某一类合作伙伴，在实际业务中多为后者。例如分销商和经销商会有不同的奖励计划。既然是具有针对性的，就要求企业对合作伙伴需求和市场趋势有充分的了解，才能让企业的导向意愿达成。

有些企业还会通过渠道的奖励计划，调整最终用户端的产品价格或产品折扣，但这不属于对渠道的激励。一般来说，渠道的基础折扣应该保持一定的稳定，否则渠道会非常茫然，很难构建其自己的销售价格体系，以及保持库存。但奖励计划相对会更短期，可以满足企业对价格进行短期调节的需要。

奖励方式也可以多种多样，可以是现金、返点、培训名额、实物、赠送的产品、合作广告的津贴、市场费用等，以上只是简单的举例。由于奖励计划影响到企业的利润，因此除了创意之外，企业需要财务论证评估。

6.1.6 其他类型的激励

还有一些其他形式的渠道激励。如：

(1) 高阶合作伙伴级别

渠道管理者通常设计钻石、金牌、银牌（或一级、二级、三级……）等不同合作伙伴级别，不同级别的渠道意味着可以享受不同的权益。尤其是一些顶级合作伙伴，除了优惠的折扣和丰厚的权益外，也将有更多机会参与到企业渠道策略的讨论中。

(2) 合作伙伴奖项

企业通过年度合作伙伴奖项，给优秀合作伙伴以激励。有的企业特别邀请优秀合作伙伴参加专属的奖励活动，有的则是通过奖杯证书等给予鼓励。无论哪一种情况，优秀合作伙伴的身份都会帮助合作伙伴更好地向用户和业界证明其自身的能力。

(3) 竞赛

企业可以围绕产品和服务组织各种竞赛，例如，举办技能大赛、知识大赛、优秀解决方案大赛等。

(4) 销售过程中的激励行为

比如对中间商库存的价格保护，就是当产品降价时，如果中间商还有库存，企业对这部分库存进行补贴。比如对中间商库存的退换货。比如对中间商经营范围的保护，例如某一产品的独家销售权。比如对中间商的销售或技术支持，提供样机，派送商机，并在中间商进行客户销售时,原厂的销售或技术人员配合参与。

企业之所以采用渠道激励,是因为渠道激励对渠道行为有一定的引导作用,当企业认为渠道的哪些行为能促进销售,促进渠道体系目标达成,而渠道的哪些问题会阻碍目标达成时,企业试图用奖励或补贴的形式,引导渠道改变当前的行为节奏,如短期促销;或投入到相对困难的业务中,比如进入竞争对手的领地。而且企业的激励手段多种多样,可以按照企业的需求结合使用。

在日常渠道业务中,渠道激励是普遍存在的。除了中间商,非交易链路中的渠道生态伙伴也有被激励的需求,如ISV、咨询公司在商机发现方面对企业具有价值。但在做这一类的奖励计划时,要特别注意风险问题。如果在设计时不能清晰设定规则,保障后续的准确执行,则不应采用渠道奖励计划措施,而选用其他形式的激励计划,如专属的培训、优秀合作伙伴奖等。

综合以上激励方面我们看出,渠道激励是为了帮助实现企业渠道目标,需要企业投入资金,会直接影响到企业的成本和利润。因此,渠道激励需要预算规划,财务审核,以期得到最佳回报。

6.2 渠道产品的定价问题

6.2.1 什么是渠道折扣

在这里我们用一只耳机的销售来解释渠道定价及折扣的情况,其渠道通路如图 6-1 所示。假设一只耳机市场定价为 20 元,制造商的生产成本是 10 元,分销商拿到的渠道价格为 13 元,零售商拿到的渠道价格为 15 元,卖到最终用户市场价应为 20 元,因为零售商促销让利,卖给最终用户 18 元。那么分销商毛利为 2 元 =15 元－ 13 元,折扣为 (20 元－ 13 元) /20 元 =35%,零售商毛利为 3 元 =18 元－ 15 元,折扣为 (20 元－ 15 元) /20 元 =25%,客户因为促销得到 (20 元－ 18 元) /20 元 =10% 的折扣(表 6-1)。

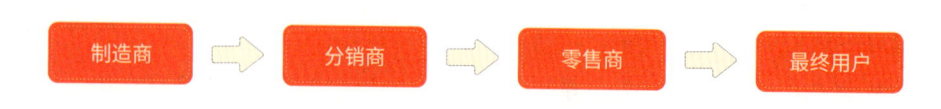

制造商 → 分销商 → 零售商 → 最终用户

图6-1 耳机销售的渠道通路

表6-1 耳机渠道定价结构

定价为 20 元的耳机的渠道定价结构			
	折扣	成本（元）	毛利（元）	利润率
制造商		10	3	23%
分销商	35%	13	2	13%
零售商	25%	15	3	17%
最终用户	10%	18		

整个链条上不同角色的参与者因为各自的贡献而获得利润回报。制造商研发生产产品，获得利益；分销商运输、囤货、发展零售商而获得利益；零售商向客户推荐产品，完成最后交易而获得利益。客户因为赶上促销而获得折扣。作为企业（这里指制造商），应该要考虑各类渠道付出的服务，而进行整体的利益分配。这个利益分配，首先是由渠道折扣体现的，不同层次的渠道因为获得的进货和出货折扣不同，而产生利差。只有在各自收益和付出达到合理的情况下，整体生态系统才能有效持续地运行起来。

在不同的行业，对不同的服务提供者，有不同的约定俗成的毛利空间，而这个空间也会随着竞争状况、产品情况、经济环境等发生改变。各个行业的渠道的毛利空间，会和渠道的经营业务的成本直接相关。

影响经营业务成本的因素很多，且不同的行业差异较大。渠道商在决定开始和企业合作之前，会考虑业务的利润空间，计算投入产出比，再做决策。

例如，渠道商开业所需的基本场地、人员、设备、系统的投入，如店铺、办公场地、仓库，高级技术人员，IT信息系统和设备等；渠道日常销售和运营的开支，如经营中所需的库存、资金、市场活动、人员培训、销售活动等。有的业务初期投入非常大，日常销售和运营的开支非常高，渠道商对利润空间的期望值就会相对较高。

另外一些因素也会产生影响，例如，产品销售复杂度，平均销售周期是一周还是一年；市场需求量较大还是较小；用户决策链是单一部门还是多部门多人的长决策链等。这些因素的差异会影响项目赢率，如果风险较大，渠道对利润空间的期望值也会相对较高。

对比投入和产出，如果渠道商觉得有利可图，就会被吸引和企业开展合作。

在此就不进行具体数字的讨论了。但作为渠道管理者，必须密切关注本行业的各种变化，关注本产品合作伙伴的盈利情况，与公司产品定价的负责人沟通，使得渠道中定价（相当于渠道折扣）是合适的。当然，有些企业，渠道管理者本身就是产品价格的制定者。

要记住，每个中间渠道参与者，都需要用销售产品的利润弥补其费用以及获得足够的利润，只有这样，渠道商才会进入或继续留在这个产品的销售环节里。当然，在某一段时间，对某一种产品，可能有例外，但从长远和整体来看是适用的。

不同类型的渠道根据他们所起的作用，获得应得的折扣。在这里，也可以回顾一下产品进入市场的路径的选择，即企业渠道政策的第一个问题，直销还是渠道。如果企业直销可以完成上述任务，同时比使用渠道成本更低，自然可以自行完成整体的销售行为。但往往渠道的成本会更低，毕竟术业有专攻，不同企业有不同领域的强项，很难各方面都强。分工合作是现在的大趋势。

在业务中会经常听到合作伙伴说赚钱越来越难了。如果从渠道折扣角度看这个问题，就是说渠道利润空间受到了挤压，例如用户接受的市场价格在降低，而企业出货给合作伙伴的降价的幅度没有那么大。这背后的原因有时是多渠道模式下的充分而激烈的竞争，渠道通路中的各家的功能依据成本关系再分配，例如互联网替代部分渠道功能，或降低了部分渠道功能的成本。对于没有转型准备的中间商，则会备感压力甚至出局。对企业来说，激烈的竞争所造成的渠道调整在所难免，要么调整渠道的层数和密度，要么引导渠道共建新的价值空间，其中都充满了挑战和艰辛。

6.2.2 如何进行渠道定价决策

企业对产品通常有市场指导价格，这个定价是 4P 中的价格环节，体现了企业认为目标市场的用户会以什么样的价格去购买产品带来的价值，同时考虑到产品成本，来自竞争对手的价格竞争压力和销售渠道等。在产品市场指导价格和产品成本之间，就是企业和渠道的毛利。

产品市场指导价格 = 产品出厂价（即产品成本 + 企业的毛利）+ 渠道毛利

渠道定价问题，则是通过渠道折扣，即基础折扣和奖励计划，讨论影响渠道的利润，尤其是不同渠道角色和各层级间的利润分配。

渠道的利润包括了产品折扣利润（有时也包括服务转售利润），以及合作伙伴自身提供的服务价值与服务成本之间的差额。企业主要考虑的渠道定价是产品折扣部分，即渠道各层级成员的利润分配。

作为渠道管理者，在进行渠道定价的时候如何考虑呢？

Oxenfeldt 对如何进行渠道定价提出来八条基本方针：

第一，每一个有效的渠道成员，得到的利差必须大于其营运支出。

第二，每一个渠道的利差必须与之在成本中起的作用大致相当。

第三，在销售链条上的所有渠道级别，指示价格必须与竞争对手的指示价格保持一致。

第四，特殊的分销安排必须考虑财务安排的变化。

第五，除非不按规则可以制定有力的分销渠道，否则分配给各种类型的中间商利差应该服从传统的分销比例。

第六，在一个模式和风格的渠道销售中，分配给中间商的利差变动是可以接受和理解的。但是，利差必须围绕交易中的传统利差变动。

第七，存在价格点的时候，价格结构必须包含以主要价格点出售商品。

第八，制造商的价格结构必须反映出对产品进货的吸引性变化。

以上八个方针并非在所有时间对所有产品都适用，但给了渠道负责人做决策时的考虑思路，在实际工作中，还是非常有帮助的。渠道负责人必须了解企业实际上是通过该渠道销售产品产生的利润购买了渠道的服务。如果企业提供的利润无法满足渠道各环节的需求，在长期经营中，在竞争的环境里，上游企业是无法持续购买到渠道的服务的。

渠道负责人对渠道利润的思考，可以帮助企业确定不同类型渠道的基础折扣和奖励计划的设计。例如，分销商、经销商的基础折扣可以相同或不同，而分销商、经销商和二级经销商也会有不同的奖励计划。

渠道负责人在考虑各级渠道折扣即各级利润时，需要注意以下的几个因素：

①渠道本身的投入、功能和价值。

例如：

A. 是否需要有库存及库存量。

B. 购买的产品量。

C. 是否存在为销售产品而必须提供的基础免费服务（各个合作伙伴为用户提供的增值服务为收费项目，不在产品利润中考虑）。

D. 是否提供财务支持，例如，如果行业通行做法是用户支付定金，到货付余款，而企业和合作伙伴是全款支付的话，就应在折扣中考虑财务成本。

E. 是否有扩展渠道的投入，例如，对分销商来说，需要大量招募二级经销商时，与二级经销商团队已经稳定时，得到的折扣应不同。

F. 是否对下游渠道提供赋能等帮助，例如，对二级经销商的赋能任务较重，则应考虑相应利润以鼓励和补充分销商的赋能开支。

②竞争对手的渠道利润如何。俗话说，知己知彼，百战不殆。渠道管理者必须密切关注竞争对手的渠道政策，包括渠道折扣安排，然后根据本企业对渠道的支持程度、对渠道的期望来衡量与竞争对手的差别。如果有太大的差距，需要马上评估是否需要调整自身策略。

③渠道各层次功能发生变化，或对渠道有特殊安排，也需要重新评估原有的渠道折扣是否需要改变。例如，互联网的引入替代了房产中介的部分功能，降低了成本，引发了房产中介高额的中介费是否合理的讨论。

④产品发生变化或产品成本发生变化时，都应该特别注意产品在渠道定价的情况。

一般来说，产品定价是产品经理的职责，在企业使用渠道时，渠道负责人必须和产品经理协调，制定适宜的渠道定价，以确定对渠道的价格激励是有效果的。后面我们还会谈到，产品的定价不会在短期有经常的调整，但为了适应某个时期的市场或竞争环境变化，还可以用其他的激励方式，对渠道折扣，甚至市场价格进行调节。

渠道定价反映了企业对渠道各功能的价值和利润分配的看法，在业务的过程中，企业应反复通过实际数据和市场反馈审视分配的合理性，思考调节激励的变化，无论是主动的还是迫于市场竞争压力。

渠道定价并不意味着企业可以"控制"各个环节的价格，事实上，运行的结果可能和企业最初的想法差距很大。但关于利润分配的思考以及对实际利润数据的了解是非常有意义的。目的是审视渠道生存空间，以决定是否要调整渠道策略，例如，是否要做出渠道结构性改变，如何圈定并激励一些重点行为以提升渠道生态系统的竞争力等。长期微薄的利润可能意味着有些渠道会流失，企业则要针对这种潜在的风险讨论设定应对预案。企业回顾过去的三到五年，还有可能会发现分销商、经销商和二级经销商之间的功能分配发生巨大变化，而渠道利润的分配也发生了变化。因此，渠道管理者需要审时度势，关注变化，并通过调整渠道激励对渠道的定价做出调整。

6.3 渠道激励需要注意的事项

渠道体系建立之后，需要对现有的渠道进行管理，保证渠道中成员相互协作，顺利运行，保证实现公司的渠道目标，这就是渠道管理。渠道激励是渠道管理的重要组成部分。由于每一个渠道成员都是市场中的独立经济实体，其目标是不完全相同的，所以渠道成员间不会自动地相互合作，协调一致。企业在设计渠道激励计划时，首先需要确保最终用户对产品和服务的满意度，在此前提下，以最合理的投入对渠道产生激励作用，使渠道成员间求同存异，实现渠道目标。要达成有效的激励结果，需要经过如下过程：

6.3.1 充分了解渠道成员需求与面临的问题

渠道激励设计者，必须充分了解目标渠道的需求和面临的问题，因为实际情况可能和设计者想象的不一致。在实际工作中经常会碰到企业的激励政策与渠道成员需要不匹配的情况。有些设计者往往只从自身企业考虑，想当然地做激励政策，一个政策发布后，渠道几乎没有响应。这往往就是对需求了解不够造成的。了解渠道需求，可以通过很多途径：

① 渠道商访谈，通过日常沟通直接了解他们的需求。

② 渠道商的定期会议。

比如定期的不同类型的渠道会，请到各公司负责人，谈论近期市场或渠道面临的问题，了解需求。

③ 企业和渠道商的交易记录，通过数据分析出销售可能出现的问题。

比如突然的销售额变化，比如最终客户太过集中，比如完成销售指标的经销商数量减少等。

④ 外部机构对渠道体系的调研。

有时企业自身对渠道的调研不一定客观，往往渠道因为各种顾虑，不会把真实的需求提供给企业，或者提供的数据不全面。采用外部机构对渠道成员的需求进行研究，能保证很好的客观性。而且，对于市场研究部门比较弱的企业来说，依靠外部机构的调研，可以对企业进行有效的补充。

⑤ 合作伙伴顾问委员会。

不同类型的渠道需求不一致，甚至同一类合作伙伴的需要，因为各自企业本身情况不同，也会不一样，更不用说会和制定激励政策的企业自身需求不一致了，这种情况是经常发生的。作为渠道管理者，必须充分了解这些需求与矛盾，无私、客观、公平地处理问题，重承诺、守信誉、尽量平衡各方需求。

比如，分销商反映，二级经销商经常不按约定回款，希望把更多折扣或奖励计划放在分销商层面。但二级经销商反映，利润都在分销商那里，自己在最终用户端付出非常大的努力，但价格都被分销商控制了，利润分配不合理。

比如，企业对渠道部门有业绩要求，希望本季度达到某一金额的渠道提货额，要求奖励计划的目标按此设定。但渠道商反映，市场销售达不到预期，渠道体系内库存量过大，希望降低奖励计划目标。

比如，各个分销商本身实力和运营方式不同，有的更偏重对下游渠道的技术支持，有的更愿意给下游渠道提供财务支持，他们会对企业的奖励计划激励的方向，有不同的期望值。

6.3.2 提前进行整体规划，确保激励计划的可执行性

因为生态体系中各方需求是不一样的，长期与短期的需求也不一样。好的渠道激励政策，应该是长期和短期结合，尽量考虑到各方的利益，在最经济的情况下达成目标，所以整体规划是非常必要的。渠道管理者经常在工作中碰到以下情况：

① 企业意识到激励计划对渠道的作用，但由于考虑不周，可能此激励计划与过去发布过的激励计划有很大的重叠部分，或者有冲突，这都会降低激励计划的激励效果，或者提高了成本。

② 有些渠道管理者只听取了一部分渠道的意见，就做了满足这些渠道的奖励计划或激励政策，但之后发现，这个决定可能损害了另一部分合作伙伴的利益，影响了他们的积极性。对整体渠道体系的最终影响是得不偿失。

③ 奖励计划制定时，没有考虑计算和发放的难度，造成执行过程中产生很大的争议，或者最终无法发放奖励，这会非常影响渠道体系对于渠道管理者的信任，对企业之后制定或发布的渠道政策的贯彻，有非常大的负面影响。

④ 大量奖励计划制定后，发现成本过高，超出预算（有些公司没有做预算），对公司整体盈利水平造成影响。

◆ 例9

酒店业一般是依靠常旅客计划维持一个忠实于本酒店的顾客群，采用不同等级的会员级别，区别客人在本酒店集团可以享受的福利，比如免费的早餐，免费升级客房，推迟的离店

时间等等，这些对于经常有酒店入住需求的客人，是很有吸引力的。

酒店集团的激励政策，一般是用会员级别（属于长期计划，至少跨度一年）；季度奖励计划（根据当时状况，给出奖励刺激客人入住）；定向的奖励计划（根据系统大数据统计，给某一类的客人专属的奖励计划，比如对较长时间未入住的客人，提供客人入住一次，获得额外的奖励积分或计入额外的房晚等）；节点的促销（一般短期刺激市场）；某一专门领域的促销（比如餐饮的促销、某个区域酒店的促销，集团里某一类酒店的促销）等。酒店集团的激励计划由这些长期、中期、短期的激励计划构成整体的激励。

2020年，新冠肺炎疫情对酒店业影响非常巨大，为了刺激出行，争夺住客，各个酒店集团纷纷出台各自的激励政策。首先，几乎所有大的酒店集团都推出了帮助会员保级的政策。比如某酒店集团的常旅客计划，以往每年要住到50晚才能保证第二年白金卡的级别，住75晚，才能保证第二年钛金会员的级别。疫情之后，推出了送保级房晚的计划。比如你现在是钛金卡，直接送38个保级房晚，意味着，如果今年保钛金级只需要再住75－38=37个房晚就可以了。这对于有一定住宿需求的客人，就有了很大的吸引力。而且集团出台的政策非常快，比较其他酒店集团的政策也非常容易执行、一目了然，在疫情的情况下，保住了本集团重要的客户群，一定程度上也刺激了消费，是个很好的计划。

此集团每年会有三次季度性的奖励计划，2021年上半年的计划非常刺激，内容是入住一晚计算两个保级房晚，同时本次的奖励积分翻倍。听起来这个计划是很简单的，但在实际执行中会碰到各种不同情况。比如入住时有的客人是用现金，有的人用积分兑换；有的人一次入住期间，其中几晚用了现金，其他几晚用了积分……此时对于奖励计划的解释就五花八门了。因为奖励计划是由总部制定的，甚至一段时间内，中国的客户服务部给出的解释和总部都不一样，更不用说各个酒店了。一时非常混乱，直接影响了计划的执行以及客户的体验。执行一段时间之后，很多客人反映，到账的积分和房晚与奖励计划描述的不同。原来是IT系统不能支持这个复杂的奖励计划计算，有些需要手动输入，还有可能有很多计算错误。客户服务部只能给出统一回答，需要等待14个工作日，才能给出奖励部分。

这个奖励计划本身是一个非常好的计划，对市场的刺激作用很大，而且的确提高了那一段时间的该集团酒店入住率，特别是集团中相对低端的酒店系列。但因为计划发布之前没有考虑到所有可能影响的因素，没有对内部做好培训，没有考虑执行和发放奖励的难度，造成在常旅客中反映不好，感觉集团管理混乱，甚至转而去参加其他酒店集团的常旅客计划。

可见，只有提前规划，提前制定严密的激励政策决定和发布过程，才能尽量避免上述问题的发生。

首先，规划的时间节点。企业对渠道的长期激励政策，至少应在财年开始前，企业制定全年计划时就予以评估，更新或重新制定，保持渠道策略和激励方向与公司整体目标一致；中期及短期激励，应在全年激励计划中有所规划，等到了具体的时间点时，再具体详化制定发布。例如，年度激励计划框架中应包含季度激励计划，而在季度开始前，具体制定细节内容。

其次，提前规划全年整体的激励政策时，应当对整体所需预算进行评估，包括财务、人力和系统支持。渠道管理者应与企业负责人及相关部门进行沟通，得到支持。之后在获得批准的预算范围内，进行激励计划的具体设计，并制定渠道奖励计划发布和发放的流程，在流程中避免"一言堂"，审批节点应涵盖相关的部门意见。如果有可能，奖励的制定和发放尽量分开，避免潜在的腐败风险。

◆ 例 10

某企业在奖励计划规划阶段，制定了奖励计划发布流程（图 6-2 和表 6-1），以及奖励计划计算和发放流程（图 6-3 和表 6-2）。

通过流程设置，确保企业奖励计划的制定和执行有章可循。

在奖励计划的设计中，也应注意：

① 奖励计划对时间的要求很高。例如，从业务持续性角度考虑，在开年的第一个工作日，就需要发布全年奖励计划。在季度的第一个工作日，则需要发布季度奖励计划。另外，应审核奖励计划的有效期，例如，企业为了当年业绩而设立的年底促销，其有效期就应设到年底结束。如果不能及时发布奖励计划，一般处理方法有两种：或者奖励计划开始日期从发布日期计算；或者从发布日期之前某一时刻计算，第二种设计有一定的风险，一般要尽量避免。

② 要考虑奖励计划叠加时，对价格产生的影响。企业经常鼓励合作伙伴叠加使用奖励计划，例如，获得新用户奖励，附加商机报备奖励，附加特定解决方案奖励等。当单独评估一个奖励计划时，并没有发现问题，但当几个奖励计划叠加使用后，则对企业利润和市场价格产生重大影响。因此，有时会有封顶折扣的设计。

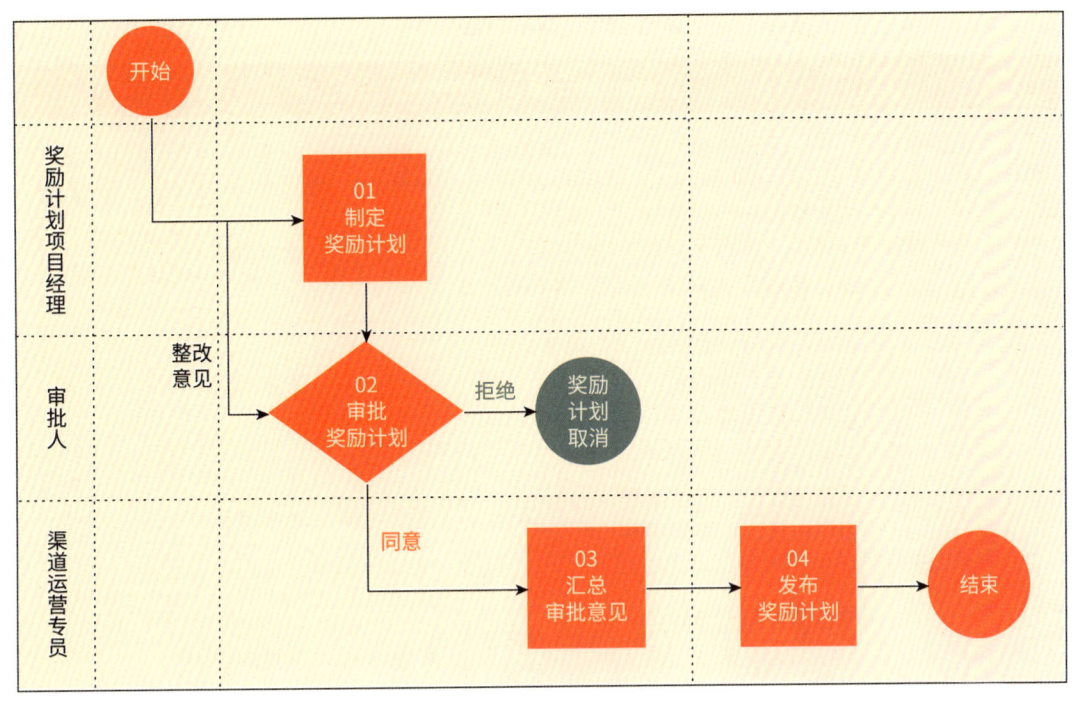

图6-2 奖励计划发布流程图

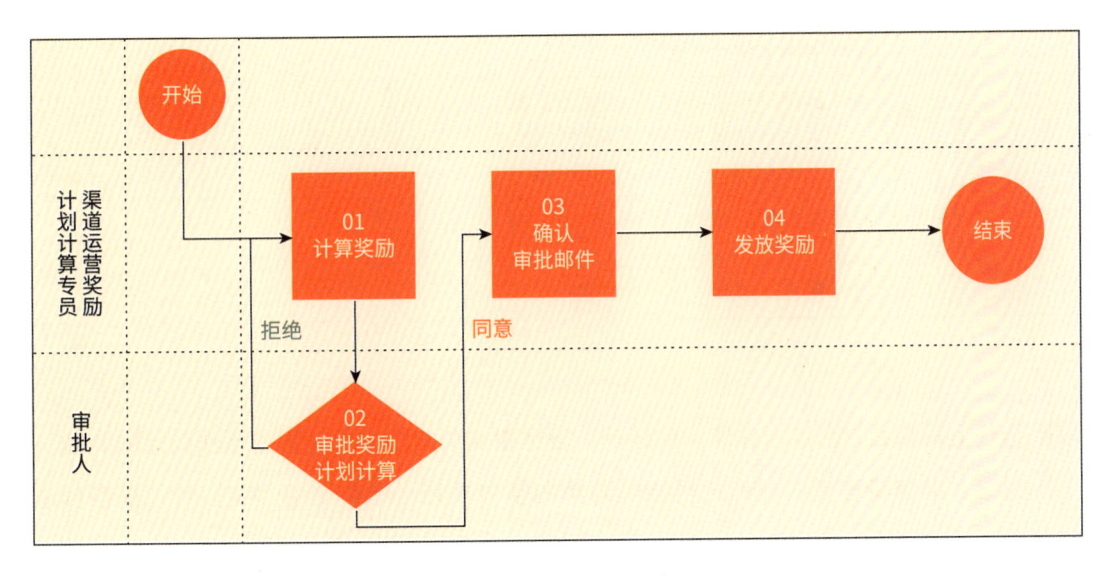

图6-3 奖励计划计算和发放流程图

③ 奖励计划应清晰易懂，目的明确，并配以举例。例如，除了有效期以外，还应清晰地描述享受奖励的前提条件、奖励金额的计算方法、发放时间和方式。发布中，也可

表6-2 奖励计划计算和发放流程

奖励计划计算及发放流程					
活动编号	活动名称	活动内容	角色	输入	输出	作业要求
01	计算奖励	按照奖励计划的设计及要求，对有效期内的业绩进行计算	渠道运营奖励计划计算专员	系统销售数据奖励计划	奖励结果	计算按照奖励计划要求来，并保证计算结果的正确性
02	审核奖励计划计算	审批奖励计划计算按照奖励计划策执行，计算结果正确	渠道运营奖励计划项目经理	奖励结果	审批意见	
		审批奖励计划计算方式是否合理、计算结果是否可执行、计算结果是否在预算内	渠道运营	奖励结果	审批意见	
		综合各方面因素对奖励计划计算进行方面审核	渠道部总经理	奖励结果	审批意见	
		负责奖励计划中涉及的税务、记账、预算等财务问题进行审批	财务部负责人	奖励结果	审批意见	
03	确认审批邮件	确认各部门审批人员认可奖励计划计算结果并审批	渠道运营奖励计划计算专员	审批邮件	奖励结果	务必保证每位审批人都已确认无误
04	发放奖励	汇总各审批人意见，将最终确认的奖励计划结果进行发放	渠道运营奖励计划计算专员	奖励结果	奖励	确保发放奖励无误

以配合线上解释会，回答合作伙伴的疑问，要尽量避免产生歧义，影响合作伙伴的利益。

总之，渠道管理者应提前进行激励政策的整体规划，尽量避免冲突，特别是各种激励计划之间的冲突，确保激励计划的可执行性。

6.3.3 定期对激励计划进行评估，确保激励计划达到效果

激励计划制定、发布、执行后，需要对激励计划进行评估。可以从几个方面进行：
① 市场反应，对企业整体销售或其他方面的影响。

表6-3 奖励计划发布流程

活动编号	活动名称	活动内容	角色	输入	输出	作业要求
奖励计划发布流程							
01	制定奖励计划	制定奖励计划并提交奖励计划方案至审批团队	渠道运营奖励计划项目经理	奖励计划需求	奖励计划方案	提交奖励计划细节内容文档
02	审批奖励计划	审批人员根据各自职责从不同角度对奖励计划进行审批	审批人	奖励计划方案	审批意见	审批意见为同意，或者整改意见，或者拒绝
03	汇总审批意见	检查审核人是否都已审批，如果审批不全则返回至审批人审批	渠道运营专员	审批意见	审批意见	确保所有审批人员已通过最终奖励计划方案
04	发布奖励计划	发布已审批完成的奖励计划方案至相关代理及部门	渠道运营专员	奖励计划方案	奖励计划方案	

审批团队：渠道部、产品营销部、财务部、法务、合规部

② 激励计划目标对象的反馈。比如定期的渠道沟通会，收集渠道对于某些激励计划的反馈，包括是否对他们有帮助，执行过程中的问题，难度是否合适等。

③ 对某一个激励计划从执行细节进行分析，比如参与程度、激励发放或实施的情况与预期的比较等。

定期对激励政策的评估，可以帮助渠道管理者更高效地使用激励的方法，不断调整，构建更好的生态系统。

◆ 例11

财年底，某企业对整个财年的奖励计划进行回顾，会对奖励计划逐个进行评估，计算参与度、达成率、最终花费、计划引发激励目的的达成效果等；与预算进行对比，研究哪些政策或计划达到好的预期，哪些需要改进，同时设计第二年的计划。比如该企业对其中两个奖励计划的执行评估：

经过评估，表 6-3 所示的奖励计划，在执行层面太过复杂，但由于有合规风控要求，可以简化的程度有限。因此评估后，决定在次年取消此类奖励计划，用其他激励方式替代。

经过评估，表 6-4 所示的奖励计划，执行完成比例达到 95%，基本达到激励的目的。但经过仔细研究，两家分销商都与目标差距不大而错失此笔奖金。之后需要再考虑奖金额度是否具有足够的刺激性。

6.4 渠道激励计划中的财务控制问题

正如渠道的折扣应该属于企业产品定价的一部分，渠道激励计划所需要的财务预算，也应该包括在企业预算之中。这一点是很多企业经常忽略的。有些企业一把手有绝对的权力，希望根据不同时期的需求，临时制定当时所需的激励计划。这从快速适应市场的角度是有帮助的，但可能因此造成企业其他的风险。如果有提前的整体计划、预算，同时预留一定的灵活余地，在具体时点再进行具体激励计划的设计发布，就会避免很多不必要的问题。

◆ 例 12

有一家制造商，为了促使更多的渠道商能够在销售主线产品的同时，加大一款新产品的销售，推出了一个奖励计划，内容是其新产品销量达到某个销售额的经销商，或者某个区域的销售额第一名的经销商，奖励一辆高端汽车。从渠道看这个奖励计划是非常有吸引力的，但这个奖励计划在年底需要兑付时，制造商的渠道人员前来和获奖的渠道商沟通，希望推迟发放，或和第二年的其他奖励计划一起发放，因为公司年底费用超了。公司正式发布的奖励计划，实际上是对原有渠道合约的附加补充，是渠道合约的一部分，轻易改变，是有很大风险的，即使最终渠道同意延期发放，也给生态系统留下非常不好的印象。

如何解决这种问题呢？在本书中，结合实战经验，提出按照时间节点进行财务控制的方法：

① 渠道管理部门在上一个财年最后一个季度开始新财年的预算工作，向企业最高管理团队及相关部门提出预算需求（一般至少要有主管营销的负责人、财务负责人、产品负责人等），并得到批准。

表6-4 奖励计划回顾（一）

市场支持活动奖励券
分销商获得2016年销售业绩相应的市场推广相关活动的奖励券 1. 分销商市场人员配置不足 2. 涉及面向客户的市场活动，合规风险较高 3. 分销商不能按时提交活动计划，审批时间长，活动不能如期举办甚至取消

2016全年预算（万元）	2016一季度使用（万元）	2016二季度使用（万元）	2016三季度使用（万元）	2016四季度使用（万元）
47	/	3	5.5	2

分销商名称	市场券	已经使用	2016实际发生项目	剩余
A	¥250,000	¥50,000	行业峰会赞助（¥10,000） 二级经销商会议（¥40,000）	¥200,000
B	¥170,000	¥40,000	产品培训（¥10,000） 各区渠道会议（¥20,000） 行业经销商会议（¥10,000）	¥130,000
C	¥50,000	¥15,000	企业渠道会议（¥15,000）	¥35,000
合计	¥470,000	¥105,000		¥365,000

表6-5 奖励计划回顾（二）

2016年 分销商战略基金 - 单一产出
分销商需按照2016年单一产出增加目标函的要求100%完成目标，获得奖金为2016年销售金额的0.1% 单一产出定义：与企业签订经销商或二级经销商合作伙伴协议，销售金额≥400万元以上（含税） 针对钻金银合作伙伴建立管理机制，提升头部合作伙伴的数量

分销商	2016全年目标	单一产出	完成比例
A	30	30	100%
B	20	18	90%
C	10	9	90%
总计	60	57	95%

这是一个自下而上反复沟通的阶段。因为激励计划是为了引导渠道体系在第二年的投入方向，在这个沟通过程中，可以确保渠道的目标、侧重点和企业整体目标一致，从而得到其他相关部门的支持。得到批准后，才能进行具体奖励计划的撰写和发布，或其他激励计划的设计发布。

② 每个季度的最后一个月，开始本季度已经发布的奖励计划费用的预测以及其他激励计划的费用计算。

渠道管理部门需要根据本季度已经发布的奖励计划及其他激励计划，逐条预测本季度的奖励计划费用预留额度，并与之前审批的计划进行比较，评估本季度奖励计划最终费用是否在可控范围。这个报告要提交财务部门，如果超出预算，还需向财务部门预警。

③ 在第二季度、第三季度、第四季度开始时，财务完成上个季度的结账后，可以根据实际发货情况，计算上一季度费用的实际使用情况，并与预测进行对比，评估激励费用是否在预算范围内。

④ 在财年结束后，根据财年实际情况进行激励费用最终计算，并与财年初制定的计划进行对比分析，将最终分析结果汇报给公司高层。

这个过程非常重要，也是企业财务预算的一部分，所以也可以由财务部门完成，渠道部门配合。时间点也是可以变成月报，根据企业具体情况进行调整。

以下通过一个案例，解释奖励计划中的财务相关问题：

◆ 例 13

C 企业 2017 年销售额目标为 10 亿元，设定的全年渠道销售额目标 8.5 亿元（a），预算应该包含如下几个方面：

① 奖励计划的框架（图 6-4）：

针对不同类型的伙伴会有哪些类型的奖励计划，方向会是什么，希望达到什么激励作用。通过对前一年奖励计划的总结，配合新一年的渠道策略及方向，对比前一年，此奖励计划保留了部分前一年的奖励计划（橙色），修改了部分奖励计划（红色），取消了部分奖励计划（蓝灰色），新增了部分奖励计划（深红色）。

② 对奖励计划框架进行细化。从三个方向来看，针对不同对象，预计会有几个奖励计划，每个计划内容会是什么，奖金比例情况，涉及的销售额占总目标销售额的比例，预计达成的比例，预计费用金额，费用和涉及销售额的比例计划情况。如有可能，可以和去年的计划和

第 6 章 渠道激励

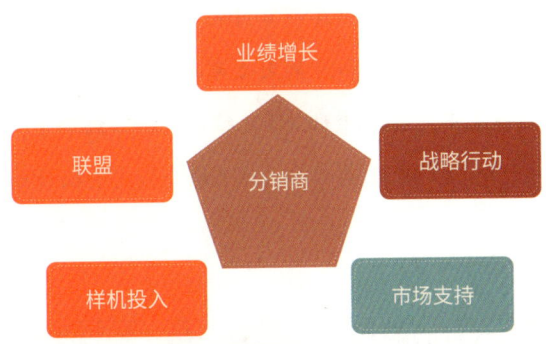

保留：
⊙ 分销商业绩奖励计划
分销商将收到季度销售目标，根据销售业绩达成的比例将获得金额不等的奖励金额
⊙ 分销商二级经销商联盟奖励
继续二级经销商首选分销商策略
⊙ 分销商样机折扣计划
提供样机折扣计划，分销商基于此折扣计划提货的样机将获得报销
修改：
⊙ 战略行动奖励计划(例如激活、单一产出、招募、休眠代理梳理)
取消：
⊙ 市场支持活动奖励券

保留：
⊙ 经销商授牌计划
合作伙伴根据销售业绩和技能的不同，将被授予不同的级别
⊙ 经销商授牌奖励计划
根据合作伙伴的级别的不同，获得不同级别的奖金，对于重点行业之外的领域拓展项目有额外奖励
新增：
⊙ 特定创新解决方案奖励计划

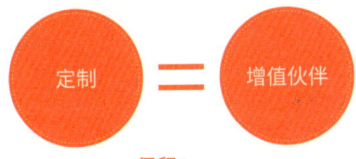

保留：
⊙ 增值订制奖励计划
根据需求行业内有突出表现的增值合作伙伴将获得专属订制的奖励计划

图 6-4　2017年渠道合作伙伴奖励计划框架

实际执行数据进行比较。最后还要计算出总预算（表6-6）等。其中多数参数，需要对业务情况非常了解，包括对历史数据的掌握，和对未来业务的判断。

该企业针对分销商设计了4类奖励计划，针对经销商和二级经销商设计了5类奖励计划，以及其他设计了2类奖励计划，合计11类奖励计划。以分销商奖励计划1为例，计划内容为"业

表6-6 渠道奖励计划预算方案

合作伙伴	编号	奖励计划	奖金比例（占销售额）(d)	收入占比(b)	预计达成比例(c)	预计奖金额（万元）(e)	费用/收入比(f)	2016计划	2016实际
分销商	1	业绩奖励计划	1.5%	80%	100%	1,020	1.2%	1.4%	1.5%
	2	分销商二级经销商联盟奖励计划	1.0%	80%	50%	340	0.4%	0.4%	0.4%
	3	样机计划	1.0%	80%	100%	680	0.8%	0.8%	0.7%
	4	战略行动奖励计划	1.0%	80%	50%	340	0.4%	0.3%	0.3%
经销商二级经销商	5	钻石级合作伙伴	2.0%	25%	100%	425	0.5%	0.5%	0.5%
	6	金牌级合作伙伴	1.5%	15%	100%	191	0.2%	0.3%	0.2%
	7	银牌级合作伙伴	1.0%	10%	100%	85	0.1%	0.1%	0.1%
	8	钻金银合作伙伴行业加速器	0.5%	45%	50%	96	0.1%	0.0%	0.0%
	9	特定创新解决方案奖励计划				200	0.2%	0.0%	0.0%
其他	10	增值伙伴奖励计划				300	0.4%	0.4%	0.3%
	11	随需奖励				300	0.4%	0.5%	0.4%
总计						3,977	4.7%	4.7%	4.4%

绩奖励计划"，收入占比为80%。

收入占比（b）：这一类奖励计划所涉及的渠道销售金额，也就是分销商的销售额，占整体渠道销售额的比例。需要历史数据和根据经验的预估。

根据以往数据和经验，分销商销售额占渠道总销售额的80%，假设今年占比变化不大，8.5（亿元）×80%＝6.8（亿元）。

预计达成比例（c）：每一只奖励计划一般不可能百分之百达成。比如设定一个销售目标，达成给予渠道商奖励。有的渠道商最终没有达到目标，有的可能超额完成了。如何预测达成比例，是需要计划制定者对历史数据进行分析，对渠道情况足够了解，才能比较准确。

因为此企业的这项奖励计划对于分销商是没有目标要求的，意味着每完成一块钱业绩，分销商都会获得奖励，所以完成比例为100%，预测奖金计算基数时，分销商预计完成6.8（亿元）×100%＝6.8（亿元）。

奖金比例（占销售额）（d）：奖金占实际发生的销售额的比例，这里实际发生的销售额须在这只奖励计划所覆盖的业务范围内。

在奖励计划设计中，奖金发放比例为1.5%，也就是说，分销商的实际销售额的1.5%将作为奖励返点。此数值是设定的。因此，预计发放奖金为6.8（亿元）×1.5%＝1020（万元）

因此我们为这个奖励计划规划的预计奖金额，也就是预算金额为1020（万元）(e)。

预算金额（e）＝渠道全年目标销售额（a）×收入占比（b）×预计达成比例（c）×奖金比例（d）

预算金额（e）＝8.5（亿元）×80%×100%×1.5%＝1020（万元）

E/R比例（f）：费用/收入比（f）＝预算金额/渠道全年目标销售额

这类奖励计划中，费用/收入比（f）为1020（万元）/8.5（亿元）＝1.2%，对比2016年计划与实际，略有降低。

同样，我们以经销商/二级经销商奖励计划8为例，计划内容为"钻金银合作伙伴行业加速器"，是企业为引导经销商和二级经销商在某些特定行业进行投入，加大此行业的销售而设立奖励计划。这个奖励计划是叠加在经销商/二级经销商前3只奖励计划之上的。根据历史数据，此企业的钻、金、银经销商收入占整个渠道收入的45%，预计奖励的特定行业渠道销售额占整体渠道销售额的比例为50%，奖金比例为0.5%，则

预算金额（e）＝8.5（亿元）×45%×50%×0.5%＝96(万元)

接下来我们将所有11类奖励计划计算后的奖励预算金额相加，得出所需的奖金总金额

(g)。总金额是对整体渠道的激励,而它占全年渠道销售额目标(a)的比例就是总 E/R 比例(h)。财务可以根据此数据,进行整体公司的财务预算。这个数字意味着企业对于渠道体系在下一个财年的投入计划,可以对比之前一年的数字,以及预估行业整体水平及主要竞争对手的情况,判断对业务可能的整体影响。

奖励计划总金额(g)= 3977(万元)

E/R 比例(h)= 3977(万元)/8.5(亿元)= 4.7%

财务审批后,将锁定奖励计划预算总金额 3977 万元和 E/R 比例 4.7%。E/R 也意味着奖励计划对产品线的成本和毛利率的影响。后续的审核将从分项和总和维度,按时间节点进行。

可见,渠道激励是渠道管理中非常重要的手段,是企业通过对渠道的投入来影响渠道行为。因为涉及大量的投入,需要有整体的规划、评估,需要有严密的制定、发布、发放流程。只有严密规划,才能在一定程度上规避风险,同时充分发挥渠道激励的作用。

第 7 章

渠道冲突管理

通过本章内容，读者可以：

——了解渠道冲突的概念，产生的原因和影响

——了解合作伙伴的诉求，以及企业与渠道合作伙伴之间常见的冲突及解决方法

——了解渠道合作伙伴之间常见的冲突

——了解如何进行渠道冲突管理

渠道冲突在渠道业务中是普遍存在的。这里所说的渠道冲突是企业和渠道合作伙伴组成的体系内的冲突，而不是和竞争企业以及竞争企业的合作伙伴在业务中发生的竞争。

由于渠道冲突对企业的经营有一定的影响，因此需要企业进行关注。企业和合作伙伴相互依存，双方合作提升渠道的效率非常重要。我们可以思考用户支付的金额中，有多少用于产品，有多少是在支付渠道费用。即使在超高金额的产品中，如高端设备，渠道的费用也要占到一定的比例；在一些细小金额的产品上，渠道消耗的费用可以达到产品本身成本的数倍数十倍，试想一下文具或蔬菜等。因此，渠道的价值和效率其实是用户购买的重要组成部分，在我们强调产品差异性的同时，更应关注渠道差异性所构建的护城河。由于渠道冲突对渠道效率产生影响，有时甚至影响较大，因此渠道冲突管理对企业来说具有一定的重要性。

本章通过对渠道冲突相关问题的讨论，探讨如何建立渠道冲突管理理念，以此规范渠道管理，提高渠道效率，增加合作伙伴的满意度和渠道体系的战斗力。

7.1 渠道冲突的成因及影响

7.1.1 渠道冲突的概念

如果把渠道生态系统看成是一个社会体系，社会体系中的一些基本行为就会出现，比如冲突、力、职责、传播过程等。当渠道中的某一成员认为另一成员的行为会影响到他实现自己的目标或有效运作时，渠道冲突就产生了。渠道冲突是不可避免的，渠道冲突会对整个渠道体系产生影响，比如渠道效率、合作意向和合作水平、渠道满意度等。作为一个渠道管理者，需要将本渠道体系的各种冲突控制在一定水平，避免冲突升级，以达到整个体系在最优的效率和环境下运行。

7.1.2 渠道冲突产生的原因

产生渠道冲突的原因多种多样。了解冲突产生的原因，可以帮助渠道管理者及早发现问题，或规避冲突的产生，或减弱冲突的影响。综合来看产生冲突的原因可以归纳为如下几种：

① 角色冲突：在企业和企业的渠道生态系统中，各个成员起着不同的作用，他们

的目标也不一致。所有成员从根本上都希望首先达到自己的目标。比如企业希望扩大销售额，降低成本，提高市场占有率；而中间商希望短期利益最大化，资金利用率最大化。分销商希望更多的利润留在分销商处，而经销商觉得分销商没有对销售起很大的作用，觉得利润应该主要留在自己手中。企业希望中间商在市场上一起投入，但中间商觉得市场影响力更应该是企业来做……可见不同角色本身就会存在一定的冲突，这是天然存在的。

② 资源稀缺：在企业和企业的渠道生态系统中，有些资源是有限的，各个成员为了获得尽可能多的资源而产生冲突。比如客户资源，大客户数量是有限的，企业为了提供更好的服务，尽量让利给最终用户从而得到更多的采购额，希望自己掌控或直销给这类客户。而渠道觉得这个客户是自己一直服务的，甚至是自己引荐企业进入这个客户的，觉得自己应该从中获得利益。比如经销商的数量也是有限的，或者说优质的购买力强的经销商对分销商来说是有限的。几个分销商为争夺优质经销商会产生冲突。

③ 感知或期望差异：我们在前面谈到，冲突是渠道某些成员认为另外的成员行为影响到自己达成目标。这里就有感知的成分存在，而事实上可能并非如此。或者是一方对另一方有所期待，并根据自己的期望值而制定计划，采取行动，一旦另一方没有达到预期，就会产生冲突。有时文化和习俗差异也会引发感知冲突。

④ 传播障碍：传播是渠道成员之间相互作用的媒体。如果可以有效传播，则渠道成员间可以加强合作；如果传播环节无效或出现障碍，则会引发冲突。比如企业制定了一个渠道促销计划，但因为沟通不清楚，引起渠道错误理解，认为对自己没有好处，而不愿参加；而企业认为是渠道对本产品投入不够，从而引发冲突。

7.1.3 渠道冲突的影响

渠道冲突对渠道体系的影响，主要看冲突是否影响了渠道效率。什么是渠道效率呢？渠道效率可以定义为：实现渠道目标所需基本投入的最优回报率。投入在实现渠道目标的过程中最优化程度越高，效率越高；反之则效率越低。投入包括人、财、物、时间成本等。假设一个渠道管理者，希望达到一个销售目标，但渠道冲突很大，渠道都不为此努力，渠道管理者可能需要做额外的渠道促销或奖励计划，这就增加了财务成本；或者需要渠道专员甚至企业高层与渠道沟通，说服渠道，这就增加的人力成本；或者需要增加一个新的系统等等，这些都降低了渠道效率。

渠道冲突对渠道体系的影响有三种：负面影响、正面影响、没有影响。一般来说冲突造成负面影响的可能性更大。我们在此也着重讨论这类影响。

负面影响包括如下几个方面：

（1）破坏渠道成员间的关系，损害双方利益

企业与渠道之间，渠道成员之间，出于种种原因产生冲突，开始往往并不严重，但如果处理不好，冲突升级，最终可能从合作者变成竞争对手。

◆ 例 1

某合作伙伴和企业有着多年的合作，同时也代理着其他几个品牌的同类产品。出于种种原因，企业认为该渠道对竞争对手产品投入过多，损害了本品牌的利益。沟通又没有效果，于是决定采取行动减少此中间商的份额，在政策方面有所倾斜。中间商得知后，为了避免自身利益受损，真的决定减少对此企业产品的投入，把负责此产品的销售队伍减员，转成负责其他企业的产品。逐渐，双方越走越远。

这就是企业和合作伙伴之间由于感知差异和角色冲突引发的渠道冲突，对双方都是负面影响。合作双方都有各自企业的目标，这本就无可厚非，有冲突也是无法避免的。但如果由于感知错误和沟通理解不畅，引发了冲突升级，对企业来说损失了一个重要合作伙伴，甚至可以说为竞争对手输送了一个有生力量；对合作伙伴来说，因为需要产品转换，原有的投入可能变得没有意义，新的产品销售也不一定就会顺利，双输的局面就产生了。如果双方可以共同协商出增加合作收益的方法，则有机会避免产生这样的结果。

（2）破坏渠道规则体系

在渠道策略制定和渠道设计时，渠道管理者都会制定一些渠道规则，界定各类渠道成员的权力与责任；或者在渠道价格体系中，预设各级渠道的利差分配，希望维护合理的市场价格。当渠道冲突加剧时，渠道成员为了获得更多利益或者保护自己的利益，常常违规销售，如果管理者处理不当，可能引发其他成员纷纷效仿，彻底破坏规则体系，最终损害渠道体系整体的利益。

◆ 例 2

在某企业渠道设计中，为了保护经销商在最终用户端的投入，分销商是不能销售给最终用户的。该企业和分销商签署的合作伙伴协议中也明确了分销商只能转售给经销商或二级经销商，而不能销售给最终用户。在一个项目中，原本是某一经销商前期对最终客户进行了投入，而几家分销商之间由于竞争过于激烈，其中某个分销商开始跳过经销商开拓最终客户，并最终甩掉经销商完成了此最终用户的销售。

如果渠道管理者不能及早发现并处理这个行为，可能引发其他分销商效仿，打破渠道的规则体系。

（3）降低整体渠道的销售额

渠道各类成员对渠道体系整体销售有不同的作用，只有充分发挥各自的作用，减少内耗，一致对外，才能达到渠道体系整体销售额的最大化。

◆ 例 3

企业 A 收购了企业 B 的一条产品线。收购后，A 企业为了扩大销售，打破了企业 B 该产品线原有的渠道格局，引入企业 A 自身的渠道队伍。但因为两支渠道队伍多年形成的行为模式和销售方式不同，两类渠道产生了巨大的冲突。冲突造成渠道体系内部巨大无谓的消耗，不仅没有实现 1+1>2，而且最终该年度的产品销售额下降。

此渠道冲突，对企业和合作伙伴产生了负面的影响，对渠道体系造成了重大打击，直接造成了渠道绩效的重要指标——销售额下降。在渠道策略一章中我们提到，当发生较大的组织变化时，渠道管理者需要重新设计渠道体系。设计时，需要充分考虑渠道融合的方案，审视渠道的结构，做到平稳过渡。

（4）影响品牌的市场形象

渠道是企业面对最终用户的重要途径，如果渠道冲突过甚，有些渠道为了自身利益，可能会采取不正当的手法，直接影响给最终用户提供产品和服务的质量，损害品牌在市场的整体形象。

◆ 例 4

某企业的渠道之间产生了激烈的竞争，合作伙伴纷纷杀价出货，但为了减少损失，有的渠道商使用部分水货或假冒伪劣的部件混在正品中销售给客户，客户不知原因，认为产品本身质量不行；或因为购买的非正品得不到原厂的保修，而对品牌产生负面影响。最终用户认为该企业渠道混乱，无法辨别真伪，为了避免麻烦，转而采购竞争对手的产品。

这类渠道冲突，对企业和合作伙伴体系产生了极大的负面影响，严重损害了企业的品牌形象，对后续的渠道销售都影响很大，必须及时严肃处理。同时渠道管理者也应审视渠道体系中的问题，例如是否渠道密度过大，是否库存过高等，找出问题所在，进行改进。

正面影响：比如，虽然渠道双方产生冲突，但冲突处在一个良性的范围之内。双方在冲突发生后，各自反思，发现自身可以提高的地方，从而各自进步，对整体渠道体系产生正面的影响。对企业来说，通过总结常见冲突，并积累解决的范例，能帮助管理水平的提升。

◆ 例5

某企业发现其经销商正试图将货物销售给一个公司，该公司并非最终用户，而是转售渠道。按照双方的合作协议，该经销商正违反渠道通路的约定。

通过和这个经销商的沟通，企业发现潜在的二级经销商所做的是一个新的业务类型，是把产品以按需付费的方式提供给多个用户使用。对企业来说，这个模式并不会直接造成和现有渠道业务之间的冲突，反而会为企业带来新的增量。

企业最终决定将这一业务模式纳入企业的创新渠道类型，正式进行授权，并将设立奖励计划对经销商进行鼓励。

冲突不仅会暴露渠道体系中的某些问题，有时还会在解决冲突的过程中发现机遇。

没有影响：有时冲突对渠道效率毫无影响。这种情况往往出现在成员间依赖性强、忠诚度高的渠道中。尽管双方有冲突，但彼此都清楚意识到为达到自己的目标，对方必不可少。在这种情况下，渠道成员会在冲突中求同存异，而不会影响到渠道效率。

7.2 企业与渠道合作伙伴之间的冲突

企业和合作伙伴之间因为双方立场不同，盈利模式不同，作为买卖双方之间发生冲突和博弈。正如角色冲突中描述的，双方从根本上都希望首先达到自己的目标。因此，了解合作伙伴的利益诉求，可以帮助企业更好地理解冲突的原因。

7.2.1 合作伙伴的诉求

下面介绍几个主要类型的合作伙伴的利益诉求。

（1）分销商的利益诉求

分销商提供重要的销售渠道网络，并通过转售企业产品，投入资金的周转而盈利，有些增值分销商还提供更多的附加服务等来盈利。因此，企业强调销售本企业产品能够使分销商获利，并且产品线有持续性，能提供持续盈利能力；企业强调通过价格体系、财务支持、促销及奖励计划等能改善分销商所关注的财务指标和运营指标，例如提高销售额，加快销售和周转速度，改善应收应付，降低库存，降低资金成本等。而如果企业的行为不利于分销商的这些诉求，就有可能出现冲突，本节后续列举了企业和分销商之间由此引发冲突的例子。

（2）经销商和二级经销商的利益诉求

经销商和二级经销商拥有良好的客户关系，是真正实现产品售出的重要贡献者，也是极其关注客户关系维护、业务扩张和项目利润的群体。企业针对这类伙伴的激励可以多展示能帮助实现扩张和提高毛利，例如，产品能够带来的关联性商机，比如服务商机；企业可以带领优秀的经销商和二级经销商，进入他们感兴趣的领域；向他们派送商机；提供营销支持；在项目中给出好的折扣返点等。企业也可以展示会帮助这类伙伴解决项目中的困难，以利于伙伴服务好用户，从而得到伙伴信任和高忠诚度。

当企业的行为影响了这类合作伙伴的利益诉求时，则容易造成冲突。例如，当企业采用渠道和直销两种模式时，如果不做明确界定，经销商就有可能担心来自企业的竞争，从而造成不信任和冲突。项目中利润不好也会造成冲突。

（3）影响者的诉求

有一些公司与业务相关，但并不存在于企业销售链中，例如咨询公司、ISV，他们服务用户，被用户视为专家，保持客观性和独立性，对交易产生影响。企业应理解他们最关注的是项目实施的顺利成功，而不是销售产品。企业应针对他们的关注点提供支持和激励，例如，宣传企业和产品的领先性，同步技术更新，询问他们在项目方案中需要的帮助并提供帮助，询问他们在项目实施过程中遇到的困难并结合企业产品给予支持帮助。双方的目的都是服务好用户，让用户满意。忽视和违背这类伙伴的诉求，则会在客户端产生矛盾冲突。

7.2.2 企业和合作伙伴之间的冲突及解决方法

当企业的利益触及合作伙伴的利益，或者未注意到合作伙伴的上述诉求时，容易引发冲突。接下来我们来看一下企业和合作伙伴之间冲突的例子。示例中解决冲突的方法，未必对所有企业都是最合适的解法，读者可以借鉴并按实际情况找出自身企业的最佳解法，才是企业总结实践的范例。

7.2.2.1 企业和分销商之间的常见冲突

企业和分销商之间由于分销商库存量而引发冲突。分销商追求资金快速周转，因此控制库存，保持进出货流畅非常重要，这与企业追求某一时点销售额最大化产生冲突。

◆ 例6

上市公司A有季度和年度的业绩目标，有时新的一年还会发生岗位调动，因此，公司A的销售团队在季度末或年底会竭力让渠道多采购，可以有一个漂亮的季度或年度销售额业绩，这影响到财报、市场份额、战略执行等指标。适逢年底，公司A的销售团队这一次又需要分销商配合大量超前采购，公司A愿意付出更多的折扣，也会和多家分销商洽谈。

公司A的分销商也很熟悉这波操作，态度上愿意配合，但都无法或没有能力接受大量的超前进货。分销商在考虑这个问题时，非常关注现金流、利润、应收应付、库存、周转等关键财务指标和运营指标。在沟通中，分销商表达了他们的主要担心，包括超前采购的出货风险。这是由于分销商的进货和出货金额都很大，但利润率相对较低，需要精算资金的利用，精细运营，才能获得利润。例如，如果产生货物销售不出去的情况，将吞噬分销商的利润，甚至造成亏损；如果货物销售出去的时间周期较长，会影响分销商的资金安排，占用资金无法流转，将造成后续无法提新货。分销商还受限于可获得的资金而无法增大提货额。分销商还认为可能需要为超前采购付出额外支出，例如，如果产品在销售给用户之前就已经进入保修期，还会造成在A公司的系统中的保修结束日期早于用户认为的保修结束日期，分销商需要为用户补买保修，确保用户的合理利益。

因此，公司A在和几家分销商的第一轮接触中进展并不顺利。其中一家明确表示，在提货时，会先考虑确定的市场需求量，必要的库存补充，以及资金回款快的货量。对超前采购无法预知风险的部分，则和A公司反复拉锯，难以达成共识。由于双方立场不同，在年末这个关键时间节点上，双方变得剑拔弩张。这时企业渠道经理由于急于完成任务，没有完全体会渠道的诉求，认为分销商不按要求提货就是不努力，扬言要停了某家分销商的资质，引进新的分销商，造成分销商极大反弹，引发冲突升级。

对于上述举例中的冲突，可能的解决方法是：提前而非最后一刻开始沟通双方的预期和差距，并针对有争议的部分，尽早明确提货条件，通过双方销售团队的共同努力消除风险，而不是"迫使"一方屈服。企业可以尝试这样安排：企业在季度初就明确销售目标，并按周和月进行切分（具体做法可参考第2章"渠道构建"的2.7补充资料：确定渠道目标，分析企业对合作伙伴的需求）。企业的系统可以按周获得分销商提货、销售和库存情况。这样，在比较早的时间，如第三个月初，就可以知道本季度的目标差距，这时还有机会展开促销奖励等手段，调动双方的销售推动行动。即便是认识到差距无法完全弥补，双方仍有时间讨论一些折中方案。相比于之前完全的不确定性，分销商这时对后续方案有更清楚的认识，通过评估，多数时候会增加一定的提货量。同时企业应建立针对分销商的库存管理机制，避免塞货引起的渠道拥堵不畅。

库存管理在渠道管理中非常重要。在上述举例中，可以看到过于激进的囤货造成的库存对分销商财务和销售业务的影响。企业在库存管理方面，可以采取的几项措施包括：

(1) 建立合作伙伴提货预测体系

企业如何准确把握市场的需求量，缩短合作伙伴订单和交货的时间周期呢？企业可以通过和合作伙伴建立滚动的预测机制，来计划生产量。例如，由合作伙伴提供未来三个月按周计划的提货量，并每周更新，尤其对于重大项目或促销，合作伙伴需要在预测中特别强调。这样建立的机制下，企业按需生产，按需供货，避免因为企业库存压力过大，而转嫁到合作伙伴的问题发生，从而可以帮助合作伙伴控制库存，改善资金周转。

(2) 建立合作伙伴库存追踪体系

企业将产品销售给合作伙伴之后，需要进一步追踪产品在渠道通路中的情况，比如，分销商出货给二级经销商的情况，二级经销商出货给用户的情况，从而了解合作伙伴的库存状态。

追踪分销商库存，并设置库存警戒线，一旦超过警戒线，则不予以提新货，以此来避免过度塞货。

(3) 将库存和业绩挂钩

针对库存超过警戒线的情况，企业可以将其设置为和合作伙伴的业绩以及企业销售人员的业绩挂钩，则避免了企业销售人员过于激进，对业务和合作造成巨大影响的过度塞货行为。

分销商和企业的冲突也会发生在提货种类的讨论时。分销商追求资金快速周转，因此选择市场接受度高的好卖的产品进行销售，这与企业追求销售额最大化产生冲突，或者和企业提前的生产备料产生冲突。

例如，企业试图做捆绑销售，在争相采购的热销产品中搭售一些市场早期产品，或者单纯是企业完成自己绩效考核指标的产品。还有的时候，作为企业主打产品的优质渠道合作伙伴，在主打产品相关的产品组合上，却在推荐竞争对手的产品和自主品牌的服务，相当于分销商做了多家企业产品的一站式销售。

企业强制性的做法有可能奏效，但一次强制措施之后，如果后期合作伙伴仍旧在主推竞争对手的产品，则需要考虑比较长线的做法，比如通过奖励计划来促销整体解决方案，给合作伙伴一个选择，如果整体解决方案远优于单品相加的价格成本，合作伙伴有机会放弃竞争对手的产品，自愿选择推荐企业的整体产品组合。

企业和分销商的冲突还发生在市场和项目的投入预期上。分销商追求资金快速周转，回避投入回报时间较长的业务，这与企业市场开拓的目标产生冲突。

例如，在生意旺盛的年份，分销商可以坐等业务，挑选利润好回款好的项目做。在竞争激烈的时候，或者是新产品和新市场需要开拓的时候，更容易听到企业的抱怨，希望分销商能投入更多的销售和技术，更多的市场活动，负起更多和竞品争夺商机的责任。分销商会认为产品和品牌推广是企业的责任。同样是由于利润微薄等原因，精打细算的分销商会不愿意做回报时间较长的投入，希望企业能更多地把现成的商业机会交给自己赚快钱。这样企业与合作伙伴双方，因为对对方的期望值与实际不符而产生冲突。

企业为了解决这一冲突，通常会考虑用额外的市场资金或奖励计划，来刺激分销商的投入。例如，特殊价格的样机，市场活动经费，联合市场活动，针对从竞争对手那里抢回生意的特别奖励折扣等。

7.2.2.2 企业和经销商之间的常见冲突

企业和经销商因为忠诚度引发冲突。经销商关注客户关系的维护，当客户的想法和企业不一致时，经销商顺应客户的想法，从而跟企业产生冲突。

◆ 例 7

公司 A 负责银行客户的销售在最近的项目中碰到了问题。由于用户对竞争对手公司 B 的产品有一定的倾向性，经销商将在投标中投公司 B 的产品。经销商在这个用户上已经耕耘了数年，深得用户的信任，如果销售竞品，意味着公司 A 基本输掉了这个项目，对后续的项目还可能产生影响。于是，公司 A 的销售找到经销商的负责人，试图说服经销商投 A 公司的产品，毕竟两家曾经有过多年的合作。但经销商的想法是，在这个项目上，公司 B 的产品更适合用户的应用场景，而用户也意识到这一点，如果硬要推销公司 A 的产品，则会影响其和最终用户的长期关系。公司 A 的销售人员非常生气，认为经销商关键时刻不合作，导致输单。

这样的情况处理不好，会直接影响双方的合作关系，甚至重新定义经销商是合作伙伴还是竞争对手。这种情况下，在反复沟通仍然明确无法合作时，针对此项目，企业可以联合其他的经销商，或直接做用户工作，与原经销商展开公平竞争。往往在企业和经销商双方打过几场之后，可以更好地坐下来谈谈合作。

企业和经销商因为价格引发的冲突。经销商关注利润，期望前期投入能有足够的利润回报，在某些情况下，会引发和企业之间的盈利冲突。

◆ 例 8

公司 A 在某集团的项目中，面临来自众多同类产品厂商的激烈竞争。由于采购量非常大，对公司 A 来说是势在必得。公司 A 的想法是项目中的价格部分权重很大，通过一次性特价，牺牲毛利，也要赢得此项目。

由于该项目是代理商投标的项目，公司 L 是这个项目中公司 A 的授权经销商。在双方关于价格的讨论中，公司 L 的负责人也认为必须给用户极其优惠的价格。但在公司 L 提交的特价申请中，公司 A 发现公司 L 还是为自己保留了大量的利润，降价几乎都要由公司 A 承担。如果按照公司 L 申请的购买价格，公司 A 将非常难以接受。于是公司 A 的销售提出，经销商 L 应该和公司 A 一起大幅牺牲毛利。对此，公司 L 无法接受。

公司 L 的负责人认为，公司 A 是原厂，产品销售广，项目多，虽然这个项目没有盈利，但公司整体利润较好。而自己的团队在过去一年多，主要就是忙这个项目，大幅让利，将导致投入没有产出，对公司 L 的经营带来较大影响。在这个个案上，公司 A 和经销商 L 在价格问题上，似乎是零和。

双方在此时应该意识到，为什么要牺牲部分利益而赢得此用户，是因为此用户后续有很多其他项目。所以是否可以提前锁定此用户的渠道通路，相当于厂家和渠道为之后的收益，一起对此客户进行投入。有时候这种拉锯最后的结果是一方不得不让步。双方也可以尝试其他的合作可能性，如果能找到其他的合作项目或合作领域，则会大大缓解这种拉锯战。

企业和经销商之间在讨价还价时，也体现出双方对各自贡献和价值评估的不同看法。

例如，经销商倾向于认为赢单是因为自己拥有客户关系，而企业的产品并不形成竞争优势，因此企业应该给出更低的价格，保证经销商有更好的利润。企业则认为经销商狮子大开口，利用项目最大化自己的利润，经销商对于自身价值的描述夸大其词，无非是以客户和订单相要挟。

针对这种情况，有一种解法是，经销商可以逐项列出项目的成本和自身的价值量化，双方有理有据地讨论。如果双方始终不能达成各自价值的共识，最终冲突解决的方法可能是一方的退出。

有时经销商为了赢单和维持利润，出现事后要价，则引发和企业之间的冲突。

例如，经销商在投标前并未向企业申请特价，或以低于约定采购成本中标后，反向压价胁迫企业给出更低的价格。这种情况下，企业有权按投标前的授权价格执行，由经销商自行承担损失。这样来体现对其他各个投标合作伙伴的价格公平性。

7.2.2.3 企业和合作伙伴之间的其他常见冲突

不同的渠道通路会引发渠道冲突。

◆ 例 9

某电信用户最近在为其 IT 项目进行服务器的调研期间，多家公司都登门拜访，带上了各自的方案介绍。而让用户困惑的是公司 A 服务器相关的几份方案，这些方案分别来自公司 A 的销售团队，公司 A 的一家 OEM 贴牌商，还有公司 A 的一家渠道合作伙伴。看上去几份方案的产品实质高度相似，但初步预算的价格区间差别很大。用户分别对这三家的产品和合作方式提出了质疑。公司 A 的直销团队、OEM 伙伴和渠道合作伙伴，在此产生了冲突。

解决这类冲突最好的方法是遵循企业根据整体利益制定的渠道策略。如果企业的渠道策略是渠道为先，则企业可以向用户表明将配合合作伙伴跟进用户需求，而不会进行直销。同时，可以引导用户了解 OEM 解决方案和后续服务所存在的差异，是造成价格差异的原因，方便用户评估选择。如果必要，企业需要审视渠道设计中是不是有系统性的问题，重新审核产品覆盖不同用户的渠道通路，考虑是否需要改进设计。

由渠道通路引起的冲突也表现在企业在一段时间的运营之后，为了顺应市场的变化而需要做出调整，从而可能对原有的合作伙伴体系造成冲击。

◆ 例 10

随着互联网的发展，很多企业开设网上商城，并结合自身的数字化能力形成新的营销模式，这相当于网上直销模式。某公司 T 面临竞争压力，开始考虑渠道结构的调整以适应市场的变化。

但企业认识到并非所有类型的产品都适合网上销售。公司 T 的产品技术含量较高，需要合作伙伴拥有较高的技能，提供较多的售前解决方案和售后服务支持，因此公司 T 在考虑采用互联网销售模式时，认为对传统渠道会造成影响。

传统渠道和互联网销售所提供的功能和作用不同，售前和售后成本也不相同，如果单纯地比较两者之间的价格，则有可能造成传统渠道合作伙伴的投入得不到保护，从而造成渠道冲突。网上销售和传统渠道的业务逻辑和盈利方式也有所差异，也会造成渠道冲突。公司 T 认为这种冲突将影响合作伙伴的投入，这样的话也会影响公司 T 的销售。

公司 T 试图充分利用互联网，网上销售模式似乎不可避免，那么究竟应该如何处理，才能避免和传统渠道之间的潜在冲突，从而增长业务呢？

企业可以尝试这样的解决方法：

首先，企业认识到网上销售有可能增加渠道管理的复杂度。这就要求企业重新审视网上直销和传统渠道两种模式下的功能和作用比较，从而调整利润分配。

其次，企业尝试从产品线上做区分。例如，网上销售的产品线和传统渠道的产品线存在不同。

再次，由于用户获得信息的场所和交易场所可能不同，有的情况下，互联网是用户更容易获得信息的渠道，而最终的交易需要由传统渠道完成，从而形成协同。例如，网上提供产品宣传、赋能，引导用户自助了解或通过互动了解企业产品等，而针对用户的定制化需求，企业可以将商机转给传统渠道商去跟进。传统渠道可以满足那些一站式购买多家企业产品的用户，以及那些需要面对面支持服务的用户等。

最后，保持和原有合作伙伴的紧密沟通，坦诚充分地让原有渠道了解企业的决定，避免错误的解读。

有效的商机管理可以减少人为造成的不同渠道通路间的矛盾。例如，当合作伙伴做商机报备时，企业如果不能很好地做信息的区隔，容易造成商机的泄露，造成渠道合作伙伴之间的竞争，这会给报备商机的合作伙伴造成很大的困扰，对企业产生不信任，甚至转投竞争对手，引发冲突。同样，如果直销团队拿到合作伙伴的商机，绕过合作伙伴，直接接触客户，也会造成这种冲突。企业应从员工的工作规范培训入手，明确和渠道打交道时，哪些是不可做的行为，保护不同合作伙伴的商业信息，不人为地泄露。有时，企业的销售团队和渠道的业绩双算，或预先规定业绩的计算比例，会有效地减少企业直销团队和渠道之间的矛盾，容易形成在用户端互相补充的和谐态势，增加用户对品牌和渠道管理的好感。如果渠道设计中，企业直销和渠道业务之间有泾渭分明的边界，也不会造成冲突。

◆ 例11

这里举一个由于信息没有很好区隔而带来冲突的例子。

一次公司A举办市场活动，主办人员要求渠道销售员提供潜在参会的二级经销商的名单，但并未告知名单的用途。渠道销售员提供了几个分销商报备的潜在二级经销商名单，于是这些伙伴收到了市场活动的邀请。这引起了其中一家分销商H的不满，H认为其他分销商在市场活动中会接触到他的二级经销商，企业的行为将造成他的损失，于是进行了投诉。

保护合作伙伴的商业信息是十分重要的。在上述事情发生后，公司A及时对市场活动的安排做出了调整，为不同的分销商和其二级经销商设立了小的分会场，解决了这个投诉。

7.3 渠道合作伙伴之间的冲突

渠道合作伙伴之间也经常发生冲突。本节列举一些常见的冲突的例子。

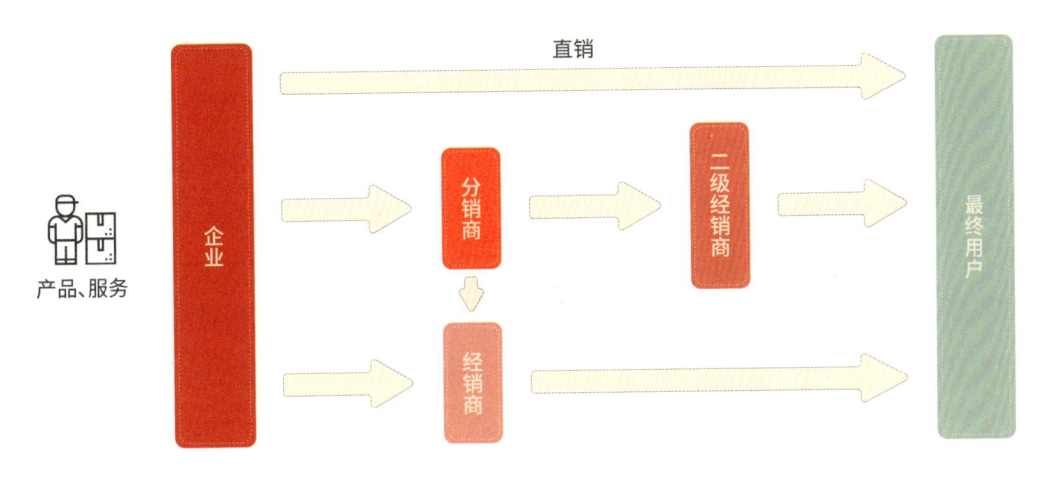

图7-1 某企业设定的渠道通路

第一类冲突：违反约定的渠道通路而引发的冲突。

对于渠道通路的管理是防范渠道冲突的重要方面。假如某企业设定的渠道通路如图7-1所示。

在这种渠道通路约定下，如果企业的分销商直接向用户供货，则违反了合作伙伴协议中的渠道通路的约定。分销商这样做会对二级经销商造成伤害，引起二级经销商转去销售竞争对手的产品。如果经销商和二级经销商不是直接销售给最终用户，而是转售给其他合作伙伴，同样也是违反合作伙伴协议中的渠道通路的约定，对渠道体系造成伤害。这两种情况都应该被制止。

以下是分销商和强势的经销商之间产生冲突的例子。

◆ **例 12**

分销商 G 代理一条低端产品线，而经销商 L 在某一个项目中，实现了一次性的大规模销售，L 试图越过分销商，直接从产品厂商公司 T 采购。在 L 看来，分销商 G 并没有参与或支持到此项目的销售，而自己资金充分，也不需要分销商 G 商务上垫资，不需要物流等支持。直接从公司 T 采购，可以为自己保留更高的利润空间。在分销商 G 看来，公司 T 既然授权了一条低端产品线的代理，自己也为此条产品线进行了大量的投入，比如市场、对渠道的赋能等，公司 T 就必须执行100%的总代模式，而不是评估每一单的贡献大小，这是公司 T 和自己的协议约定。如果开了特例，则既打破了产品线的总代模式定义，又令自己在未来业务规划时无所适从。在这个冲突中，公司 T 承压，既想维护好和劳苦功高的经销商 L 的关系，又觉得分销商 G 在低端产品线整体操盘上有贡献，而所做的决定会对未来业务有影响。

在解决冲突时，企业应建议渠道双方充分协商，根据协议和渠道管理规则，以及此项目的实际情况（比如项目的大小、利润空间、各方在客户端的贡献、分销商是否对经销商在此项目中有所支持等），决定是否接受经销商直接提货的特例申请，评估后续的影响。而企业的决定需要和分销商、经销商解释和协商，得到他们的理解认同，需要明确是否为后续类似案例的操作范例，如果预计今后会大量类似情况发生，则应重新审视此产品的通路设计。

第二类冲突：渠道合作伙伴之间的冲突最常见的是项目中的价格战。

◆ 例 13

公司 A 一直想做某个汽车业用户的项目，通过经销商 L 的引荐，公司 A 的销售人员有机会和用户的领导会面。经过一段时间的努力，L 协助公司 A 一起构建了解决方案，L 还投入做了产品测试，并极力推动用户对公司 A 和产品的信任。当用户立项并准备公开招标时，更多的合作伙伴前来参与投标，有可能存在较激烈的价格战。L 找到公司 A，寻求公司 A 的帮助，但出于公平性原则，公司 A 无法对不同合作伙伴给出不同价格，这就是合作伙伴经常向企业提出的"如何保护我在项目中的投入"。

在实际操作中，企业有时较难评估各家合作伙伴在项目中的贡献，企业可以制定鼓励合作伙伴投入的奖励计划，设定奖励条件，对合作伙伴的投入提供一定的补偿。

另一个保护前期投入的做法，存在于分销商发展二级经销商网络的场景。例如，分销商在市场、赋能、项目售前等环节给予二级经销商足够的投入之后，二级经销商得以赢下项目，通过货比三家，选择了另一个前期没有投入但价格较低的分销商。这样的情景反复出现，分销商则不愿意再做前期投入工作。可能的解决方法是，在招募环节就实行分销商和二级经销商的绑定，后续二级经销商只能通过绑定的分销商下单，或者是如果通过绑定的分销商下单，企业予以更多的返点。一定时间后，如果二级经销商认为原绑定的分销商支持不到位，可以提出解绑转到另一个分销商，但需要经过合理的审批。

如果项目中频繁出现价格战，则企业需要分析背后的原因。例如，企业应审视其渠道设计，是否渠道设计中的渠道密度过高，由于设计的不合理造成合作伙伴之间的竞争过于激烈。如果是这个原因，则企业需要考虑采取合适的措施，降低渠道密度。

分销商和二级经销商在议价上的矛盾也屡见不鲜。企业并不参与这类商务议价，但有时二级经销商要价过低，则会被分销商反传价格压力，或由于议价引起的商务推迟引发用户满意度等问题，则需要企业一起来参与协调。

第三类冲突：窜货引发渠道合作伙伴之间的冲突。

合作伙伴在特价订单上得到的低成本产品，在市场上销售；或者区域内的代理跨区销售，即所谓的窜货行为，都是违反了行业规范，这会引起市场价格的波动，造成价格混乱，影响其他合作伙伴的销售，也会影响企业的信誉，会引发渠道之间的强烈冲突。特价订单通常是在正常折扣、返点、奖励促销计划之外，额外给予合作伙伴，用于指定项目中和竞争对手争夺生意，或用于合作伙伴建立测试中心。后者通常在协议中有约定，在一定时期内不能转售。因此，利用特单价格窜货，企业应予以处理。

如今的科技手段为溯源提供了便利。例如，销售的每个产品都有序列号，企业通过出厂信息、安装信息、维修保护信息等，可以追溯违规的窜货行为。现在很多行业通过信息化建设，对产品从生产到物流仓储到消费者环节实现了追踪，也能防止违规窜货，有时甚至是假冒伪劣的行为。

但需要注意的是，如果合作伙伴是通过正常的折扣和促销计划提货，由于库存压力或其他原因，自愿低于采购价销售，则企业应尊重合作伙伴的商业决定，而不能强行干预。另外，曾经的渠道管理中有较强的地域划分，合作伙伴被授权在一定的地域内进行销售。随着互联网的发展和物流的便捷，单纯的由于地域因素引发的信息不透明和价格差异在减弱，而要求合作伙伴更多注重服务的附加价值，因此，在渠道的设计和渠道冲突管理时，企业需要根据自身情况和现实环境重新定义窜货行为，而不一定能够一直延用过去的渠道管理规定。

企业应理解由于业务模式不同引起的正常竞争。例如，有些合作伙伴非传统转售，而是通过租赁方式为用户提供服务，或者是合作伙伴拥有机器的产权，而用户可以按使用付费等新的业务模式。新业务模式的拓展，在渠道生态中变得常见，对多样化的渠道建设有一定的帮助，而不需要作为渠道冲突去解决。

7.4 渠道冲突管理

渠道冲突是无法避免的，甚至有些冲突也是无法解决的，但仍有改善的空间。作为渠道管理者，应该尽量对冲突进行管理，减少冲突带来的负面影响。因此，渠道冲突管理是评估渠道体系效率的重要指标。

7.4.1 强调共同目标

企业和合作伙伴如果认识到双方一致的共同目标，则形成了冲突解决的基础。企业制定渠道策略，进行渠道设计，选择渠道合作伙伴，就构建了企业到渠道合作伙伴到最终用户的渠道通路。通路中的每个环节都服务于通路终端的最终用户的需求。因此，企业和渠道合作伙伴拥有一致的目标——为最终用户服务，关注最终用户的需求，并提供价值，是以客户为导向的合作。

渠道生态系统中各家的另一个共同目标是通过合作把蛋糕做大，共同谋求更大的利益。例如，企业大量投入品牌宣传，投入销售团队，预热了新的行业领域，而交由合作伙伴对具体项目开展销售，赢得客户，并实施和维护；当现有产品到了生命周期的成熟期，利润逐渐下降时，企业能持续有规律地推出新的产品，创造新的高利润的增长点；合作伙伴将产品引入一个新市场，而企业向合作伙伴派送商机。当业务不断扩大，企业和合作伙伴都获得利益，这达成了双方合作的驱动力。

7.4.2 建立长期的平等双赢的合作关系

企业和合作伙伴有着服务用户的共同目标，在具体合作中，如果双方抱着长期的平等双赢的合作态度，而不是短期的、单一项目上的一次性合作的心态，则行为方式会有所不同，冲突产生时也会有更好的处理方式。实践中，合作伙伴频繁地更换供应商，或者企业中途更换主要的合作伙伴，都意味着高额的更换成本代价，而长期合作可以使双方更有默契，产生更大的效益。长期合作也使双方尽管在个案上有摩擦，还是能共同商讨出一些互利的解决方案，而不会轻易将冲突升级。

如果粗略地划分企业和合作伙伴在合作中的分工，企业负责产品，负责品牌推广，价格策略，考核的通常是产品的市场份额、营业额、利润、客户满意度；合作伙伴负责客户关系，对接客户端的订单、物流、服务等，根据合作伙伴类型的不同，关心的通常是利润、产品盈利的持续性、投入的回报。企业和合作伙伴各自形成一对多的合作关系，例如企业会有多家合作伙伴销售同一产品，合作伙伴会整合多个企业的产品，搭建一揽子集成解决方案。双方认识到各自的利益诉求和行为方式，在分工合作中实现双赢，并各取所需，达成密切的配合。同时，双方认识到长期合作对达成各自利益诉求带来的好处，则会在意愿上保持这种合作，当冲突发生时，更尽力去解决冲突，而不是使冲突升级。

我们有时候会听到企业"控制"渠道这样的说法。在管理中有关于渠道控制力的理论，抛开渠道控制的理论定义，在实践中，当谈到控制渠道的时候，需要认识到，在企业和合作伙伴的关系中，合作伙伴是一个独立法人的经济实体，具有自己的商业目的和导向，并非企业的下属机构，不必服从企业的指令，虽身处"下游"，但平等互利。正如上面描述的，是一种各取所需、互补互惠、双赢的合作关系。如果"控制"渠道意味着命令和服从，就不是在一个长期的平等合作的框架下运行。事实上，很多有能力的渠道，根本不可能被控制。

企业在处理合作伙伴关系时，可以把合作伙伴理解为一个特殊的客户群体，它既是企业的销售对象，又是在用户端提供附加价值的业务通路。这样，企业在合作伙伴上大量投入赋能，促销奖励，与合作伙伴分享商机，关注合作伙伴满意度，就都在促进这种关系。我们有时候会听到企业"利用"渠道这样的说法。利用渠道的优势是一个比较积极正面的想法。但为了业绩利用渠道去过度塞货，去触及灰色地带，则是错误的行为。

所以从理念上，企业应该有好的认知。而当双方保持长期平等双赢的合作关系，利用和发挥彼此的优势，才能有效协同，提高效率，提高解决冲突的意愿。

7.4.3 规则明确并充分沟通

我们从合作伙伴的反应就可以知道，他们在做业务的时候，是规则清晰的还是心有余悸的，他们对企业的评价是"讲规矩"还是"混乱"。

很多渠道冲突是由于企业的规则不清晰，以及没有很好执行所造成的。如果企业对恶意竞争和违规置若罔闻，实际上是变相鼓励犯规，惩罚合规的合作伙伴，造成的混乱也会令企业自食其果。我们会看到一个项目的处理不当，在下一个项目中合作伙伴的冤冤相报。因此，在渠道管理中，制定规则，比每个个案发生时的临时救火或者任意发挥更重要。

(1) **渠道成员选择**

企业在构建渠道体系时，会在渠道成员选择上设定标准，应该经过评估和审核，才能签署合约。这个过程，为之后尽量避免冲突，或者在冲突产生后能够妥善解决做了准备。

(2) 设定管理规范条例

企业在合作伙伴协议中，通常有管理规范的附件，罗列规范和违规惩罚力度。例如，明确合作伙伴账号，明确账号使用（如商机报备、业绩查询、市场基金查询等）权限和责任；明确诚信条款，绝不行贿受贿等。

合作伙伴违反合作协议及相关管理规范附件，或其他附件，都会因为协议约定引发终止合作，或相应处罚等。

(3) 设定合理的渠道规则

企业应设计尽量合理的渠道规则、价格体系，尽量合理划分渠道的功能，同时根据渠道贡献给予合理的回报。在规则制定后，必须严格执行，如果不能确定可否执行，就不要出台这项规则，等时机成熟再公布。

◆ 例 14

企业 A 在遇到重大项目时，是可以申请特价的。为了公平起见，会给到所有渠道统一的价格。有些经销商为了赢得项目，彼此竞争，把自己的利润贴给客户，甚至用低于企业给他的价格投标给客户，在赢标之后又回来向厂家要更深的折扣。有时在季度末、年底，此企业需要业绩，希望代理尽早下单，有时还有客户端的压力，就屈从于这个赢标的经销商，把更低的折扣给了他，完成了项目。但这种情况引起了渠道极大的冲突，而且演变成之后渠道纷纷"跳水"，这最终损害了整个渠道体系的利益。

为了改变这个局面，当时的渠道部负责人经过和大多数合作伙伴沟通后，正式通知所有合作伙伴，在项目中如果经销商用低于他们进货成本进行投标，企业不会再给予任何更多的折扣。如果经销商因此影响了客户端的采购进程，影响客户满意度，就会对此经销商记过一次，累计几次将影响此经销商申请特价的权力，甚至取消代理资质。

在规则发布之初，碰到了很多挑战，出现了有些订单不能如期进账，有些合作伙伴因为跳水拿不到折扣而在某个项目上亏损，客户因为不能马上拿到货而不满，但坚持执行一段时间后，就得到业界共识，基本解决了这类渠道冲突。

渠道生态中，存在企业和合作伙伴之间的力量对比，例如企业有时被描述成强势企业或弱势企业。企业或渠道生态中的强势成员，在渠道规则的制定和执行中，往往会发挥较强的作用。规则的制定和执行需要遵从本章所谈到的一些基本要点：理解渠道生态中各方为独立的实体，具有各自的利益诉求；遵循渠道生态中各方联合以降低通路整体成本，扩大通路整体市场利益；各方保持理性而坦诚的沟通。

(4) 合规宣传与审计

在合规检查中，设定与销售行为有关的常见的渠道违规行为，并重点检查，企业认为渠道冲突发生的常见的违规行为包括：

① 未获授权和审批的销售路径，例如分销商签署最终用户，经销商转售给经销商。

② 未获审批的跨区销售。

③ 在特价申请中，提供虚假的销售路径和业务信息。

④ 未按规定在投标前申请特价，事后因为索要更深折扣而影响项目执行。

⑤ 虚假的项目授权函。

⑥ 涉及奖励时提供虚假的销售数据。

⑦ 使用未获授权的品牌和商标。

⑧ 使用未获授权的软件。

⑨ 在整机中混杂非企业的零部件。

当审计出问题时，合作伙伴常常会列举各种理由解释，但仍不应给予违规太多的空间，而给未来市场造成伤害。定期的渠道审计是规范渠道的重要的一个环节，是解决冲突的手段之一。本书有章节讲述合规的内容。

通过合规检查来发现问题进行处罚，已经属于事后。在实践中，在渠道招募后，就应向合作伙伴宣讲渠道规则和处理立场。在培训中，也应加入合规话题。例如，在所有的合作伙伴会议中，都谈到合规问题，反复提醒，长期坚持。

7.4.4 建立完善的预警机制

在规则的运用上，企业应能做出好的实践范例，更多理解规则下冲突碰撞的背后原因，而不应作简单执行规定的冰冷"机器人"。负责重要合作伙伴的渠道专员非常重要，他们负责解决企业与渠道的相关问题，可以在早期发现冲突的苗头，帮助所负责的渠道伙伴在企业内部与其他部门进行沟通，帮助公司了解冲突的情况，并努力协调解决。有经验的渠道负责人，在了解可能产生渠道冲突的诱因和方向后，应该有对渠道的敏感度，通过经常和渠道沟通，了解他们的问题，尽早发现可能产生的冲突，在早期尽量规避或解决，甚至经过引导从负面影响转为正面影响。冲突往往经过酝酿后才会爆发，不要等到不可收拾，造成极大的负面影响后才后知后觉。因此，早期发现，建立完善的预警机制非常重要，事实上，这也是渠道销售管理工作很重要的一部分。

发现渠道冲突的方法也有很多，除了日常渠道的沟通，还可以通过定期的渠道调研、渠道满意度调查、渠道审计、定期渠道顾问委员会的会议等。无论使用什么方法，渠道管理者都应该花精力去发现冲突，而不要回避。

7.4.5 冲突发生后保持良好沟通

渠道冲突博弈很多都是合作中为了各自利益的正常反应，不能简单地定义对与错。积极的一面是渠道冲突很多时候促发了企业和合作伙伴产生一些来源于实践经验的好的执行方式，出台好的政策，有时候这种博弈还为用户带来了低价等现实实惠，因此冲突有时候能引发正面影响。

当渠道冲突引发负面影响时，处理的过程和方式非常重要。尤其发生在一些关键的项目时间节点上，或者业绩考核的关键时间节点上，造成的冲突会比较激烈。如果影响到双方的合作基础，竞争对手就会趁虚而入，双方合作破裂。因此在处理渠道冲突时，诚信透明的沟通，长期合作的信念，会大大增加双方达成共识、增加黏合度的可能。当然对于一些明显损害企业和用户利益的，如部分使用假货或第三方的部件替代，则应按照合作协议的约定，予以处罚或解除合约等。

企业在任何时候都应注意到沟通的重要性，当冲突发生时，鼓励冲突双方尽量沟通、谈判，解除不必要的猜疑和误会，才能避免渠道冲突的发生和升级。企业在审视和调整渠道策略时，需要关注市场的变化所造成的渠道的功能和作用的变化，比如需要审视原有渠道的某些功能是否被新的更低成本的业务模式所替代。如果有，则可能导致渠道的结构发生变化。企业因此需要寻找新型的合作伙伴，或推动现有合作伙伴的转型，通过调整以适应市场，保持渠道体系的竞争优势。

企业的这些调整对现有渠道会产生影响。例如，企业对其渠道策略做调整，希望更多地投入到互联网线上模式，这可能对现有渠道造成冲击；企业计划更多地向增值方向转型，这就需要合作伙伴调整现有的人员技能结构；企业的奖励计划方向发生大的变化，可能会对合作伙伴的成本测算、库存造成困扰等。

企业在发布新举措之前，需要评估对现有渠道的影响，做好预案，尽量提供帮助现有合作伙伴的过渡方案和长期方案。准备就绪后，企业需要与合作伙伴充分沟通，尤其是重点合作伙伴，尽量避免冲突发生，减低调整对合作伙伴的短期负面影响。

另外，基于规则，理性的沟通是解决冲突的有效途径。企业和合作伙伴都不应被情绪主导。在企业内部，渠道销售专员应代表合作伙伴的立场，充分表述合作伙伴的意见。当企业对冲突有了执行意见结论时，渠道销售专员则需要代表企业向合作伙伴反馈。有时渠道销售专员在向合作伙伴传达企业对冲突的执行意见时，颇感为难，有效的方法是清楚地解释执行意见背后的逻辑。即使合作伙伴第一时间不好受，但对于坦诚沟通，理性处理的做法，基本能得到合作伙伴的认可。

7.4.6 评估渠道冲突的影响

渠道管理者在发现冲突后，应该立刻评估可能的影响，是正面影响、负面影响还是无影响，影响的强度如何。根据对渠道体系影响的优先级进行处理。

7.4.7 解决渠道冲突

当冲突发生时，可以由双方谈判解决，也可以由第三方作为中间人，对冲突进行调节，这时第三方的选择必须是冲突双方都能够信服的。此外，在实际操作中，渠道管理委员会是很好的方法。在渠道成员高层的沟通中，某些冲突被看成非常低级的，为了更大的目标，往往渠道高层之间能够达成妥协。有时，解除冲突的方法可能是一方的退出，例如，如果对整个渠道体系负面影响太大，可能某些渠道个体即使有一定贡献，也只能让它退出整个体系了。或者冲突发展到最终，是以一方的退出作为结束。

企业为了解决冲突而制定的一些政策，有时难以做到让所有的合作伙伴都满意。例如，当企业试图解决由价格引发的渠道冲突而拜访不同的经销商，听取合作伙伴对企业的定价策略的看法。有一些会反馈，最终用户价格与竞争对手相比缺乏竞争力，企业应该降低市场价格；另一些则反馈企业不断降低市场价格，实际在压缩经销商的利润。企业有时会面临众口难调，因此在实践中，没有一致的范例，而具体的做法只能在实践中摸索。

要想解决冲突，需要针对冲突采取行动，有些行动是需要创造力的，不是常规的方法可以解决的。在解决冲突时虽然难以面面俱到，但如果放任冲突发展，它是不会自行解决或消失的，只会更加恶化。在解决冲突的过程中，无论采取何种方法，都需要促进冲突双方的坦诚沟通，充分沟通，这才有利于冲突的解决。这对渠道的管理者，有很高的要求。

总结本章，我们可以看到虽然在日常渠道管理中，不会考核冲突的数量和解决情况，除非冲突上升到投诉或更激烈的程度，但渠道冲突处理的好坏会直接反映到销售业绩、合作伙伴满意度、用户满意度和渠道效率。企业对渠道冲突的原因和影响有充分的认知，和合作伙伴建立共同的目标和长期平等双赢的合作关系，加强沟通，进行规范的管理，对常见冲突有解决冲突的预案，则会被合作伙伴认可，并转化为对品牌的忠诚和销售数字的增长。

第 8 章

渠道风险管理及相关法律事项

通过本章内容，读者可以：

——了解风险管理对企业的重要性

——了解渠道风险主要涉及的内容

——了解企业如何规避渠道风险

企业风险是一个单独的话题，涉及企业运营的方方面面，有专门的书籍和理论，在此我们只侧重探讨渠道风险管理的问题。

风险管理从某种程度上看是水桶理论里的短板管理，所谓的"一招棋错，满盘皆输"。虽然风险永远存在，不可避免，但是我们依然需要尽可能提前辨别出风险领域、发生概率，量化风险大小，以防患于未然。

风险管理的循环通常涉及四个步骤：风险的识别、风险的定量、风险的决策制定以及风险的沟通。渠道管理的风险主要集中在以下讨论的几个方面，在任何一个方面里，都可以灵活运用以上所提到的四个步骤，去发现、评估和尽量规避可能存在的风险。

8.1 风险管理对企业的重要性

为了保持业务的可持续性，随着企业的发展和本身的不断壮大，越来越多的企业意识到风险管理的重要性。在加入WTO之后，国内企业也参与到国际市场竞争中，更多的企业走出国门，面对不同竞争对手，环境改变了，相应适用的法律法规也更为复杂多样。风险会对企业造成影响，例如，某房地产交易中心人员，因为企业内控不严，利用职务之便，大量侵吞现金，造成企业巨额损失；某医药企业，因为涉嫌行贿，企业CEO、CFO等高管被处罚，企业业务被影响；"小蓝"咖啡的事件，使得股票大幅下跌，管理层受到处罚……我们在此从企业经营的角度，探讨如何规避环境风险和经营风险。

企业采用渠道模式后，很多人认为会使得企业风险降低，实际情况是在某些领域引入渠道会降低风险，但在很多领域恰恰相反，渠道往往是企业风险识别的高风险区域。而且由于各渠道是独立商业体，企业无法用自身业已建立的内部管控的方式管理，所以渠道的风险管理难度是增大的。这给渠道体系管理者，企业高级管理层，特别是风险控制部门，带来了更大的挑战。

在渠道管理理论里，探讨这类问题的很少，但在实际工作中，我们发现这是非常重要的部分，而且随着宏观环境的变化和企业微观运营角度所需做出的相应改变来看，越来越重要。因为它引发的后果可能非常严重，小到可能影响短期销售额、短期利润；大到影响甚至终止合作伙伴关系，引发法律纠纷，企业因合作伙伴的行为连带被处罚，损害企业声誉，甚至企业高层个人被处罚……因此，在渠道业务中，风险关系到业务的延续性，也就是业务能否健康且可持续发展。

在实践中，即使管理层有深刻的认知，也不代表一线员工和他们的经理真正在实操中拥有风险意识，以及每一个合作伙伴都能配合风险管控的要求。反而我们经常看到的是，一线团队，包括企业员工和合作伙伴员工，认为风险管理是给自己添麻烦，增加了流程，减少了操作灵活性，于是把风险只是挂在嘴上，而非落实在行动中；或者假装没看见，忙着撇清自己，而无视风险给企业带来的隐患和危害；甚至为了短期业绩或自身利益，明知违规，有意而为之。这些现象就像是把风险管理放在了业绩和效率的对立面。因此，对企业的管理者来说，帮助员工和合作伙伴建立正确的风险意识，把风险管理融入企业的渠道业务中，融入渠道合作伙伴的管理中，像体检一样，对风险早发现、早干预，显得尤为重要，这才是保持企业生命常青的基石。

企业若不能防微杜渐，在日常业务中实现风险管理，则容易诱导形成一种不健康的风气，大家对潜在违规视若无睹，直至发生严重的危害。越来越多的企业已经意识到风险管理的重要性，设立多重的风险管理机制，从而预防和规避风险，减轻和缓解风险，或增强警示来应对无法规避的风险。

8.2 渠道风险主要涉及的内容

渠道的风险最容易在如下领域发生，所以要特别重视。

8.2.1 合作伙伴的选择、招募和签约，以及业绩考核

我们在前面渠道招募章节中已经谈到，一般企业构建渠道体系时，会有渠道招募的环节。通常情况下，申请成为一个企业的合作伙伴的公司，需要提交商业计划书、营业执照、财务报告、公司主要所有者和主要经营者的信息等，收到这些信息后，企业会进行审查。审查的内容主要是该公司经营情况、经营范围、财务状况、公司及主要负责人声誉状况等。例如，转售产品等是否在其营业执照的经营范围内，财务健康情况是否存在重大问题，公司和其主要负责人是否有犯罪记录等。对于审核出现的疑虑，可能需要申请者提供更为详实的信息，并提交更高管理层讨论决定是否合作。随着天眼查、企查查、百度等互联网信息越来越丰富，企业可以更多地利用公开信息，为自身做好第一层防护。有些企业还会购买第三方服务，来对申请者进行背景调查。审核中如果没有发现企业无法接受

的负面问题，同时满足企业所需要的专业技能和渠道价值，才能正式签约。

在实际经营中，合作伙伴在销售企业的产品时，会代表企业出现在商务活动中（这就是为什么企业在招募渠道伙伴时，需要全面了解渠道伙伴），这也是合作伙伴合约赋予他们的权力。在有些项目中，客户除了审核这个渠道的原厂合作伙伴资质，还会要求有针对此项目的企业授权书，基本上在出具项目授权书之前，企业也会再审核一次上述文件，同时要求渠道在信息有变动时进行更新。尽管合作伙伴协议中已经包含了管理规范，在出具授权函时，有的企业会再次提醒和要求合作伙伴在项目中须遵从管理规范条例。在审批过程中，企业要避免一人决定的情况，一般审批流程会涉及负责此伙伴招募的一线人员、其经理、相关部门负责人，从而避免因为个人疏忽或其他原因产生的风险。

企业如何选择合作伙伴，选择的合作伙伴是否是客观需要，是否是适合企业的合作者，除了考虑其经营能力、财务能力，也要看双方的价值取向是否一致，包括对法律法规的遵守，对公司内部的管理，甚至企业文化等，所有这些都会对双方的合作产生影响，不仅会影响销售和利润，还会影响企业所承担的风险。

◆ 例1

在2005年公司A有一个小产品，全年销售额大概七千万元的规模，希望走分销制。当时在渠道圈里寻找合适的分销商，其中有产品部推荐的一个公司X，公司X负责人曾负责过公司A另外一条产品线的一个合作伙伴，和公司A的合作非常好。经过几轮业务角度的选择，最终确定公司X成为这个小产品的分销商，过程中严格遵循了合作伙伴招募、审批和签约流程。作为分销商，公司X也开始招募此产品的二级经销商。在最初不到两年的产品周期里，销售也还达到预期。后来听说X公司在业界有一些应收账款的纠纷，而且销售额也已经不满足分销商的要求，公司A就和公司X自动解约了。到了2010年，有一天公安人员找到公司A渠道部，表明公司X被其他公司起诉，涉嫌诈骗，而且和A的产品相关。公安人员怀疑公司A介入了X公司诈骗，理由是，业界这么多公司，为什么选择公司X做分销商（那个产品只有2个分销商，另一个一直业绩表现不好），被骗的公司表示就是因为考虑X是A的分销商，才决定了当时和公司X合作。如果X公司资质不够，只是和公司A某些人有私人关系而成为A的分销商，公司A就的确有些脱不了干系。但当公司A调出当年签约之前的审批流程，审批文档，及之后解约通知后，公安人员了解到整个招募和签约过程不涉及个人意志，流程标准、周密，由此打消了对公司A的怀疑。

作为企业的渠道管理部门，经常会碰到国家各种部门，公安机关、海关、税务、审计等，为调查合作伙伴而找到企业了解情况，一般都是因为涉及供应商公司的产品业务。可见，在我国现行的商业环境下，渠道对供应商的影响也日趋重大。

合作伙伴业绩统计管理，也是渠道高风险的领域。因为渠道业绩一般都会和渠道身份、渠道等级以及激励计划相关。所以，业绩统计的准确性，也是风险管控需要注意的地方。在有些情况下，某些渠道业绩是由上一层渠道用统计报告形式体现的。比如二级经销商从分销商采购的情况，因为不是直接从原企业提货，无法从企业系统中直接体现，需要分销商汇报回企业，这时数据的准确性和及时性,关系到二级经销商的业绩的准确性，以及以此为依据的后续的奖金发放，二级经销商评优等等。如何避免分销商的疏忽或有意不当行为，是渠道管理的重点。一般管理者会采用系统替代手工报表方式，让分销商的报告更简便，可追溯；也需要定期对报告进行检查，如果发现人为错误或者管理漏洞，可以及时提醒分销商或对分销商进行一定处罚。

8.2.2 合约和附件

企业与渠道之间，有多种合约和附件，这些文件规定了双方之间的权利与义务，同时也对双方的行为做了一定的规范，以及当发生纠纷或冲突时如何处理。这些合约文件经过双方签字认可，是具有法律效力的，也是解决问题的依据。一般会有如下一些文件：

8.2.2.1 合作伙伴合约

在渠道招募一章我们已经提到，合作伙伴合约是渠道合作中最重要的一份合约。合作伙伴合约的通用条款一般会包括：对于合约结构（一般会包括基本条款、关系文档、附件、附录、交易文档等）、期限、更改流程的描述；双方的关系（独立的订约人、争议解决、转让、其他通用条款、双方的责任、合规性审查）；商业行为要求（遵守法律、不正当行为禁止条款、行为准则、进出口规定、特别折扣、关于特别折扣交易的审计）；市场营销基金和推广计划相关约定；状态更改；保密信息和不披露条款；知识产权保护；赔偿责任；商标的使用；所有权、许可、服务及其他产品条款；合约终止等。

合作伙伴合约还会对合作的地理范围和管辖法律、营销授权范围、销售方式、RTM、产品和服务授权、责任，以及其他问题进行约定……读者在实际工作过程中可以根据本企业实际情况和产品特性，设计本企业的合作伙伴合约。

◆ 例2

有时企业会面临体量较大的合作伙伴要求修改其合作条款，这种情况应作为特例处理。同时，在合同管理中，需要对所签署的非标内容有一个总结标识。这样，在合同期内，渠道销售人员才能够清楚这个"特例"的具体条款差异，甚至在渠道销售换人后，也不会产生脱节。

企业 A 是一个新兴的技术公司，有业界领先的某一领域的自创软件，在国内推广过程中采用渠道与直销相结合的方法，选择了业界知名的企业作为分销商，以及多家有实力的企业作为经销商。在招募过程中，为了获得与渠道的合作，会根据对方要求更改自己标准合同的细节，而且每个特殊伙伴要求更改的条款也不尽相同。但公司初创阶段，管理还没有非常完善，并没有做好标注留档。初创企业人员流动很快，后续人员根本不知道之前发生过什么。这样当发生纠纷时，企业可能面临不能马上判断应该依据的条款，会非常被动。企业意识到这个问题，并做出了改善，对非标准的合约以及涉及的条款做了整理和标注。

8.2.2.2 一次性交易合约

有时企业会和某一渠道进行一次性的业务交易，此时该渠道并不是签约合作伙伴，除了此交易也没有打算长期和企业合作；或者渠道在某一交易中需要改变原来合约中规定的某些要求，比如交易路径改变（分销商直接卖给最终用户，经销商不直接销售给最终用户而需要增加一层中间商等），在这种情况下，都可以用一次性交易合约来实现。一般一次性交易合约会包含几乎所有正常渠道合约的内容，包括管理规范和遵从内容，但时效只是针对本次交易。

一次性交易合约通常是特例，是为了解决某一交易中，标准合约无法涵盖的条款或者实操需求，不得已而为之，建议企业应该谨慎使用。

8.2.2.3 特价单

特价单是针对特定项目的交易文件。针对某个特殊用户的某个特定项目，因为各种原因，企业愿意以低于通常约定的渠道价格的方式进行销售，从而以一个特价单的形式给到渠道。特价单中会包括所有交易细节，例如，客户名称、项目名称、产品类型、产品数量、具体各层渠道利润分配、最终用户价格，以及其他通用条款。因此，特价单的签署就意味着对合作伙伴转售产品做了限制，即特定用户、特定销售路径、特定价格。通常，企业会明确特价单产品不允许对项目之外的其他客户转售（避免扰乱市场价格），且企业保留后续审计的权力；针对违反特价约定，可追溯其价格差，并有可能依据约定对合作伙伴进行处罚。

因为特价单游离于标准的价格体系之外，是可能造成企业风险的高危领域，如果处理不好，可能引起对于渠道的不公平对待，例如，违反不正当竞争法，违反合作伙伴合约里的条款。特价单也可能引发腐败，例如，企业内部人员获得不正当的个人利益，企业通过渠道对客户行贿等，所以要高度警惕。

8.2.2.4 各种奖励计划

根据市场情况，为了激励渠道商制定并发布各种奖励计划。一般是由企业发出通知给到适用的渠道，通知中会写明此奖励计划适用对象、实现条件、统计时间、奖励内容，以及不可适用条款等。

奖励计划制定时，除了考虑对业务的影响，也需要从风险角度考虑渠道公平性，是否违反不正当竞争法，是否违反反垄断法以及其他法律法规等。奖励计划无论从制定还是最后发放，都是渠道高风险区域。

8.2.2.5 各种规定通知

作为渠道体系管理者，企业经常会发布一些渠道相关的通知，例如，涉及规则修改的通知、活动通知、产品相关通知等。管理者必须明确意识到，这些发出的正式通知文件，也是负有法律效力的，是对原合约的叠加。很多渠道管理者，在发布时非常随意草率，用词也不够严谨，或者没有留档，这些都可能给企业带来后续的风险。

8.2.2.6 订单

渠道发给企业的某一批商品或服务的采购订单，相当于单次采购的合同，属于交易文件，具有法律效力。一般会有两种类型：如果当初在渠道和企业的主合约里，对相关采购发货等内容已经有详细描述与约定，这时的订单可以相对简单；如果之前签署的合约对这部分描述不够，则订单需要比较详细。

◆ 例 3

关于合作伙伴合约，当双方谈妥所有条款，在签约的时候，也需防范风险。因为量大，很多渠道签约是网签或者邮寄合同签约完成的。曾经遇到过一套合约及附件，对方签回后，其中缺少最重要页面的情况。这在之后双方产生纠纷时，就会发生麻烦。所以，在和渠道签约最后一步，渠道后台人员需要对合约做最后的检查。

公司 A 因为与合作伙伴有境内和境外业务，所以合约有中文、英文两种版本。当合作伙伴境内境外业务都参与时，就需要签署两个合约。有时出于各种原因，企业会对合约内容做小的改动，但有时境内业务和境外业务两份合同修改并不同步（背后的原因很多，例如不同地区的法律原因造成合约也略有差异）。一次和渠道产生纠纷，公司A渠道部得到公司法务部的建议，应该按照合作伙伴协议中条款执行，但合作伙伴不同意。当双方律师团队坐在一起开会，对此问题进行讨论时，发现公司A的决定是根据境内交易的合约条款，而此项交易是发生在境外交货，合作伙伴的法务提出应该按境外交易的合约处理。这时发现两份合约针对这种情况的处理条款的确有差异，所以合作伙伴的解读是正确的。之后公司A对两种合同条款进行了统一。

本小节中提到的各类合作伙伴合约，包括合作伙伴协议、附件以及交易文件等，都应有标准化的模板格式，以方便管理；双方通过条款做好约定，为合作顺利避免纠纷打好基础。

8.2.3 交易过程中的管理

渠道和企业之间，经销商和分销商之间都会发生产品的交易，我们在这里主要关注渠道和企业之间的交易。交易过程中，渠道拿到企业提供的价格，包括正常的渠道折扣价，叠加适用的影响提货价格的奖励计划，也有可能是为某一项目给出的一次性特殊折扣。

一般来说，渠道正常折扣价格和奖励计划影响的折扣，对企业的风险不大，因为这些面对同一类渠道是公开的，具有平等性。但一次性特殊折扣往往是风险所在，就是在上一节提到的特价单，需要有特定流程加以规范。在操作层面，一般是由下至上提起申请，渠道在申请中需要明确最终用户的名称、项目名称、产品数量、产品规格、申请特价的原因，以及各级渠道在此单的利润分配。作为供应商企业，一般会根据产品成本、本项目的利润情况（或亏损情况）、产品数量、项目总销售额、客户端的历史价格情况、本项目的重要性及可能面临的竞争情况、渠道利润的合理性等作为审核依据。如果同意，会给出正式的最终报价。当渠道用此价格赢得项目后，可以作为下单的价格依据。

因为特殊价格折扣比正常渠道折扣深，一般会造成如下风险：由于渠道的公平性问题引发渠道冲突，甚至触犯合约或某些法规，例如，为什么给了这个渠道商特殊价格，而其他渠道商为什么不给？因为价格是针对特定客户特定项目，为什么要给低于市场价的折扣？是否涉及不正当竞争？是否涉及个人贿赂？由于价格低于市场价，还可能造成窜货，影响整个市场价格……其实，所有这些疑问都是正常的。企业在给出特殊价格之前，应该就以上疑问逐一分析作答，给出合理的解释，否则有可能遗漏隐藏的风险提示。

渠道商有了价格，就可以和订货单、货款一起给供应商企业，一般企业会审核渠道商资质，所有提交的文件是否符合要求，然后发货。这时是货权转移的时候。根据产品性质和企业业务性质，有些企业会在此刻检查发货用户是否在管制名单中，因为管制名单会随时更新。这一点我们在后续法律法规部分也会谈及，这对某些企业是非常大的风险点。

之后进入运输环节，如果是渠道自提，则此单交易告一段落。如果是企业或企业委托的物流公司送货，还要考虑运输环节的风险。比如进出口环节，运输时货物的安全性，易损商品的损耗等。

8.2.4 库存管理

企业如何根据市场预测，并结合渠道采购预测，对库存进行管理，属于供应链的问题，我们不在此进行讨论。我们讨论一下渠道库存的风险点。很多企业总是认为渠道提货后，货权已经属于渠道商了，和自己没有什么关系，根本对渠道库存不关心。其实不合理的渠道库存，会增大企业的风险，主要体现在如下几个方面：

有些合作伙伴合约有一定比例的退换货条款，渠道如果库存过大，会造成退换货。这时如果财务前期销售额认定过大，可能会造成财务销售额作假，引发财务风险。企业收回的货物，有时会有损坏，或者过了保质期，或者因为市场被新一代产品占据，收回的产品很难销售……这些都会造成企业成本或费用增加。

即使企业和渠道合约里约定不允许退换货，渠道库存也应该是渠道负责的业务范围，如果此渠道商有企业提供的账期授信，当渠道商库存过大时，就有可能引发渠道应收账款违约，变成坏账。或者其他票据无法议付，如 LC、商业承兑汇票、银行承兑汇票等，也会造成企业的财务风险。

渠道库存过大，可能引发渠道商为了快速清理库存，不遵守渠道约定行为准则，对产品做特殊处理（比如使用非原厂的配件），跨区销售，或者把某个客户的特价单货卖到市场上等等行为，引发其他风险。

库存停留时间过长，可能会影响产品给客户的体验。如保质期缩短、商品的售后原厂免费维修期缩短等（有些商品的原厂免费维护期是离厂日期 +N 天）。

渠道库存过大，有时也可能给企业在市场上带来舆论负面影响，对生态系统造成唯利是图、不负责的印象。我们经常会在各种媒体上看到这类的报道，某汽车企业经销商库存过大，还要求经销商继续囤货，引发抱怨等等。

无论是否有退换货条款的约定，库存管理都是高风险领域之一，因为这涉及财务的销售额认定和双方业绩管理。放任库存过大，有可能导致销售额作假等严重的财务风险。作为渠道管理者，绝对不要只销售给渠道就不再关注，维持渠道库存的合理性，也是渠道管理者的工作之一。

◆ 例 4

企业 A 产品采用的是分销商提货的模式，分销商提货后，需要定期向企业 A 报告产品的销售情况，其中包括了是否已经销售给二级经销商，二级经销商是否已经销售给最终用户。对于低端产品，A 用一套可以计算渠道库存周转水平的公式来管理渠道库存，如果某个分销商的库存超过了阈值，A 就停止继续向该分销商供货，直至该分销商的库存降到阈值以下。同时，A 会考虑调整这部分营收的财务记账。针对高端产品，企业 A 则追踪用户的安装报告，如果发货后超过规定时间不安装，也会调整这部分财务记账。在扣减公司业绩的同时，也会对相应的渠道以及企业 A 相关销售的销售业绩进行调整。从制度上规避了压货的行为，通过严格的管理，避免由于库存过高引起的渠道风险。

8.2.5 财务相关管理（奖励计划设计、执行、奖金发放、应收账款等）

涉及金钱的领域，往往是高风险区域。

在奖励计划的设计方面出现问题的原因很多，或者因为设计者考虑不周，或者因为对市场把握不好，对渠道情况和需求预测不准确；或者因为奖励计划制定者有私心，使得发布的奖励计划付出了企业大量的财力物力，不但起不到正向激励的效果，还有可能被渠道投诉有不公平对待，从而对渠道体系造成负面影响；或者因为设计不严密，发布的字面描述有歧义或不能完全表达奖励计划设计初衷，但发布后又必须执行议付，从而超出预算，或不能达到预期的激励目的；或者因为没有考虑奖励计划的可行性，计算、发放奖励的难度，使得奖励计划最终无法兑付，从而被渠道投诉。

在奖金发放环节，奖金计算错误，会造成渠道冲突；如果企业某个个人权力过大，则可能利用故意拖延或取消奖励发放，为个人谋取私利，从而增加了企业的风险。由于奖金是渠道满足某种条件时，企业给予渠道商的奖励，奖励可能是以很多种形式存在的。渠道商内部在对这些奖励进行处理时，如果经办人处理不当，则会引发渠道商的内部风险。如果企业在设计、执行和发放时不做好充足的自我保护，则可能牵连到企业自身，成为企业的风险点。

◆ 例5

公司 A 在中国的业务主要为香港交货的境外交易，渠道付款是在境外的美元，所有奖励计划的奖金，是用美元的形式发放到渠道商境外的账户，收境外的发票（Invoice）。一个非常重要的分销商 Z，每年与公司 A 有很大的交易量，因此也获得很多的奖金。Z 本身是国企公司，在一次国企审计中，发现这个企业对于公司 A 的奖金返点的使用不规范，特别是涉及公司高管的个人利益，从而对这家公司进行了整顿，对相关人员进行了非常严重的处罚。在审计过程中，审计组也对公司 A 进行了问询。因为公司 A 的奖励计划设计和发放流程严密，对所有渠道商一视同仁，所以审计结果没有发现公司 A 有问题（比如对个人的行贿以换取业务），避免了企业的风险。但之后，公司 A 还是自查了自身的奖励计划设计和发放流程，并对之加以改进，比如对于渠道接收奖金的账户加以约定，加入了保护自身的更多条款。

在应收账款方面，企业出于各种原因，在提货一刻，给予渠道商部分账期，从而形成应收账款。在形成应收账款时，需要对渠道商的信用等级、近期财务状况进行考察；如果是针对某个项目发放的，需要对此项目的具体情况，最终用户的具体情况，渠道商和客户的合约中的收款条款等多方面进行考察，谨慎评估，才能发放；还可以引入保险公司，对此做担保。在应收账款还未到还款时间时，也需对各笔应收账款进行监控，如果有风险，尽早预警采取行动。

8.2.6 合规管理

在合规管理的过程中，也可能发生风险。合规管理的目的是基于企业风险，评估、建立完整的合规体系，包括但不限于合规制度建立，合规咨询，法律法规执行以及合规审查、检测，并自上而下建立合规文化等。比如在项目审计时，对于特价单，需要了解各层渠道的最终成交价，客户采购价是否和申请特价时的描述一致，但有些合作伙伴和最终用户的合同里是有保密条款的，如果企业看了有保密条款的渠道和客户之间的合同，可能引发风险。比如审计过程中，企业如果在证据不充分的情况下就进行了裁决，也可能引发渠道的反弹，甚至法律纠纷。在合规审查管理中，应尽可能了解交易的背景、细节、高风险因素，与各方深度沟通，了解全面情况，避免以偏概全，才能正确评估真实的合规情况。

◆ 例6

公司 A 在审计过程中，发现一家分销商 X 在申请了某个用户 H 的特价单并提货后，产品外流到市场上。于是公司 A 认定公司 X 有欺骗行为，并有违规获利。经过多方沟通，公司 X 认为自己是经过一家经销商卖给这个公司 H 的，本身对后面的销售环节不知情，自身并没有不当获利。但最终公司 A 坚持自己的审查结果，并对公司 X 进行处罚，要求公司 X 归还此项目特价折扣和渠道正常折扣之间的差价。公司 X 不同意。因为公司 X 和公司 A 有长期生意往来，有很多奖金公司 A 还未发放给公司 X，于是公司 A 就决定直接用奖金冲抵了这笔需要收回的差价。公司 X 多次申诉无果，直接走到了诉讼，经过三年的过程，最后胜诉。公司 A 需要支付公司 X 这笔奖金。

8.3 如何规避渠道风险

本节从三个方面讨论企业如何规避渠道风险，包括法律法规的及时更新及严格遵守，识别企业与渠道相关的风险点，和构建企业防范渠道风险的体系。

8.3.1 法律法规的及时更新及严格遵守

企业的经营活动处在法律法规的环境下，这些法律法规也会对渠道造成影响。同时，这些法律法规并非静态的，而是不断变化的。对于渠道管理有影响的法律法规非常多种多样，渠道管理者一般不会是法律专业人士，往往不会对法律细节非常了解，这就需要与具有专业知识的法律专家合作，处理渠道的相关法律问题，规避因此引起的风险。尽管法律问题非常复杂多变，渠道管理者还是需要对与渠道业务相关的一些立法有一定的了解，熟悉与渠道业务相关的基本法律问题。这样可以与法律专家有效沟通，规避渠道中重大的法律法规风险。

在国内的企业，除了日常经营要遵守的法律法规，还有如下法律，渠道管理工作时要特别注意：

《中华人民共和国反腐败法》：这部法律是为促进国家廉政建设，保障国家工作人员职务廉洁性，扭转公共权力滥用的局面，进而预防腐败，遏制腐败，消除腐败，保障个人、集体、国家的权益不受侵犯，保障社会主义建设的顺利进行而制定的。此法律指的腐败是指公务部门及公职人员的腐败，包括但不限于各级党政机关、财务拨款的事业单位、国有企业及其工作人员。

在中国，大量企业是有国有资产，国资比例可能不同，但都有可能触及此法律。他们可能是企业产品的最终用户，也可能是合作伙伴。这部法律涉及采购腐败、用人腐败、资源性腐败等，还有反对浪费。

◆ 例 7

在反腐败法出台之前，公司 A 每年都会有一个大中华区合作伙伴的重要活动，是对上一年表现出色的合作伙伴的一个奖励。一般都会安排在境外风景优美或者历史古迹众多的地方，接待标准也非常高。在这个会上，大中华区重要合作伙伴共聚一堂，回顾公司 A 前一年的经营情况，来年的主要目标，以及希望合作伙伴配合的领域；合作伙伴也会介绍他们的出色解决方案。但几天的行程中，除了会议，也会有很多娱乐、高档餐厅消费等。反腐败法出台后，考虑到合作伙伴中很多有国企背景或国有股份，非常容易触及此法律，同时很多合作伙伴也因此法律的出台，不希望参加公司 A 的这个活动，后来这项活动就取消了。不仅如此，即使在国内的会议，公司 A 也要求不得在度假酒店举行，礼品不能超过一定价值，会议过程中，不安排任何娱乐活动。

《中华人民共和国反不正当竞争法》：这部法律是为了促进社会主义市场经济健康发展，鼓励和保护公平竞争，制止不正当竞争行为，保护经营者和消费者的合法权益而制定的。经营者在生产经营活动中，应当遵循自愿、平等、公平、诚信的原则，遵守法律和商业道德。本法所称的不正当竞争行为，是指经营者在生产经营活动中，违反本法规定，扰乱市场竞争秩序，损害其他经营者或者消费者的合法权益的行为。

这部法律和企业的经营行为密切相关，涉及渠道管理很多环节。渠道管理者需要对此法律有所了解。比如，此法律涉及日常商业行为之中的行贿问题，涉及虚假宣传问题，涉及商业秘密问题，涉及有奖销售问题等，都会在渠道管理日常工作中碰到。

反不正当竞争法第二章对不正当竞争行为有明确描述，与渠道管理相关的主要为以下条款：

第七条 经营者不得采用财物或者其他手段贿赂下列单位或者个人，以谋取交易机会或者竞争优势：
（一）交易相对方的工作人员；
（二）受交易相对方委托办理相关事务的单位或者个人；
（三）利用职权或者影响力影响交易的单位或者个人。

经营者在交易活动中，可以以明示方式向交易相对方支付折扣，或者向中间人支付佣金。经营者向交易相对方支付折扣、向中间人支付佣金的，应当如实入账。接受折扣、佣金的经营者也应当如实入账。

经营者的工作人员进行贿赂的，应当认定为经营者的行为；但是，经营者有证据证明该工作人员的行为与为经营者谋取交易机会或者竞争优势无关的除外。

第八条 经营者不得对其商品的性能、功能、质量、销售状况、用户评价、曾获荣誉等作虚假或者引人误解的商业宣传，欺骗、误导消费者。

经营者不得通过组织虚假交易等方式，帮助其他经营者进行虚假或者引人误解的商业宣传。

第九条 经营者不得实施下列侵犯商业秘密的行为：
（一）以盗窃、贿赂、欺诈、胁迫、电子侵入或者其他不正当手段获取权利人的商业秘密；
（二）披露、使用或者允许他人使用以前项手段获取的权利人的商业秘密；
（三）违反保密义务或者违反权利人有关保守商业秘密的要求，披露、使用或者允许他人使用其所掌握的商业秘密；
（四）教唆、引诱、帮助他人违反保密义务或者违反权利人有关保守商业秘密的要求，获取、披露、使用或者允许他人使用权利人的商业秘密。

经营者以外的其他自然人、法人和非法人组织实施前款所列违法行为的，视为侵犯商业秘密。

第三人明知或者应知商业秘密权利人的员工、前员工或者其他单位、个人实施本条第一款所列违法行为，仍获取、披露、使用或者允许他人使用该商业秘密的，视为侵犯商业秘密。

本法所称的商业秘密，是指不为公众所知悉、具有商业价值并经权利人采取相应保密措施的技术信息、经营信息等商业信息。

第十条 经营者进行有奖销售不得存在下列情形：

（一）所设奖的种类、兑奖条件、奖金金额或者奖品等有奖销售信息不明确，影响兑奖；

（二）采用谎称有奖或者故意让内定人员中奖的欺骗方式进行有奖销售；

（三）抽奖式的有奖销售，最高奖的金额超过五万元。

第十一条 经营者不得编造、传播虚假信息或者误导性信息，损害竞争对手的商业信誉、商品声誉。

渠道的奖励计划，在设计和执行时，需要关注是否违反第十条。

◆ 例8

合作伙伴在为某一项目申请特殊价格时，需要提供项目背景信息。在背景描述时，合作伙伴往往提及项目竞争的激烈性，或者项目客户端的预算。此时要特别小心，因为这都可能涉及反不正当竞争法的第九条。在某公司，对这些要求非常严格。曾经有多位高层领导，因为不能及时制止合作伙伴的不当行为，甚至在竞标过程中，企图参考不该了解的信息，最终离职。

《中华人民共和国反垄断法》是为预防和制止垄断行为，保护市场公平竞争，提高经济运行效率，维护消费者利益和社会公共利益，促进社会主义市场经济健康发展而制定的法律。垄断行为包括：经营者达成垄断协议；经营者滥用市场支配地位；具有或者可能具有排除、限制竞争效果的经营者集中。

在渠道管理中很多方面可能触及此法律内容。

第二章 垄断协议

禁止具有竞争关系的经营者达成下列垄断协议：

（一）固定或者变更商品价格；

（二）限制商品的生产数量或者销售数量；

（三）分割销售市场或者原材料采购市场；

（四）限制购买新技术、新设备或者限制开发新技术、新产品；

（五）联合抵制交易；

（六）国务院反垄断执法机构认定的其他垄断协议。

本法所称垄断协议，是指排除、限制竞争的协议、决定或者其他协同行为。

禁止经营者与交易相对人达成下列垄断协议：

（一）固定向第三人转售商品的价格；

（二）限定向第三人转售商品的最低价格；

（三）国务院反垄断执法机构认定的其他垄断协议。

第三章 滥用市场支配地位

禁止具有市场支配地位的经营者从事下列滥用市场支配地位的行为：

（一）以不公平的高价销售商品或者以不公平的低价购买商品；

（二）没有正当理由，以低于成本的价格销售商品；

（三）没有正当理由，拒绝与交易相对人进行交易；

（四）没有正当理由，限定交易相对人只能与其进行交易或者只能与其指定的经营者进行交易；

（五）没有正当理由搭售商品，或者在交易时附加其他不合理的交易条件；

（六）没有正当理由，对条件相同的交易相对人在交易价格等交易条件上实行差别待遇；

（七）国务院反垄断执法机构认定的其他滥用市场支配地位的行为。

可以看到，渠道管理者或多或少，在实际工作中会涉及本法律的多项内容。

反垄断法在第四十六条、第四十七条也明确了：

经营者违反本法规定，达成并实施垄断协议的，由反垄断执法机构责令停止违法行为，没收违法所得，并处上一年度销售额百分之一以上百分之十以下的罚款；尚未实施所达成的垄断协议的，可以处五十万元以下的罚款。

经营者违反本法规定，滥用市场支配地位的，由反垄断执法机构责令停止违法行为，没收违法所得，并处上一年度销售额百分之一以上百分之十以下的罚款。

可见，一旦被认定违法，企业会付出多么大的代价。

企业采用渠道的模式经营时，会涉及多种法律法规，在此只着重介绍了上述三种。当企业的业务涉及境外，则企业本身资本构成、上游供应链，或者最终用户，都可能涉及境外的法律法规。特别是很多国家涉及长臂管辖，大家认为是千里之外的法律法规，其实也会对中国企业造成影响，形成风险。在此我们主要介绍几个关系比较密切的法律法规。

《美国海外反腐败法》（Foreign Corrupt Practices Act，简称 FCPA）：该法律禁止美国公司向外国政府公职人员行贿，是目前管制美国企业对外行贿最主要的法律。《美国海外反腐败法》禁止通过中介机构行贿。在知道全部或部分款项将直接或间接地支付给外国官员的情况下，付款给第三方的行为非法。"知道"包括故意无视或者蓄意漠视。中介机构包括合资合伙人或代理商。为避免被追究第三方行贿，美国公司被鼓励进行尽职调查并采取一切必要措施以确保它们与合作伙伴和代理方形成良好的业务关系。

此处一定要了解，企业如果通过渠道进行行贿行为，是不能免责的，除非能够证明采取了足够的规避行动。

欧洲也有与此类似的法律法规，渠道管理中也要注意。

《美国出口管制条例 EAR》：美国政府对敏感设备、软件和技术的出口进行管制，以促进国家安全利益和外交政策目标。美国商务部、美国财政部、美国国务院都颁布了相关的要求。其中涉及多项法律法规，细节繁复，而且管控持续升级。近年随着中美贸易摩擦越演越烈，越来越多的中国企业受到此类出口管制的影响。比如已经有多家企业被列入实体名单 Entity List（对这些实体名单的出口需要美国政府的出口许可证，而对于绝大多数的清单实体，商务部工业安全局 BIS 在审查出口许可证申请时，都会采取"推定拒绝"的许可审查政策）；拒绝人员名单 Denied Persons List（这些人员名单不得以任何方式直接或间接参与涉及从美国出口或将从美国出口受 EAR 约束的任何商品、软件或技术的任何交易或受 EAR 约束的任何其他活动等）；未经核实名单 Unverified List（当出现清单人员参与的交易时，商务部工业安全局 BIS 会重点进行检查，对不需要许可证的物项也需要事先获得所有交易方的最终用途和最终用户申明）。这些企业业务或多或少都被影响，还有的企业被处以巨额罚款/罚金。

涉及境外法律法规很多，实际工作中以上两种是经常碰到的。但涉外法律更为复杂，一般渠道管理者很难掌握。如果业务有需要，一定要咨询法务人员，如果本企业法务人员知识不够，可以寻求外部专业人士的帮助。

8.3.2 识别企业与渠道相关的风险点

在前面的章节，我们已经讨论了渠道风险可能发生的领域，以及可能涉及的法律法规。

渠道体系相对企业而言，是个相对独立的生态环境，因此，在渠道构建初期以及渠道管理的过程中，渠道管理者需要定期审视本企业渠道体系可能的风险，同时划分风险等级；对所有风险点，都应该制定相应的适当的防控措施，例如，消除，降低影响，或是提前预警，并督促相关人员严格遵守执行；要定期对风险点进行重新评估，随着企业业务的改变或法律法规的更新，经营环境的改变，有些风险可能从高风险降为较低风险，也有可能新增风险点。这个工作是个不断改进的过程。

◆ 例9

某企业在成立之初，就进行了可能的风险点识别，并对企业上下进行了培训，其中涉及渠道风险（表8-1）。据此，各部门对本部门可能涉及风险点的业务点进行梳理，制定相应流程，对风险点进行控制。

8.3.3 构建企业防范渠道风险的体系

企业首先应从制度上规避风险，例如，流程的合理化设立以避免利益冲突，避免个人权力过大，而又没有监督机制引发的风险；通过信息化和数字化系统管理业务，确保流程的执行，业务可追溯；设立规章制度，制定业务行为准则；通过培训增强员工和合作伙伴的风险合规意识；鼓励员工对自己拿捏不准的"可能风险"提出咨询等。企业应理解人都会犯错，无论是个人决策错误，还是执行层面的差错，比如弄错了数字。其中有些将对业务产生或大或小的负面影响。规避风险无法避免个人的无心犯错，但却可以通过流程体系清除或减小偏差，因此，企业应着力构建风险防范体系，让企业更健康地发展。

表8-1 企业的风险培训

《企业业务行为准则》为解决各类法律和道德问题提供总体指导			
在办公室内	安全高效的工作环境 公司资产和信息保护 利益冲突 记录和报告	在商场上	礼物和娱乐 与政府部门的关系 与合作伙伴共事 对竞争对手的业务接触

8.3.3.1 流程制定并严格遵守

企业在成立之初，就会建立流程。流程对于企业正规运行非常重要，它使工作变得简单流畅，减少因个人判断偏差和失误造成企业的损失和风险，对保护企业和员工个人都非常重要。

在识别并评估了企业渠道体系相关的风险点以及风险等级后，需要针对各个风险点采取合适程度的管控措施。相关子流程制定是最常见的方法。有些企业总是寄希望于最高管理者的智慧、能力、品质等，期待其可以在所有问题上做出最适当的决定。其实这根本就是不现实的。姑且不论这样完美的管理者是否存在，就算存在，所有问题都等他来决定，企业的效率就会受到极大的影响。现代企业管理，更有效的方法是不同的问题听取各自领域专家的意见，同时有监控机制，不同级别的问题在相应级别决策。流程的设计，就是预先对某一风险点评估后制定的，包括需要提供意见的各个部门，需要审批的不同层次，先后顺序，审批标准等。因为流程是预先客观研究后制定的，这就避免了事情发生时的个人因素影响，也就是规避了这一类的风险。有些人觉得，流程会使得效率降低，而个人决定更快速。在实际工作中，往往相反。如果没有提前的规划，每个问题出现时，大家不知如何处理，只能找领导，经常见到领导办公室前排满了等待决策的人。但如果流程设置不合理，的确会降低效率。所有流程设定时，应该充分考虑风险因素，充分讨论后建立有效的流程，既不能为了规避责任，盲目增加过多审批点，也不能为了简化流程，造成风险点遗漏。

◆ 例 10

作为企业的渠道管理者，其目标是使流程在业务效率和风险管控之间找到平衡。有些企业可能走到另外一个极端，即一味增加流程的管控，造成流程冗余复杂，每件事不论风险大小，要求多级审批，似乎只要所有的人都在流程里面，风险就不会发生。但在实际业务中，往往适得其反。

例如，某企业有四位经理对一份给渠道的报价单做了审批，流程的最后环节是行政人员需要对报价单盖章发出，这时，行政人员发现销售在提交报价单的申请中，忘记了价格附件。

在实际业务中，并非审核的人越多就越没有问题。很多审批者都不理解为什么需要他（她）批，需要他（她）审核把关的关注点在哪里。因此，在流程建立之初，除了知会审批者存在新的流程，还应该告知审批者新增风控点的原因。否则，有可能会出现来了就批，看也不看的情况。这时候，除了审批者的责任心之外，企业也应审视其流程是否过度冗余。

因此，我们说企业渠道管理不能没有流程，制定流程是提高效率、控制风险的第一步。在制度上，应在执行层面做切割，避免利益冲突。

流程的定期更新——流程制定后，还需要定期检查流程是否可以及时发现漏洞，规避风险。企业的风险点会随着业务的改变，经营环境的变化等因素而发生变化。所以需要定期检查流程，是否适应新的情况。如果某些风险点已经消失或风险等级降低了，就要考虑是否废止旧的流程，或优化流程。

检验流程的有效性——企业建立自查机制，发现问题，解决问题。比如可以定期评估渠道高中低风险点，选择相应的子流程，进行自检。自检方法可以是在确定需要检查哪些流程后，针对过去一段时间内使用此流程的事件进行抽样，既可以检验流程是否真实有效地规避了风险，也可以评估预先设定的检查点是否可能被避开，同时还可以评估流程执行情况。

企业在自查抽样时，可以设立一些必查项，或根据风险等级的高低，选择抽样的比例。例如与资金发放相关的，包括奖金的发放，市场基金的发放等……以及之前梳理出的高风险点，例如，所有特批，包括特价、非标合同、特批路径等。这样，员工和合作伙伴在启动相关特批时，就有意识地自问申请的合理性，同时有意识地留存文档证明等。

◆ 例11

（一）合资公司成立之后一年，渠道部进行的内部自查

通过梳理，确定渠道部门高风险流程有四个，包括渠道奖励政策制定流程、渠道招募管理流程、增值渠道奖励政策制定流程和奖励计划发放流程。对不同的流程，识别出风险点及控制点（表8-2）。

（二）关键控制点测试结果、测试样本量、合格样本量、不合格样本量

对不同流程进行测试采样，通过对样本执行过程审核，检查是否有缺陷。

（三）遵从性测试所发现的问题，原因分析

此次渠道销售部遵从性测试不合格样本量为0，渠道销售部在流程执行时要求严格遵守流程，关注风险点控制。

表8-2 部门高风险流程清单及关键控制点

序号	流程名称	风险点	关键控制点（编号及描述）
1	渠道奖励政策制定流程	制定奖励计划与实际业务不匹配，将导致预算超支或者达不到激励作用	财务、律师、合规、渠道等相关部门对奖励计划进行综合分析；根据分析结果，对奖励计划发布进行最终决策。在财务官批准的范围内，奖励计划执行。避免法律诉讼
2	渠道招募管理流程	未对申请内容的有效性、完整性、影响性进行评估，会给公司带来一定的法律风险和经济损失风险	合规等相关部门对申请进行综合分析；根据分析结果，对招募申请进行最终决策
3	增值渠道奖励政策制定流程	制定增值渠道奖励计划与实际业务不匹配，将导致预算超支或者达不到激励作用	财务、律师、合规、渠道等相关部门对奖励计划进行综合分析；根据分析结果，对奖励计划发布进行最终决策。在财务官批准的范围内，奖励计划执行。避免法律诉讼
4	渠道奖励发放流程	渠道发放的奖励金额是否按照奖励政策执行，如不按照数额统计则会给公司带来损失	控制奖金金额在预算范围内

（四）内部控制评价结论

经评价，渠道销售部（流程模块）遵从性测试梳理四个流程，不存在缺陷（表8-3）。

（五）内部控制评价存在的问题及建议

未出现直接的流程遵从错误，但通过自查，发现两个潜在的风险点，并采取如下手段进行改进。

①对于隐含的风险问题，如流程数据的保存和归档问题，系统的数据的准确性问题，会从新的系统设计上着力解决这些问题，改变个人信息存储的孤点问题，进行有效的归档整理和及时存储，避免因个体人员职责岗位变动造成的组织数据丢失。

②对于系统出具的数据准确性问题，增加人工复核和比对机制，确保每一个业务数据都

表8-3 关键控制点测试结果

测试样本量	执行有效性 测试样本编号	合格样本量	不合格样本量	是否存在控制缺陷	缺陷描述	建议的改进措施
1	2016年XXX分销商销售奖励计划	1	0	否	无	无
18	1.XXXX有限公司 2. 广州XX技术有限公司 3. 深圳市XX技术有限公司 4. 贵州XXXX科技有限责任公司 5. 沈阳XX科技有限公司 6. 福州XX有限公司 7. 苏州XX有限公司 8. 哈尔滨XX有限公司 9.XXXXX有限公司 10. 郑州XXX科技有限公司 11. 山东XXX有限公 12. 甘肃XX有限公司 13. 重庆XX有限公司 14. 上海XXXX信息技术有限公司 15.XXXX（天津）信息技术有限公司 16. 北京XXXX科技有限公司 17.XXXX商贸（上海）有限公司 18.XXXX（中国）有限公司	18	0	否	无	无
1	XXXX增值渠道奖励计划	1	0	否	无	无
1	2016年分销商销售奖励计划第一期和第二期的奖金发放	1	0	否	无	无

是准确无争议的。

8.3.3.2 培训和教育

企业渠道体系风险涉及法律法规、财务准则、企业管理等多个方面，风险管控具有一定专业性。但企业风险体系的建立，有效运行，绝不是专家可以完成的，需要整个渠道体系共同努力，包括渠道管理者和渠道成员。因为具有专业性，有时大家不知道某些行为可能造成风险，这就需要有系统的相关培训和教育。因此，需要让相关人员知道风险所在，知道什么是对的什么是错的，这是构建风控体系非常重要的一步。

首先需要根据梳理的风险点设计培训内容，一般包括对内培训和对外培训两部分。对外培训着重在普及法律法规相关的知识，包括行为准则等。对内培训除了有对外培训的内容，还需要增加和管理相关的内容。这时可以寻找企业内部专业人士参与，并作为讲师。同时合作伙伴经历过长期的培训也会产生一些相关专家，他们可以继续完成合作伙伴内部的培训工作。

培训需要定期不定期进行。可以结合其他渠道培训一起进行。当有新的风控政策实施时，也可以单独进行。

◆ 例12

某企业针对自查、审计和投诉中出现的违规行为，编写了生动的案例，对员工进行实例讲解，大大提高了员工对风险和违规行为的理解，明确了哪些是不可以做的行为，同时以案例为背景，向员工阐述了正确的回应方式。

新员工入职，必须进行企业规章制度的培训，使员工从一开始就知道红线的位置。合作伙伴签署后的欢迎仪式上，也可以包含合作管理规范的培训等。

培训过程中需要注意参加培训人员情况，最好有签字留档。在企业内部除了培训，往往会有考试、认证，确保员工完全了解公司风险控制方面的要求。之后如果出现相关问题时，这些都是对企业本身的一个保护，是企业风险控制体系的构成部分。

企业在培训中，以及在日常工作时，应强调并鼓励员工提出对于风险的疑问。有时一线员工不确定某个业务行为是否合规，这时企业应确保他（她）有足够的途径向企业反映，例如，向经理咨询，向合规部门咨询，向企业的高级管理层咨询等。企业也应定期摸底，尽早发现潜在的问题。

◆ 例13

财务的准确性对企业尤其是上市企业非常重要。公司A的CFO和风控人员在季度末，会组织企业的管理者及经理层，确认本季度中本部门是否存在潜在的财务风险，鼓励管理者和经理进行排摸。确认分书面和口头两步。渠道部按企业要求的模板和标准问题，在每季度末由渠道管理者和经理逐一书面确认，并对潜在风险进行描述。或者，CFO和风控人员组织会议，管理者和经理依次确认。

对于汇报上来的渠道相关的潜在风险，CFO 和风控人员可以审视处理。通常这时反馈的问题，都是比较早期的潜在问题，而早发现早处理有预案，让企业避免爆发更大的问题，是好的处理方式。

8.3.3.3 风险的沟通

企业的渠道风险控制，一般都是在企业整体风险管控体系之内的。作为渠道管理者，需要起到非常重要的沟通桥梁作用。

（1）在企业内部

① 风险控制体系设计时，企业的风控负责人一般对渠道业务并不熟悉，制定的风控措施不一定最为合理，如果渠道管理者对风险控制有足够的了解，可以更好地与专业人士沟通，尽量让对方了解渠道业务，以及某些举措对于业务的影响，这对于渠道相关的风险控制方法的制定，有非常大的好处。

② 风险的沟通，可以是自上而下的；可以是同级同事之间和管理层之间的沟通，也可以是自下而上的汇报沟通，这些都是沟通。风险往往是短板效应，破坏力大，所以，无论何时，只要有疑问和预判的潜在危险因素，企业都应鼓励员工拿出来评估和讨论，千万不要认为这只是风控部门的事情。销售人员和运营部门的员工力量也是不可小觑的。

（2）在企业外部

在具体管控措施实施中，因为风险控制负责人和渠道伙伴对很多问题的认知不同，而企业对待渠道伙伴也不能像对待内部员工一样可以硬性要求，所以如何使得大家有共同的风险认知，当出现问题时，如何保持顺畅的沟通渠道，对于风险的控制及业务的正常进行都是非常重要的。这也是负责渠道的人员的重要工作之一。

8.3.3.4 审计

在风险管控设定之后，也需要经常对之进行审计，确保它的有效性，以及发现执行过程中的问题。首先是渠道部门的自查、自纠，但往往自己检查自己会有一定的局限性或盲点，因为毕竟是自己设计和自己部门在执行的。所以很多时候可以借用外部力量的检查。比如公司级别对渠道部门的审计，也可以是外部第三方的审计。

审计工作一般有两种。一种是一段时间的例行审计，由企业审计部门定期对不同部门进行审计，比如对渠道部门的审计。

◆ 例 14

企业的审计部门，具有一定的专业性和独立性，相当于做一次细密的体检筛查，可以帮助渠道部门发现业务人员忽视的风险，检查流程的健全性，和执行层面有没有系统性的疏漏。

例如，审计人员首先要求全部的流程提交，并要求对流程逐一解释。之后，再选择样本，核实实际的执行情况。审计人员会对疑点深入调查，业务部门则需要从业务角度提交补充材料并解释。如果确认是被忽视的风险，则会要求部门整改。在存在多个风险或者严重风险的情况下，部门会被认定审计不合格，而且部门管理者需要承担责任。

因此，审计具有一定的威慑作用，会令部门管理者和团队更重视风险的管控，同时，通过被审计的经历，部门管理者和团队会掌握很多风险方面的新知识。

有时即使审计合格，审计人员也会提出一些整改的要求，并在后续规定的时间内，要求汇报整改的行动进展。通过这样的闭环管理，对提升部门的风险管理能力很有帮助。

企业也会对某一行为统一进行审计，比如对报销审计，对一段时间的市场活动进行审计等。这些都有可能涉及渠道体系。

另一种审计工作是企业已经发现某些风险的苗头了，比如接到来自企业内部或外部的举报；比如外部机构需要企业本身协助调查，可能是最终用户被调查，而需要原厂或供应链配合；或者企业的风险控制部门，从各种途径发现某个合作伙伴可能涉及违规或违法……总之，这类审计是有针对性的，甚至往往带着已有的一些证据。

审计也是一项专业的工作，在此就不深入探讨关于审计的方法流程了。在审计过程中，渠道管理部门需要积极配合。因为渠道审计比较复杂，涉及企业渠道管理部门，也会涉及企业外部合作伙伴。合作伙伴都是独立的个体，审计往往需要其提供资料，并对当事人进行问询等，合作伙伴对审计的配合程度会非常不可控。在这个过程中，渠道部门的沟通作用非常重要。对外需要让合作伙伴公司了解此次审计的必要性，以及可能的后果；对内也需要帮助渠道伙伴向审计人员进行一定的解释工作。特别是发现审计人员对于某些调查的结论可能有偏差时，需要承担起业务相关的解释的工作，帮助审计人员了解实际状况，或者让合作伙伴提供进一步的资料，不要片面草率得出结论。

审计之后，可能会发现自身被忽视的风险点，或者风险管控过程中执行层面的一些疏漏。渠道管理部门需要及时研究，会同相关部门或渠道伙伴进行相应的改进。如果有严重的违规问题发现，需要在高层进行沟通，做出最后处罚决定。有些处罚非常严重，在实施过程中也是非常困难的，特别是对于合作伙伴的处罚，这对渠道管理者也是极大的考验。

  总之，相对独立的定期审计是帮助企业渠道管理者看清自身、发现盲点的有效方法，应以积极的态度去面对，因为它可以帮助企业渠道体系抛弃"疾病"，更加健康地成长。

  渠道体系的外部环境常常发生变化，有些是机遇，有些则是危机；渠道体系在运营过程中的任何决策，也都会带有一定的风险，而不同的企业承受风险的能力有所不同，忽视风险轻则造成企业资源的浪费和损失，重则直接导致企业的夭折。因而，渠道进行风险管控的目的，就是要将对整个渠道体系带来的伤害、损害或损失的可能降到最小，保证渠道体系正常持续地运行，从而提高渠道体系的效益。

第 9 章

渠道绩效评估

通过本章内容，读者可以：

——了解渠道绩效评估的范围与过程

——了解对渠道体系的评估

——了解对渠道成员个体的评估

——了解企业对渠道部门的考核

——了解评估后，如何提出纠正改进措施

——了解企业如何应对渠道评估发现的重大问题

前几章讨论了渠道管理各个方面的工作内容，企业通过渠道构建、渠道成员招募、渠道市场活动、渠道赋能以及渠道激励、渠道冲突管理等环节，完成了渠道体系的搭建并进行渠道管理，其目的都是为了实现企业的渠道目标，进而实现企业的整体市场营销目标。渠道体系经过一段时间的运作，需要对其效率和效果进行评估。而企业建立渠道绩效评估体系，就能更好地衡量渠道的效率和效果，并通过绩效评估，掌握渠道体系当前的运行状态，对比预期的情况，检查支持资源，同时企业也能对未来一段时间的业务发展趋势有所预判，做好资源的准备。如果评估后发现某些方面有差距，需要针对此问题提出整改意见，可能是针对某些渠道个体成员的改进建议，可能是需要调整渠道结构，改变渠道成员构成，也可能需要改变某些管理过程。渠道绩效评估是渠道管理的重要环节，对业务的发展非常重要。

9.1 渠道绩效评估的范围与过程

9.1.1 渠道绩效评估的含义

当企业通过渠道实现销售时，渠道的绩效直接影响到企业最终的绩效。就像企业定期会对自己的员工进行评估一样，需要对渠道进行定期评估。只不过是从对企业内部的人员评估，扩展到企业外部的组织评估。我们在此处讨论的是从企业的视角，对渠道体系或渠道成员进行的评估。另一个角度是更宏观的，跳出企业生态体系的评估，比如业界对于某一家企业渠道生态的评估，比如第三方机构对于各企业渠道生态的评估。在本书我们探讨第一种视角的渠道绩效评估。

在管理学角度，我们经常谈到的绩效评估是针对内部员工的，而渠道绩效评估涉及企业外部，所以难度会增大。

9.1.2 影响进行渠道评估的因素

进行渠道绩效评估，对企业渠道管理有很大帮助，但也是有难度、需要投入的，如下因素会对企业进行渠道绩效评估产生影响：

(1) 渠道对于企业的重要性

如果一个企业的业务大量依赖渠道的途径，这种情况下，渠道体系的成败就直接影响企业的成败。在此时，企业应该花费较大的精力进行渠道绩效评估，同时频度也会比较高。如果一个企业更多依赖直销的方式完成产品的销售，渠道业务比例很小，那么企业进行渠道评估的动力就没有那么高，迫切性就没有那么强，自然频度和力度都不会那么大。

◆ 例 1

某个轮胎企业生产的轮胎，95% 都是直接销售给各个汽车制造企业，或者通过汽车企业的 4S 店提供给市场。但也有不到 5% 的比例通过授权经销商进行销售。此企业的渠道业务，对企业整体营销的影响就没有那么大。对于渠道绩效评估的频次，一年一次就可以了。

但假如其轮胎销售，大量是透过渠道完成的，其渠道体系的成功与否对企业的影响就很大了，渠道体系评估的次数，可能就会改成季度或月度，评估的范围也会更大。

(2) 企业产品的特性

企业产品越复杂，技术含量越高，渠道评估需要涉及的面就越广，企业为进行渠道绩效评估而进行的投入也会较大。如果产品非常简单，可能只要看销售数据，就能完成渠道的评估。

◆ 例 2

IT 行业因为产品技术含量高，对渠道的技能要求也高，一般渠道绩效评估除了销售额，还涉及渠道技术水平的评估，比如技术人员数量、水平如何，渠道的测试中心有多少等等。但如果一个糖果企业的渠道评估，可能更注重绩效，库存管理等，多数评估需要的数据直接从企业系统就可以获得，评估过程相对简单。

(3) 企业与渠道的关系

进行渠道绩效评估，是需要大量的多方面的数据支持的，有些数据可以从企业的管理系统直接获得，更多的数据需要合作伙伴提供。例如，企业销售给渠道伙伴的销售额、产品种类、数量等，企业自身就存在记录；但渠道销售出去的销售额、客户情况，包括销售出去的时间等，往往只有合作伙伴自己知道。此外，很多渠道自身的数据，也需要渠道配合，企业才能获得。一般情况下，企业与渠道的关系只有紧密型的伙伴关系，才有可能获得这些数据；或者与企业的合作关系对于渠道非常重要，渠道才会配合企业进行绩效评估。否则，受制于数据采集的难度，及评估数据的准确性，企业进行绩效评估，往往很难全面，频度也不会非常频繁。

9.1.3 渠道评估的流程

渠道绩效考评和其他类型绩效考评的过程类似。需要设定目标并形成评估标准；确定考核对象的实际绩效；对无法达到目标的行为推荐纠错改进措施；同时设定评估频度和方法，如图 9-1 所示。

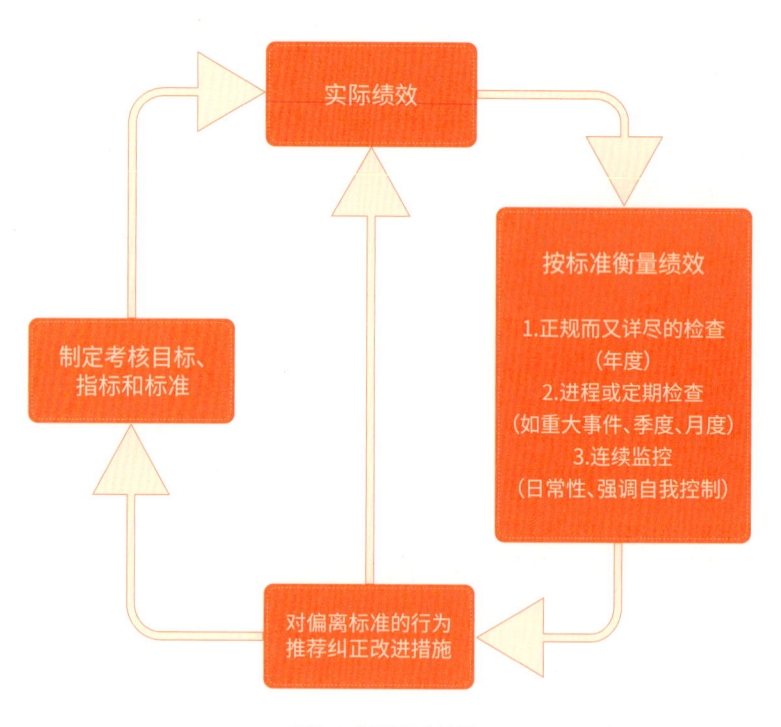

图9-1 渠道评估流程

（1）明确企业目标，设立渠道绩效评估指标

一般企业目标会有三大类：提高收入，提高利润和提高客户满意度。每一个具体销售目标或任务，都会归属于上述三类。比如销售额增加 20%，客户数量增加 10%，10% 老客户年内重新采购，客户投诉降低 10%，发货错误率降低到 0.3%……

根据企业给出的明确的销售目标，可以制定渠道绩效指标，比如今年渠道销售额增加 25%，渠道销售的客户数量增加 10% 等；可以是评估渠道水平的，比如说渠道里销售人员的水平（大学本科毕业的比例）；完成多少次渠道市场活动，或渠道赋能……各企业可根据本身的具体情况，制定一套对渠道的评估指标。

（2）制定渠道绩效评估制度，运用评估标准进行评估

确定具体评估指标后，还需制定绩效评估制度，比如评估频次、评估数据的来源、评估的方法等。

绩效评估可以对某一项或几项指标进行独立的评估，也可以将几项指标组合起来，进行定性的综合评估。比如针对某一组合作伙伴，进行销售绩效评估时，采集所有渠道提货、售出货物的数据，对比目标值，组内的合作伙伴之间数据对比，对比历史数据，得出评估结果。比如可以针对同一组合作伙伴，除了采集销售数据进行评估，同时设立其他评估指标，例如，销售网点数量、销售人员数量、市场活动数量、人员素质、合规情况等指标。同时对不同指标设立权重，最终加权得到评估结果。

渠道绩效评估体系并不是一成不变的。一个有效的渠道绩效评估体系，可以使得企业及时掌握渠道体系及渠道体系中的个体情况，识别渠道体系能否适应企业的整体目标，渠道绩效评估体系可以根据目标进行调整。

（3）识别差距，制定纠正措施

企业根据评估目标方向，掌握了渠道实际情况后，可以根据发现的问题，进行主动调整，这个调整可以是针对整体渠道体系的，也可以是针对某一个渠道个体在某一方面的改进建议。

讨论渠道评估，一般包含两方面的含义：渠道体系的评估；渠道体系中成员个体的评估。下面我们就从这两个维度进行讨论。

9.2 对渠道体系的评估

企业从多个角度对渠道体系进行评估，其中最主要的就是渠道销售业绩评估，同时还包括对渠道的管理组织、运行情况、服务质量、风险、运行效率等方面的评估。

9.2.1 渠道销售业绩评估

渠道销售和直销不同，因此渠道销售业绩评估也呈现出与渠道相关的特色。

9.2.1.1 渠道体系的销售收入

在采用渠道销售的战略决策下，企业首先关注的是渠道体系为企业贡献的总销售收入，并衍生出完成目标的百分比、销售收入的增长率等。

（1）渠道体系贡献的总销售收入

根据产品的性质，渠道体系可以自主完成销售，也可能需要企业销售团队共同参与完成。无论哪一种情况，渠道体系对企业的销售收入贡献都可以按企业销售给合作伙伴的收入加总计算。

例如，企业C2016年渠道体系贡献的销售收入为6.7亿元，是指整个渠道体系从企业的采购额为6.7亿元。

（2）渠道体系贡献的总销售收入对比企业设定的渠道目标的情况

例如，企业C预设的渠道体系销售收入目标为6亿元，则实际完成超过了预设目标，完成率高达112%。

（3）渠道体系贡献的总销售收入对比历史时期销售收入的情况

例如，企业C2015年渠道体系销售收入为5亿元，则2016年实现了34%的年增长。

对企业来说，如果渠道体系运作得好，企业销售收入的增长超过市场的增长，则意味着企业获得额外的市场份额；销售收入的增加也可能提升企业整体利润，而企业即使在让利给合作伙伴的情况下，仍然有机会比直销有更低的获客成本和销售成本，从而实现较好的利润空间。

9.2.1.2 渠道贡献占比

不同的企业中，渠道业务的占比不同，通过计算渠道销售收入占企业总销售收入的比例，并比较占比是上升还是下降，可以掌握渠道业务对企业的贡献程度。

◆ **例3**

企业C在推行渠道模式时，将企业的资源做了转换，减少了直销团队，加大了对渠道体系的人员投入和支持力度，并通过商机派送，将部分直销客户资源引荐给合作伙伴。一年过后，企业的销售收入从6.4亿元增长到8亿元，增长了25%，其中渠道贡献从5亿元增长到6.7亿元，贡献占比从78%增加到84%。企业在基本持平的人员资源下，获得了较好的销售收入增长。

9.2.1.3 渠道进货、出货及库存

企业不仅要看合作伙伴的购买数量，还要关心合作伙伴的出货数量。这一点极为重要。直销是将产品卖给最终用户，而渠道销售是将产品卖给合作伙伴。除了合作伙伴采购自用外，企业需要很清楚渠道是销售通路，而不是最终使用者，因此，通过渠道销售的重点是要保持通路的畅通、流转，这就需要渠道的进货量和出货量都要健康发展，并保持一定的平衡，才不至于引发"塞货"造成的通路拥堵或泛滥，和"缺货"引发的需求无法满足。只有产品通过通路到达最终用户手中，才算完成了销售全过程。这是渠道销售和直销的区别。

因此，企业对渠道体系的考核，除了渠道体系的销售收入，也就是合作伙伴总的进货金额之外，还需要考核合作伙伴的出货情况（或者库存指标），并检视库存是否在安全线内。

9.2.1.4 渠道体系的销售业绩细分分析

企业在评估渠道体系的整体销售业绩时，也可以通过分析相关数据，对渠道体系的整体情况做出细分。

例如，按区域、行业、产品线、合作伙伴类型等维度，分析渠道体系的销售业绩。也可以找出出现高增长的行业和地区、出现高增长的产品线、热点解决方案等。

◆ 例 4

企业 C 的渠道在 2016 年超额完成了年度业绩目标，但渠道负责人却在成功中看出了问题。虽然各大区总体业绩都非常不错，但由于企业进行了较细分的数据分析，结果显示出北上广深的业绩增长非常好，在二线和三线城市，渠道业绩并没有达到预期的增长；在制造业，渠道的贡献也还相对较低。渠道负责人于是要求大区经理针对未达到预期的部分给出行动方案。

企业对于销售业绩的评估通常比较频繁，除了年度、季度业绩，企业还可以根据业务性质，采取月度、周或更实时的业绩评估频率。企业参考历史数据，得到各季度和各月份的销售趋势，例如，淡季和旺季出现的时间。由此判断渠道体系当前的销售业绩趋

势是否正常，并通过同比环比数据，预估业绩或发现问题。

9.2.2 渠道管理组织评估

企业进行渠道管理组织评估，了解渠道体系的整体可用资源和战斗力水平。

9.2.2.1 合作伙伴的人员水平

企业评估渠道体系中从事本企业产品的销售人员数量、技术人员数量、技能水平和管理水平。例如，通过合作伙伴提供的数据，结合企业赋能活动的进展数据，包括合作伙伴参加销售、技术、管理培训的情况，认证的情况等，进行评估。

9.2.2.2 合作伙伴技术支持中心

企业评估渠道体系中的合作伙伴支持中心数量和分布，以及成功的方案验证等，来了解渠道体系可以为用户提供的技术支撑情况。

9.2.2.3 门店、展示中心数量

这里是指渠道体系建立或运营的门店或展示中心。

9.2.3 渠道运行情况评估

渠道的运行评估包括渠道体系的覆盖情况、运行顺畅情况、冲突情况和信息顺畅情况等多个方面。

9.2.3.1 渠道体系的覆盖情况

渠道体系的覆盖对渠道运行非常重要，如前所述，如果渠道密度过大，则容易造成冲突，不利于渠道的业务；如果覆盖有较大漏洞，则无法配合企业在某些领域的发展需求，错失发展机会。对企业来说，需要关注重要的覆盖度指标，主要有合作伙伴数量、合作伙伴激活率和重要战略合作的达成。

（1）合作伙伴数量

包括合作伙伴总数量，新招募的合作伙伴数量。

在很多企业的宣传文章上，都有合作伙伴多少家这种关于渠道规模的描述，渠道数量是渠道生态是否强壮的指标之一。同时配合覆盖度检查，包括合作伙伴按行业、地域、应用、类型维度的分布，了解渠道队伍的发展情况，检查渠道的覆盖有无疏漏。而新招募的合作伙伴数量，则代表了渠道体系的增长。企业通常关心渠道体系能否帮助企业的业务方向和策略，如果存在覆盖疏漏，则需要推进新伙伴的招募。

◆ 例 5

C 企业在金融的渠道策略运行非常顺畅。而 2017 年新的年度，企业计划进军新能源行业，通过梳理现有的渠道体系，企业发现在该领域目前没有合适的合作伙伴，于是企业立即着手制定计划，针对这一领域展开渠道招募。按照业务目标和渠道密度分析，企业设定目标，在三个月内，招募 3 家合作伙伴，并在未来的一年内，完成 10 家合作伙伴的招募。

(2) 合作伙伴激活率

相比于总数量，更重要的是活跃的合作伙伴数量。各个企业对于合作伙伴激活的定义不同，有的企业将"下订单"——即与企业发生交易作为激活的标准，有的企业按照商机发现数量、参加企业的市场活动或赋能活动、培训认证情况，或按照合作伙伴将解决方案绑定在企业的产品上作为标准。企业可以按自身情况制定合作伙伴激活率评估标准。

◆ 例 6

C 企业通过渠道招募会，短期内大大增加了签约合作伙伴的数量。但企业更关心带来业绩贡献的激活的合作伙伴数量，并以"至少下一个订单"作为激活合作伙伴的标准。评估中，数据显示，在签约后的三个月内，约 30% 的合作伙伴下了订单，这离企业 50% 激活率目标还有一定的差距。渠道部门开始分析原因，并拿出提升渠道激活率的方案。

(3) 重要战略合作的达成

企业重视重要战略合作的达成，这通常意味着企业与某个合作伙伴通过战略合作进入一个新领域，或者拥有一个创新业务模式或解决方案等，对企业的未来业务有重大帮助。例如，企业谋求在大数据和人工智能领域的实践，和某零售行业的合作伙伴达成智能数据分析的战略合作，共同投入人员和平台进行技术开发，目标是帮助零售行业的企业用户通过数字化转型，提升营销和运营的能力。例如，某企业和技术合作伙伴达成战略合作，试水区块链技术，共建智能物流运营体系。

9.2.3.2 渠道整体运行是否顺畅

企业衡量产品经过渠道通路到达客户的时间周期，考察客户是否可以快速顺畅地得到产品。渠道体系中是否会在某些环节出现断货的情况；是否在某些环节库存量过大，造成产品流通不畅。比如因为考虑到某些分销商旧产品的库存过大，企业无法对新一代产品进行大规模的市场活动，从而错失新产品进入市场的最佳时机。

9.2.3.3 渠道冲突是否在可控范围

渠道冲突是不可避免的，也是无法消除的，渠道管理者只能管理渠道冲突。渠道冲突也不都是负面的影响，有时也是对渠道体系的促进。评估更着重在渠道投诉和审计所反映出的渠道冲突以及解决情况。同时审视渠道体系中是否存在重大的、反复的冲突情况及影响，例如，冲突是否造成了重要合作伙伴的流失，价格体系混乱，企业整体销售额或利润降低，客户满意度下降等。如存在问题，则企业需要进行整改。

9.2.3.4 信息沟通是否顺畅

企业关注信息能否顺利传递到渠道体系和终端用户，例如，企业对促销效果进行评估；企业对渠道市场活动进行评估等。企业也试图通过渠道触角，得到准确的市场反馈信息，例如，市场对产品的反馈以利于下一代产品的改进；对渠道管理的反馈以调整渠道策略。

9.2.4 服务质量的评估

服务质量是影响用户满意度的重要指标。企业在做最终用户调研时，企业销售人员拜访用户时，以及用户投诉时，都会涉及用户对渠道体系的服务质量水平的反馈。企业提升渠道体系的服务质量，尤其着力在提升能力水平和服务体系的健全性等方面。

9.2.5 渠道整体风险评估

渠道整体风险评估包括评估渠道流程；通过抽样检查、定期检查和审计，来评估针对风险点的流程设置和执行情况；评估渠道合规培训、合规遵从及违规情况；渠道成员是否有与本企业业务相关的违法违纪的情况等。

9.2.6 渠道体系运行效率评估

企业评估投入渠道的年度管理费用，包括人、设备、系统等成本，提高还是下降，对比产出的销售收入，评估运行效率；用于激励的费用提升还是下降，对比产出的销售收入，评估激励计划的效率；以及投入的市场活动、赋能等费用是否达到规划时的预期效果等。

◆ 例 7

企业 C 在做 2017 年年度奖励计划规划时，做出了一些方向调整，增加了特定创新解决方案的奖励，重点奖励合作伙伴与云计算相关的业务活动。同时对原有的奖励计划做了改善，如调整了合作伙伴的业绩目标、奖金比例，并增加了新领域开拓的奖励等。在后续进行的奖励计划的整体评估时，发现激励带来的实际收益的增长超过激励费用增长约 3%，运行的效率是提升的。

9.3 对渠道成员个体的绩效评估

企业定期会对合作伙伴个体进行绩效评估，评估的目的是更充分地了解合作伙伴尤其是重点合作伙伴的业绩情况和趋势，对优秀的合作伙伴给予奖励，同时及时发现问题，并考虑调整，促进业绩的提升。企业可通过与合作伙伴之间的业务数据，从渠道合作伙伴处收集的数据，以及渠道销售专员的反馈信息等，进行评估。

由于重点合作伙伴的投入资源大，贡献也大，对企业的销售业绩影响较大，因此是企业需要特别维系的合作关系。企业需要针对重要合作伙伴进行更全面、更频繁的评估，包括对业绩最佳和成长最快的头部合作伙伴；某一重点领域的合作伙伴等。如果发现重点合作伙伴业绩下降，则需要警觉并发现问题，提供帮助。

9.3.1 销售业绩

合作伙伴的销售业绩，无疑是评估一个合作伙伴最重要的指标。评估销售业绩时，不仅在于其提货量，也需要关注其出货量。这两个数据在某一段时间内一般是完全不一样的。前一个数据从企业自身系统就可以获得；后一个数据需要合作伙伴的配合提供，一般在紧密型的合作伙伴类型，才有可能得到。无论如何，考虑渠道销售业绩时，需保持数据含义的一致性。例如，根据某合作伙伴的提货金额计算其贡献的销售收入的增长率，或根据其出货量计算其业务增长情况。

评估销售业绩的维度有很多：

(1) 渠道伙伴贡献的销售收入对比企业设定的渠道目标的情况

例如，某合作伙伴去年贡献的销售收入达到企业 C 设定的渠道目标的 85%。企业通常通过奖励计划设定渠道目标，因此完成率关系到合作伙伴的奖金返点。更为重要的是，企业应和合作伙伴一起分析没有完成业绩目标的原因，例如是否输了重要项目，竞争格局的改变，用户购买行为发生变化等，双方应对背后的原因足够警觉。

(2) 渠道伙伴贡献的销售收入对比同类型其他伙伴的情况

从这一数据可以看出，从销售业绩的角度，某个合作伙伴的问题是个体问题，还是整体渠道的问题。如果是个体问题，可以着重从该合作伙伴本身寻找原因；如果是群体问题，就需要从企业本身或企业渠道管理部门寻找原因了。这一指标还帮助企业找出业绩最佳的头部合作伙伴，企业可以在年度合作伙伴会议上给予奖励，并总结其成功经验。

(3) 渠道伙伴贡献的销售收入对比历史时期销售额的情况

通过对比增长率，发现问题。例如，增速减缓，或负增长，则应引起警觉，分析原因。这一指标还帮助企业找出业绩成长最快的头部合作伙伴，企业可以在年度合作伙伴会议上给予奖励，并总结其成功经验。

(4) 在细分区域、细分产品线、细分领域，渠道伙伴贡献的销售收入的情况

企业可以找出区域和产品线上业绩最佳和成长最快的头部合作伙伴，分析成功经验，给予奖励。由于合作伙伴所处的业务环境不同，企业也可以找出将企业产品带入新领域，实现新行业突破的合作伙伴；帮助企业战胜竞争对手，将企业业务成功带入竞争对手强势领域的合作伙伴；创造创新解决方案的合作伙伴等，总结成功经验并给予奖励。同样，通过对细分领域的绩效分析，也会发现问题，这时也需要寻找原因。

(5) 如果以一年为评估期限，不同季度或不同月份销售额的情况

企业参考历史数据，得到各季度和各月份的销售趋势，由此判断合作伙伴当前的销售业绩趋势是否正常，并通过同比环比数据，预估业绩，或发现问题。例如，通过趋势图，发现合作伙伴在近两个月连续发生业绩下滑，针对这一异常情况，企业直接会见合作伙伴的负责人，经过了解，发现是竞争对手在做其老客户的工作，使客户一再推迟项目采购时间。这时就要针对性地采取行动。例如，通过趋势图，发现合作伙伴在某个月份提货量非常低，经过了解和分析，发现是个别产品的库存过高，资金周转不好引起的，则可以针对性地进行库存促销行动。

(6) 重点项目中合作伙伴的表现

重点项目的得失对企业的销售业绩影响较大，有时还影响到企业进入一个新行业的战略成败，因此相关数据将被企业高度重视，进行复盘，并为后续的行动提供借鉴。

通过以上多个维度的细分数据分析，才能从销售业绩角度，找到该渠道伙伴的成功或需要改进的地方，从而对合作伙伴提供有益和有针对性的建议。

对合作伙伴的业绩评估也可以帮助企业检视渠道的问题，例如，通过分析头部合作伙伴，检查是否存在业绩过于集中的现象；通过合作伙伴业绩完成率情况，检查业绩目标是否合理等。如有必要，企业需要做出相应的调整行动。

9.3.2 销售及技术等能力

在赋能一节中，我们提到了合作伙伴的技能水平关系到其销售能力、服务用户的能力、以及未来业务发展潜力。通过调查，企业可以了解某一合作伙伴投入本企业业务的销售人员和技术人员数量，他们的水平可以通过参加企业培训情况、参加认证考试及通过率、最终用户调研中用户对合作伙伴服务的满意度、业务拜访中的客户反馈等获得。企业可以将其与同类型合作伙伴数据进行比较，也可以与历史数据进行比较。如果发现大幅下降或增长，都有可能是合作伙伴对代理产品的态度发生变化，需要及时了解背后原因，或者给出改进建议。

9.3.3 合作态度

企业通过管理培训、文化交流等方式，和合作伙伴建立共同的理念，从而提高合作沟通的效率，增加合作黏性。合作态度，通常也被称为配合度，反映了合作伙伴对企业业务的积极性和忠诚度情况，也通常影响到合作伙伴的业务投入。

比如，合作伙伴是否对企业产品持续积极地投入，投入本企业产品业务的人员数量是增加了还是减少了，负责管理此业务的负责人在合作伙伴内部的级别如何，是否有专属的技术支持人员，是否投入设立了展示中心或技术支持中心等……

比如，是否配合企业的促销活动；针对企业的业务方向，合作伙伴是否投入、组织各类市场活动打开销售局面；是否愿意和企业保持密切的沟通，将市场和用户反馈及时地告知企业，为企业出谋划策……

比如，是否重视企业的合规培训，是否遵从管理规范条例，是否配合审计要求及时提供相关资料……

比如，是否压货（在合理范围内），是否按时提供较准确备货预测，是否提供出货信息等。

9.3.4 合规情况

企业可以结合合作伙伴参加合规培训的情况、企业合规检查和审计的发现、以及渠道销售人员的反馈、公开的相关报道等，评估合作伙伴的合规情况。合规评估可以发现频繁发生违规的合作伙伴，或者发生重大违规的合作伙伴，并采取措施。

9.3.5 企业发展前景

例如，合作伙伴是否出现了重大的组织机构变化、主要人员的变动、业务发展方向变化、重大资金情况变化等。无论是向好的方向变化，还是向坏的方向变化，企业都希望第一时间能够获得信息，并尽快予以应对。

9.3.6 其他

企业通过和合作伙伴交易中的业务数据、公开信息以及渠道销售专员的反馈等，发现合作伙伴其他方面的问题，例如，评估合作伙伴的财务情况、声誉等可能对企业的业务造成影响的各方面情况。

9.4 企业对渠道部门的考核

各个企业对渠道部门的设置有所不同，一般来说，渠道部门会包括策略、销售、销售支持、市场、赋能、运营、风控等多个团队或角色，负责管理渠道体系，是渠道管理的重要设计者和执行者。企业对于自身渠道部门的评估，属于企业内部绩效评估，但因为与渠道体系评估直接相关，所以我们在这里进行讨论。对渠道部门的评估与对渠道体系的评估有大量的重合部分，但也有对渠道体系评估没有涉及的部分。

9.4.1 销售业绩

渠道部门的销售业绩绩效评估与渠道体系的销售业绩评估一致，在此不再赘述。

对应 9.2.1.4 的渠道体系细分业绩，渠道销售团队通常按合作伙伴进行划分，分配资源。例如，负责分销商的团队、负责重要伙伴的团队。针对中小合作伙伴通常按区域划分，例如负责华东区域的合作伙伴团队。同时按合作伙伴业务量及对企业的重要程度，企业采用多对一支持，一对一支持，或一对多支持，这里分别指多个渠道销售专员负责支持一个合作伙伴，一个渠道销售专员负责支持一个合作伙伴，以及一个渠道销售专员负责支持多个合作伙伴。因此，渠道销售团队的细分业绩按照团队所负责的合作伙伴评估，相对应于对渠道体系销售业绩评估中的细分评估，其中也包括了合作伙伴的进货、出货、库存情况等。

9.4.2 渠道规模趋势

对很多企业来说，渠道销售额的贡献通常由于渠道体系的增长而变大。这些企业评估渠道部门时，会结合与渠道体系增长相关的维度。

(1) 合作伙伴数量

主要是招募的新合作伙伴数量，以及合作伙伴按行业、地域、应用、类型维度的分布，是否较好地匹配了企业的发展策略，是否有覆盖疏漏，是否有增长空间。

(2) 合作伙伴激活率

与企业评估渠道体系的合作伙伴激活率相同。

(3) 重要合作伙伴的引入

例如，行业头部合作伙伴的引入，赢回竞争对手的合作伙伴，新的分销商的引入等。

(4) 重要战略合作的达成

达成重要的战略合作，通常对企业的业务影响较大，是渠道部门重要的职责。这项评估与 9.2.3.1 渠道体系的覆盖情况评估类似。

由此可以看出，企业既关注渠道部门的短期销售目标，还关注中长期的渠道布局。有时这两类工作是由渠道部门不同的人员去完成的。

通常企业对销售人员的考核是短期销售目标，因而一般销售人员只关心那些被核实的商机。例如，很多企业，如果用户预算还不确定，则不会被销售人员认可为商机，也不会和不应该花过多时间去关注。企业管理者通过周会检查渠道的商机和订单进展情况，目的是确保短期销售目标的达成。

企业同时需要布局渠道以拓展市场，针对和合作伙伴共同看好的市场，企业检查开拓市场的具体行动执行和资源调配情况。例如，企业希望在一个新行业和一家大的渠道商合作，渠道销售专员所做的所有工作都有可能是用户有预算之前的，包括双方对市场的看法、企业可以投入的资源、向合作伙伴描绘收益前景等。这种铺路的过程可以从数月至一两年，而商机是在漫长的洽谈过程中一个一个浮现出来。这样的渠道销售专员，有时也被称为渠道开拓——BD（Business Developer）。尤其是针对重要的战略合作，企业通常采用一对一的咨询顾问式销售模式，BD是企业为了开拓新业务而投入的重要资源，以其资深的业务背景和较强的资源调动能力，带动合作伙伴与企业相关的整体业务方向。

9.4.3 渠道管理系统

渠道管理系统评估是在渠道策略指导下，从渠道设计、规划，到渠道体系日常管理的全过程评估。

① 在设计规划层面：渠道设计是否符合业务和市场的需求；是否有完整有效的渠道管理体系和流程等。

② 在体系效率方面：渠道体系是否在预算范围内有效运行；渠道整体运行是否顺畅；渠道冲突是否在可控范围；渠道的信息沟通是否顺畅；渠道产出效率如何等。

③ 在业务方向方面：招募新合作伙伴时，目标群体设定是否正确；合作伙伴的覆盖是否有重大的疏漏；激励计划是否方向正确、有效等。

④ 在风险控制方面：是否有制定规避渠道风险的风控体系，体系运行是否有效等。

企业评估渠道管理系统，与渠道体系评估中9.2.2至9.2.6（除9.2.3.1）相对应，通过评估发现疏漏并调整，确保渠道业务处于正轨，从而促进渠道业务可持续地增长。

9.4.4 执行力和洞察力

在渠道体系评估一节中谈到的各个环节，包括管理组织、运行情况、服务质量、风险和运行效率各方面，都将同时考核渠道部门的业绩。但侧重点不同，例如，这并不意味着渠道伙伴违规犯错，渠道部门也要接受惩罚，相反，对于渠道部门来说，职责在于执行企业的渠道管理的所有内容，洞察渠道体系的反馈、调整和提升，并在这样的循环中，提升渠道体系。

9.4.4.1 执行力

例如，针对赋能，渠道部门是否能有效规划赋能内容，推动合作伙伴完成赋能和认证，推动合作伙伴支持中心的设立等。针对市场活动，渠道部门是否能有效组织合作伙伴积极参与企业市场活动，推动合作伙伴组织有效的市场活动等。以及其他方面的推动，诸如对奖励计划的宣传和执行情况；对违规合作伙伴的处罚执行情况；合作伙伴对审计及其他企业要求的行动的配合度等。

9.4.4.2 对渠道体系的洞察

例如，渠道部门对合作伙伴的组织变化、策略变化等的敏感度，对合作伙伴冲突发生的敏感度，对合作伙伴诉求的敏感度等。通过洞察，第一时间反馈给企业，并给出相应的应对方案。

9.4.5 合作伙伴满意度

企业对渠道部门的评估还包括合作伙伴满意度。例如，合作伙伴满意度调查，或合作伙伴投诉建议中，对渠道政策、渠道团队的支持力度、公平性等方面的评价和反馈。政策方面可以涉及对渠道目标、渠道定价、促销，甚至是对绩效评估的评价和反馈等。

合作伙伴满意度调查还能帮助企业更好地掌握市场的变化、产品的改进空间等，而这里主要讨论与企业渠道相关的部分。

9.5 提出纠正改进措施

通过前面章节的讨论，我们可以看到，企业对自身渠道团队的评估，一般和对渠道体系评估一致。在对渠道体系和企业自身的渠道部门评估后，可以采用企业内部的绩效考核后的通用方法，也就是对需要改善或提高的领域，由渠道管理团队做出改进方案，并设立阶段性指标，逐步监控完善。从而通过改进企业自身渠道团队的工作，直接影响企业渠道体系的未来状况。

在对渠道成员个体进行绩效评估之后，企业一般会对绩效优秀的合作伙伴进行奖励，对较差的成员提出在某些领域的改进建议。也有可能将各方面评估都很差的成员直接淘汰。但对于一个比较重要的合作伙伴，即使评估中发现了较大的问题，企业渠道管理者也不会轻易地立刻采取行动，直接淘汰。在给出建议前，需要详细客观分析评估数据，了解背景情况，经过充分沟通，明确结果与预期之间出现差距的原因，确保了解对方碰到的困难和需求。如果发现渠道体系很多成员有共性的问题，则要研究是不是企业本身的原因造成的，就需要对渠道政策、支持体系等进行反思。

企业要想提出有效的纠正和改进措施，就需要在整个评估过程中尽量获得详尽的、真实的数据资料，这些数据不一定可以轻易获得，但还是可以努力掌握的；在提出纠正和改进措施之前，明确对方面临的问题和所需要的帮助是什么，做好准备；充分沟通，让伙伴感觉到企业是从帮助的角度来进行探讨的，必要时，可以寻求更高一层领导的帮助（包括企业自身和合作伙伴）。

下面我们通过一个实例了解一个企业如何对某一重要合作伙伴进行评估，并共同针对需要改进的方面提出第二年的工作计划及所需的支持。

◆ 例8

企业 C 渠道部门，每年都会对头部渠道伙伴做绩效评估。其中分销商 D1 是企业 C 的重要合作伙伴。在公司 D1 内部，负责企业 C 产品的部门是 D1 的重要部门。双方高层都意识到与对方合作成功对本企业的重要性。每个财年结束，双方都希望对这项业务的情况进行评估，发现问题，在来年进行改进。

因为双方都认可评估的重要性，所以数据的采集变得容易和准确。经过初步讨论，形成报告。报告分为七个部分：概况、销售业绩、渠道覆盖情况、企业内部的技术储备、市场活动和赋能、风险管控和运营，以及公司 D1 提出的需要企业 C 提供的支持。

(1) 合作的概况、历史及组织

这部分会回顾合作的情况，本部门组织架构，及与公司 C 业务相关的 D1 的组织架构，包括人员、汇报线（很多企业，每年都会做组织架构调整，了解这些内容，对后续进行评估和改进措施的讨论至关重要）等。

(2) 销售业绩分析

包括连续几年的销售业绩（可以用图形表示趋势），当年业绩对比过去的情况，当年销售完成年初设定的销售指标的情况，估算 D1 在企业 C 渠道销售份额占比的变化。通过分析不同月份的完成情况，研究在不同时点的销售是否有改善空间。对不同细分区域的销售业绩、不同行业的销售业绩进行分析。

D1 提出改善行动如下：

①跟随企业 C 整体策略努力达成季度销售指标（经过数据分析，D1 虽然全年完成了销售目标，但其中第二季度未完成）。

②保持业务占企业 C 销售的份额，维持原有业务范围并平稳将市场过渡到新一代产品线。（经过数据分析，D1 在上一年依然保持企业 C 第一名分销商的位置，但因为企业 C 正在引进一家新的分销商，可能会对 D1 的份额造成影响；同时企业 C 新一代产品面世，研究之后，D1 第二年提出这样的行动计划）。

③重建以金融和制造业为核心的行业市场，并开拓新能源行业市场，内部设定责任人，有针对性地拓展销售。

④全力配合增值合作伙伴在重点行业应用的落地。

⑤增加样机投入，确保全国范围内测试资源的合理配比，增加用户端的测试机会，提高行业覆盖率和产品销量。

(3) 渠道覆盖情况

对重要客户进行分析，对签约二级渠道进行分析，包括区域覆盖、重要客户或合作伙伴数量、占比等。D1 提出如下行动方案：

①建立三级架构渠道体系。

A 类，核心价值合作伙伴；

B 类，成长增值合作伙伴；

C 类，潜力增值合作伙伴。

针对不同渠道级别进行分级管理制，建立与维护多维度的结构化管理的可视化渠道数据库（覆盖行业、客户类型、风险信用、技能状况、诚信等）。

②销售人员设置 KPI 渠道考核指标。

③开展各级代理商月沟通会（区域、平台）。

④维护二级渠道代理 149 家，占企业 A 渠道代理的比例为 49%。

⑤建立 VP 及各区域内渠道周计划例会制度，每周两次内部沟通会追踪进展。

(4) 企业内部的技术储备及渠道拉通

关于渠道赋能：

针对全国渠道专员举办各类与渠道工作相关的培训，包括渠道政策宣贯、按月进行区域/平台产品培训、销售培训、技能培训、解决方案培训、技术论坛等。

①从技术角度提出：

A. 巩固基础。

a. 随着尖峰产线的过渡和更替，未来 D1 的尖峰产品技术服务团队首先要保持基本稳定

b. 年内要完成一半以上技术工程师尖峰产品线的技能过渡（全国拥有 60 多位技术工程师，全面覆盖全国 20 多个省会城市）

c. 三分之一的技术工程师完成企业 C 中级或高级技术认证

B. 围绕尖峰新产品，拓展增值服务内容。

a. 年内北区、东区、南区各培养3名合计9名工程师，具备企业C尖峰产品系列现场服务能力。

b. 明年年中扩展至全国18~20位工程师具备尖峰产品系列现场服务能力。

C. 新业务新技能的掌握。

a. 围绕尖峰新产品线，推出创新解决方案，特别是云计算相关的解决方案，并具备交付能力。

b. 与增值合作伙伴紧密合作，推出基于企业C产品的可落地的大数据分析、展现，以及AI等方面的解决方案。

c. 年内如果能顺利申请新产品样机，争取在北京或广州演示中心推出2个演示方案和环境。

d. 现有技术团队6人左右获得第三方云技术认证证书。

(5) 市场活动和赋能

D1提出如下改进意见：

①在D1的11个平台举办渠道宣讲会，招募新型代理商，邀请原有渠道合作伙伴对于尖峰产品技术、解决方案进行全面介绍。

②在演示中心举办Demo Day，向二级代理商讲解相关产品技术、解决方案等，给予合作伙伴更直观的产品认知。

③针对重点行业或重点区域举办客户研讨会。与重点渠道合作伙伴合作，针对重点行业提供重点产品介绍及解决方案、成功案例分享。

④线上沙龙配合线下研讨会议，与客户深入探讨行业解决方案，挖掘潜在商机。利用线上会议为线下会议进行预热，所有参会人都将通过客服中心进行跟进，同时持续跟踪未参会客户。

⑤利用客服中心跟进，直至最终产生商机。

(6) 风险管控和运营

D1提出如下行动计划：

①对新员工入职进行反腐合规培训，定期组织内部合规管理培训会。

② D1本部所有员工需签署《反商业贿赂承诺书》。

③对代理商的合规培训，在市场活动中增加合规管理议题，加强代理商的合规观念。

④继续保持商务团队的合作顺畅度，从外部与企业C各部门配合，内部与销售配合下单、合同、采购、提货出库一系列操作环节无缝对接，用召开例会等方式保证良性沟通。

⑤采购、入库、库存管理的所有资源表格共享。

(7) 经过沟通，提出需要企业 C 提供的支持

①希望适当提高利润。

②期待市场活动费用和样机的政策尽快完善。

③期望在各区域举办的活动中，可以得到讲师资源支持。

④给予多种类型渠道奖励政策支持（如新兴行业客户，增值合作伙伴）。

⑤新产品的样机引入和测试对比技术支持。

当双方执行层面完成 D1 的年度绩效评估，并制定第二年的行动计划及所需支持后，形成文档。在合适时间，邀请 D1 公司和企业 C 相关高层举行汇报会。在会上向双方领导层汇报前一年业务部门的绩效评估及改进意见，并寻求双方高层对此业务的支持与投入。

9.6 关注渠道评估发现的重大问题

我们在各个章节中提到企业所作的渠道管理的各项行动，都是为了达到渠道的目标。那么，如果企业做了很多事情，却出现了渠道未能达成预期目标的结果，企业应该如何处理呢？

本书在每个章节过程中，都提起一些管理上的要点。而绩效评估目的就是在渐进的过程中就发现问题，弥补漏洞，例如，每个季度的复盘，针对设定的绩效指标检查评估，总结哪些方面做得好，哪些方面出了问题，分析原因，并采取措施。

然而有些时候企业还是会面临渠道失败，这时最重要的是审视渠道失败的原因。这可能是渠道系统的设计出现了问题，也可能是执行力有问题引起的。

在现实中，有些渠道问题会困扰到 CEO 层面，举例如下：

① 引入渠道模式后，造成了企业整体利润下降。

② 市场和赋能持续投入，却始终未能收到预期的业绩回报。

③ 渠道库存过高，已引发合作伙伴对企业的信任危机。

④ 企业重要人员的变动引发了渠道政策的不连续性。

⑤ 重要合作伙伴流失。

⑥ 产品转型过快造成业务连续性出现问题。

对于上述比较严重的渠道问题，应在第一时间跳出渠道部门层面，由渠道负责人向企业管理层汇报，并需要做出公司层面的决策，并实施跨多个业务部门的一致行动。针对每一个重要问题都需要企业抽丝剥茧，认真分析背后的原因。例如，其中有些是投入的时间还不够长，有些是投入的资源和目标不匹配，有些是企业管理出了问题，有些则是对市场变化应对太慢，有些是人员问题。

在解决问题时，由于各个企业的情况不同，并没有一致的答案。审视的过程应从渠道策略开始，先从设计逐项梳理，再接下来查看市场、赋能、管理、销售各个环节，也就是结合绩效的各个指标，将本书各个章节提到的要点逐一审核，每个环节进行原因分析，同时需要听取合作伙伴的反馈，整理并做出判断。行动时，渠道负责人应获得CEO的授权，组织跨部门的力量配合行动。

本章谈到了对渠道体系的评估，对渠道成员个体的评估，以及企业对渠道部门的绩效评估，这就比较全面地帮助企业了解和掌握渠道现状，让后续的改进更具有针对性，也形成了渠道管理的闭环。

第 10 章
系统与工具

通过本章内容,读者可以:

——了解渠道相关系统和工具,包括企业和合作伙伴之间的交互系统和其他交互方式,以及企业内部的渠道管理系统

——了解渠道管理系统对业务的作用

我们在渠道绩效评估章节，谈到企业自身可以获得渠道体系和渠道成员的一些数据。企业在渠道管理的整个过程中，运用系统和工具，进行业务交互，同时积累渠道业务的经营数据。数据分析为渠道管理和运营提供了基础，系统和工具增加了企业对业务的可视性，对渠道管理和评估纠正都十分重要。

随着信息技术的发展，系统与工具已经不再是可选项，而是必选项。企业充分利用数据，以保持竞争力，并以此处理和渠道生态成员的关系，进行渠道管理。

10.1 渠道相关系统和工具

企业拥有众多的管理生产、销售、客户关系、财务等的应用系统，管理着直销和渠道业务，本章着重谈论企业内部对渠道相关信息的收集和展示，例如，管理层如何可视化地掌握渠道体系和成员的绩效。同时，也会涉及企业和渠道合作伙伴的交互系统。

各个企业的业务不同，业务流程差异也很大，因此，选择的系统和流程设计都有所差别。例如，企业C是多渠道的模式，通过销售管理系统，管理了直销和通过渠道销售的所有项目，其渠道管理系统，如图10-1所示，包括了企业和合作伙伴之间的交互系统，以及企业内部的渠道业务状态展示。

如图所示，企业C内部为了更清楚地掌握渠道体系的情况，在企业的销售管理系统中，涵盖合作伙伴相关的信息，包括了合作伙伴的基本信息、合作伙伴协议管理、渠道销售数据、业绩数据和奖励计划、市场活动审核等模块，同时通过渠道管理的展示仪表盘，可视化地罗列了绩效评估的所有数据。企业和合作伙伴的交互系统则对接了企业端和合作伙伴端。企业C根据自身情况，决定交互系统的主要模块，包含了招募、销售、业绩与奖励，以及市场活动等模块。

10.1.1 企业和合作伙伴之间的渠道交互系统

企业通过系统管理业务，可以提高效率，增加准确性，也更加规范。

以企业C为例，对照图10-1，来了解企业和合作伙伴之间如何通过系统进行业务交互。

（1）合作伙伴招募

在渠道招募的章节，读者了解了招募的流程。具体过程是，合作伙伴在系统中提交

图10-1 渠道管理系统

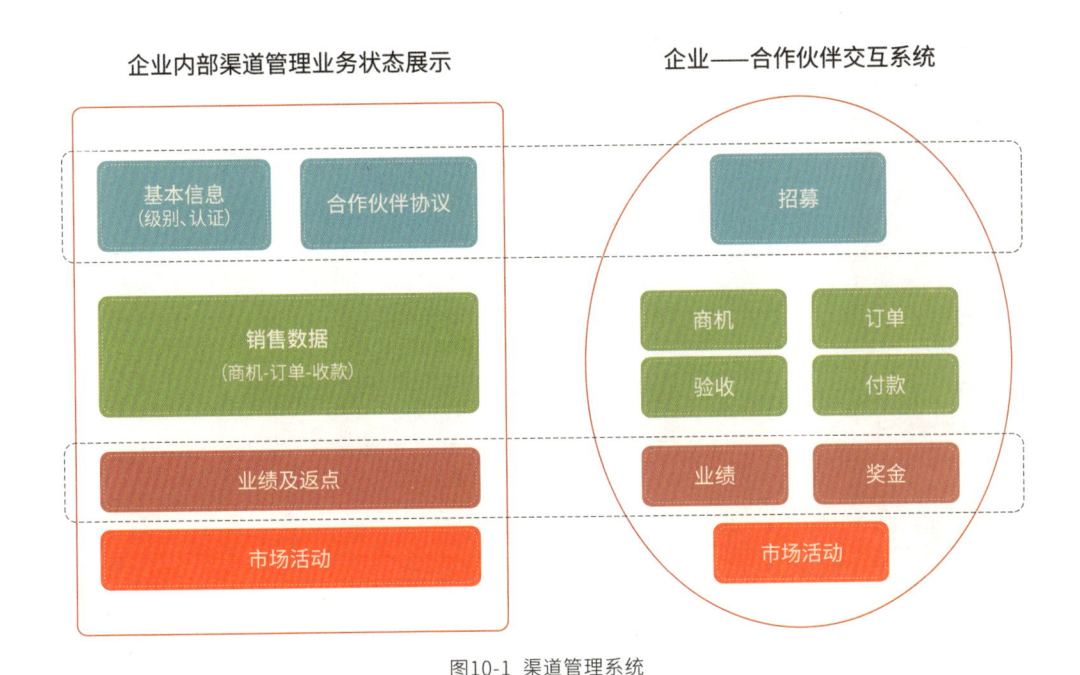

申请资料；企业在系统中收到申请资料后，启动内部流程，相关部门逐一审核批复；最后将批复意见通过系统返给合作伙伴。

招募完成后，企业将确定合作伙伴的级别、类型、代理的产品、合作起始日和有效期等基本信息。企业和合作伙伴双方都可以通过系统查询到这些信息。

（2）商机报备

企业鼓励合作伙伴进行商机报备，这可以一定程度避免渠道冲突，同时便于企业安排资源做销售支持和供货预测。有时合作伙伴担心用户信息的泄露而不愿报备，企业则需要向合作伙伴明确表明，报备的商机将做好信息的区隔，企业也可以采取奖励政策鼓励合作伙伴商机报备，而非强制要求报备。

商机报备内容应简单扼要，只需要包括用户和项目的基本信息（表10-1）。

商机报备的具体过程为：合作伙伴在系统中提出商机报备的申请，并提供用户和项目的基本信息。企业的渠道销售专员接到商机报备信息，得到相关业务经理的审批后，在系统中回复合作伙伴。报备成功后，企业和合作伙伴可以在系统中查看项目报备的批复情况。

渠道销售专员在企业内部的销售管理系统中创建该项目，并负责项目的推动。

表10-1 商机报备

合作伙伴名称	
用户信息	
用户名称	
地址	
联系人	职务　　　　　　　　电话
项目信息	
项目名称	
预计项目金额（元）	
预计签约日期	
产品及数量	
备注说明	
企业审核意见	

（3）商机派送

企业需要预先制定商机派送的原则，例如地域优先，将商机派送给贴近用户的合作伙伴；也可以行业优先，将商机派送给具有行业经验的合作伙伴；有优质服务能力的合作伙伴优先，将商机派送给服务能力强的合作伙伴；对企业有忠诚度的合作伙伴优先，以确保合作伙伴会推荐本企业的产品，并尽全力赢得项目。合作伙伴通常非常认可商机派送的价值，这也是渠道激励的一种方式。

企业通常先在线下和合作伙伴沟通后，在系统上正式派送。具体过程是，渠道销售专员负责在系统中将商机派送给合作伙伴，合作伙伴在系统中接收并跟进。

渠道销售专员在企业内部销售管理系统中，将商机派送信息标注在该商机中。企业应能追踪商机派送后的转化率，并复盘了解成功和失败的原因。

（4）价格和奖励计划

企业向市场提供产品的公开报价，但渠道折扣和奖励计划则只发放给适用的合作伙伴，且只有合作伙伴的授权人才能接触到这部分信息。所以系统中应注意这部分的权限设置。这一部分也可以通过单独的系统或邮件方式发送，做出适当的权限区隔。

（5）订单

具体过程为，合作伙伴通过系统向企业下订单。对于复杂的解决方案，企业在接受订单后，还需要对方案配置进行确认。订单确认后，企业和合作伙伴可以在系统中查询预计发货期、付款提醒等信息。

（6）合作伙伴业绩和返点

企业通过系统向合作伙伴反馈业绩信息、可以享受的折扣返点、促销返点等。合作伙伴可以查询业绩和返点情况。

（7）合作伙伴认证

企业和合作伙伴可在系统中查询认证情况。

（8）市场活动

在渠道市场章节中，我们提到市场支持基金的申请和发放。合作伙伴在年初规划时，可对全年业绩做出预测，并在系统中提交市场计划，企业初审通过计划后，在系统中确认。每季度结束后，企业确认合作伙伴的季度业绩和可获得的基金金额。合作伙伴在执行市场活动后，在系统中向企业提交正式的基金申请，并上传活动的凭证。企业则核实合作伙伴的业绩、对应的基金金额、合作伙伴的活动凭证，并发放基金。

以上以企业C为例，讨论了渠道交互系统的内容。需要注意的是，由于系统涉及商业交易，合作伙伴和企业需确保双方的账户管理，系统登录的授权以及权限管理。

◆ 例1

云扩渠道管理系统提供了一站式的合作伙伴入口，连接了企业和合作伙伴，分阶段地实现了在线商务管理（图 10-2）。其中，合作伙伴申请、订单提交、商机报备等，都可以通过线上系统进行，合作伙伴也可以在线查询认证情况及订单等商务状态，提高了业务效率和准确性。

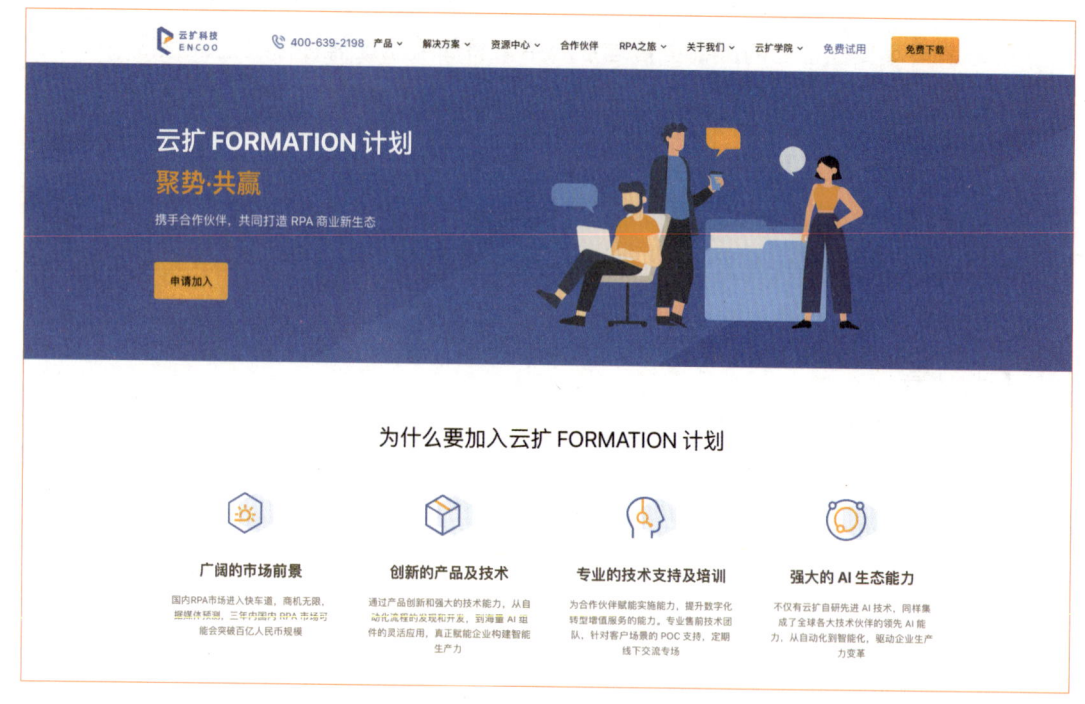

图10-2 合作伙伴线上管理系统

10.1.2 企业和合作伙伴之间的其他交互方式

除了渠道系统之外，企业和合作伙伴之间通常还有其他的交互沟通方式。

（1）沟通信

企业可以群发邮件形式发放通知。例如策略沟通、市场相关信息、重要的通知、企业的捷报等。企业的沟通信需要保持一定的频度，而且要注重沟通信的内容。

（2）信息推送

企业可通过企业微信、公众号、抖音等各种形式，向用户和合作伙伴推送信息，吸引关注。

企业需要注意沟通的效率和有效性，提升合作伙伴的黏性，对业务起到帮助作用。

10.1.3 企业内部的渠道管理系统

以图 10-1 所示的企业为例，C 企业内部有销售管理系统，需要在其中建立渠道相关的信息：

(1) 创建合作伙伴的基本信息

和创建用户信息一样，在销售管理系统中，需包含合作伙伴基本信息以及合作协议。

(2) 创建合作伙伴活动记录

即使合作伙伴尚未有明确的商机，也可能需要赋能、方案验证等资源支持，也会发生拜访、会议等活动，产生一些合作的阶段性进展，这些都可以有所记录。

(3) 在商机到订单到付款的销售环节中，应关联合作伙伴信息

对于合作伙伴参与的商机或企业派送给合作伙伴的商机，商机中除了有用户的信息，也应包含合作伙伴的信息。对于合作伙伴报备的商机，本身就包括了用户和合作伙伴信息。

(4) 促销及奖励计划

企业通过抓取和分析不同渠道在促销活动中的获客和销售情况，对促销活动的效果做出评估。企业用同样的方式对奖励计划的效果进行评估。

这样，结合渠道交互系统中的数据，企业就可以清楚地看到渠道体系的业绩情况。企业可以通过系统的数据生成仪表盘，显示渠道体系的整体销售额，以及各种维度的细分数据，例如合作伙伴带来了多少商机，这些商机目前的进展阶段；合作伙伴按月、按季度、按本年度的销售收入和增长率，按区域、按行业、按合作伙伴类型、按应用的销售收入和增长率，业绩目标完成情况预估本季度、本年度的销售情况；合作伙伴认证进展；合作伙伴激活率等。同时可以罗列合作伙伴个体的业绩情况。

10.2 渠道管理系统对业务的作用

随着企业信息化和数字化的发展，系统与工具逐渐成为渠道管理的必备。对于侧重渠道销售的企业，或试图通过渠道扩张生意的企业，渠道管理系统意味着企业拥有标准的业务流程，实行规范化数字化的管理，可以提升管理的效率。同时，通过系统与合作伙伴的沟通，也更规范，信息更安全。

◆ 例 2

企业 C 通过销售管理系统管理所有的用户和商机，其中包括直销项目和通过渠道销售的项目。

为了更有效地进行业务管理，渠道负责人要求团队统一接受培训，学习系统录入的标准定义，例如，对商机进展中的主要里程碑做出了定义，对商机赢率做出了定义等。这样，团队就在一致的标准下进行商机状态的输入。

同时，渠道负责人要求团队保持纪律性，例如，渠道销售专员需要每天将销售活动的进展录入系统；发现新商机后，渠道销售专员需要在渠道名下创建商机，并对商机详情、所处的阶段、用户采购时间表等重要信息，都要进行录入，以此作为为合作伙伴调动资源的依据。

采用系统管理之后，渠道负责人则每天可以通过系统了解渠道销售专员的销售活动和业务进展，并对业务中需要的支持资源进行统筹安排，对渠道销售专员及时指导。每周对渠道销售的业务回顾也可以通过系统数据进行，免去了制表等环节。

利用系统仪表盘可视化展现模式，企业管理层在业务周会、季度会议等任何时候，都可以直接调用数据，实时了解渠道业务进展情况，更好地帮助业务决策。

因此，企业通过系统管理数据，分析渠道数据，提升渠道运营的效率，并指导下一步的渠道发展。系统帮助企业不再身处盲区，制定行动计划时，更有数据支持和针对性。

第 11 章
服务渠道生态

通过本章内容，读者可以：

——了解服务的特质（包含服务和产品的关系和区别）

——了解服务业务中的渠道生态模式（包含由服务特质引发的服务生态探讨）

——了解服务渠道的构建和管理，包括渠道设计、招募、市场活动、赋能、激励、冲突管理、风险管理以及绩效评估

——了解渠道生态在服务中的应用

服务在经济领域占的比重越来越大，而渠道生态在服务上也呈现出越来越重要的态势，本章我们将讨论服务渠道生态的相关内容。读者可以在阅读本章之前，回顾第一章关于渠道生态的相关介绍。

11.1 服务的特质

当我们在考虑服务的渠道生态时，会发现与传统的产品渠道有很多不同，究其原因，是服务的特质，以及服务与一般产品的区别造成的。

11.1.1 服务的特质

在服务渠道构建中需要考虑到服务的特质，特别是不同于产品的特质。

（1）服务的无形性

与多数产品相比，服务具有较强的无形性。无论汽车、手机、计算机……，产品本身都是有形的；而汽车维修、手机数据迁移、计算机安装等服务，更多是无形的。这和服务中人力参与程度有关。比如餐饮，客户感受到的服务由餐厅环境（装修）、食材、厨师技能、餐厅服务等共同构成，其中餐厅环境和食材是有形的，而厨师技能、餐厅服务是无形的……不同类型的餐饮服务，各项所占的比重不同，而最能体现餐厅差异化的，往往是后者。

从营销角度如何描述服务，并通过渠道营销出去，是需要思考的问题。服务提供商往往尝试将服务具象化，比如采用将服务与某些影像、文字联系起来，把服务与某些具体产品联系起来等方法。也可以通过服务的试用体验，让客户体会、感受。

比如，某连锁美容店，采用统一的产品，统一的装修风格，统一的定价。期待给用户提供尽量一致的体验。

比如，某美甲店，把自己的客户美甲后的照片放在互联网上，并根据不同的复杂度标价，供客户选择。

比如，著名的香格里拉酒店集团，客户进入任何一家香格里拉的酒店，都会闻到统一的香氛味道。

(2) 服务与从业人员的强相关性

构成服务有一个非常重要的因素——人，也就是服务的提供者。产品的属性在转售和使用过程中不依赖于人，独立于人而存在，过程中产品属性不会改变。例如，货物从企业到用户手中，产品的属性并不会因为经过不同的中间商渠道而发生变化。而服务受人的影响很大。由于服务是由人提供的，提供服务的人员技能水平、服务中的态度、沟通水平，直接影响服务本身。这造成用户向同一个企业购买的同一项服务，也可能因渠道不同，服务提供者不同而存在差异。有些服务也因为和服务提供者的强相关性而受到地理位置等限制，如果提供者不在本地，就会受差旅等因素影响，引起成本和价格上升；如果提供者业务繁忙，用户则需要等待。

因此，产品可以批量生产，而与服务提供者相关的优质服务如何复制推广，是企业需要思考的问题。互联网的发展，部分解决了有些服务的复制问题。例如，线上授课，可以消除地理位置的限制，扩大受众，降低成本。通过自动化工具替代服务中的一部分人力，例如，IT运维的自动化，通过技术解放了部分人力。很多新的服务商业模式也在不断产生。

(3) 服务难于标准化的特质

除了一些定制化产品，产品的基本特征是标准化，可以大批量生产。而服务行业因为人的参与，而有更多的变数，人力在此项服务参与的比重越大，就越难标准化。

什么情况下服务较容易标准化呢？如果能够通过细分，或者提升服务流程管理和质量管理，是否可以找到易于标准化的服务细分呢？这是之后考虑营销以及能否使用渠道的关键点。例如，原来大家认为家政服务不能打包成产品，后来在精细化研究后，保洁这一项容易由面积评估劳动量；因为技能差异不大，还可以细分为擦玻璃、擦油烟机、整理物品等，再用劳动时间评估，单位小时可以报价不同。究其原因，是因为人的差异化对这项服务影响低，在这里弱化了人的差异性，从而实现了服务的标准化。例如，产品附带的一年或三年保修服务，有标准的服务内容，服务提供者的差异性对服务影响较小，也属于标准化的服务。

与之相对应的是定制服务。例如，咨询服务、软件开发等，需要针对每个用户的不同情况进行工作范围和业务量的评估，以及项目风险的评估。有经验的服务提供商，在既往项目中，可以形成一套方法论和开发框架，可以沉淀下半成品，在其他项目中实现部分复用，但仍需要结合用户需求进行定制。

近年来，出现了更多的将服务标准化的趋势。例如，很多服务以套餐的形式存在，比如体检服务；或者以套餐为基础附加部分定制服务的形式，比如装修服务的标准套餐，但用户仍可以选择附加定制服务的部分。服务的标准化通过流程管理、人员培训管理来减少由于不同服务提供者带来的差异。而对于客户来说，标准化增加透明度，增加服务之间的可比性，便于理解，可以加快用户购买服务的决策过程。

从渠道营销的角度来看，标准化的服务更有利于采用接近产品渠道的模式，呈现出更多的运用渠道通路的机会。服务型企业需要在标准化和用户的个性化需求之间找到平衡，即使是一定程度上的标准化，也有可能增加通过渠道来营销的机会。后续我们将谈到针对复杂的定制化的服务，渠道生态（非渠道通路）如何发挥重要作用。

(4) **用户对服务的参与度**

很多客户会感受到，服务的过程是客户和服务提供者的一个交互的过程。例如剪头发，美发师会先和顾客探讨适合的发型，会优先考虑客户自身的喜好，最终成型。只有这样，服务完成时（头发剪完），客户才可能满意。

例如服务企业做项目调研，用户的参与和配合程度直接影响最后的调研交付质量；服务的验收，也需要用户专业的检测；在服务流程的建立中，也有很多用户相关的职责岗位；在共创型产品开发中，企业和用户更是共同创造。因此，服务最后交付的好坏，不完全取决于服务提供商一方，用户本身也参与其中。

服务企业在营销和提供服务时，需要考虑用户参与而产生的影响。同时，也要考虑到不同的用户可能有不同需求，即使同类服务，也可能存在服务等级需求的较大差异。例如，不同用户要求的 IT 系统的响应时间、修复时间、灾备方案存在差异，这可能影响到采用不同的服务方案和手段等，或者说影响到服务的构成与实质。

(5) **服务的易逝性**

服务与产品相比，更具有易逝性。比如电影院，放一场电影前，卖掉了 70% 的票，但放映完毕，另外的 30% 的可能服务就不存在了。比如运输服务，一班长途车到了终点，其中没有卖掉票的座位服务就不存在了。这和一般产品是不同的，哪怕是那些易损的，不容易保存的产品。

这就要求考虑服务营销时，需要最大化地在最短的时间内向最多的受众展示这个服务商品。随着技术的发展，这个问题虽然不能解决，但可以在营销和渠道领域改善，或者说做出差异化。

比如机票,过去,航空公司通过自己的直销渠道(门店)、旅行社、机票销售点进行销售。往往会给各个渠道一定的数量,一段时间再同步剩余票量。随着 IT 技术、互联网的发展,现在主要通过航空公司官网、航空公司 APP、航空公司 800 电话、网络平台(携程、途牛、飞猪等)进行销售,后台系统的完善,使得各个销售途径都可以看到实时剩余票量的情况。尽量避免了有剩余票量,而旅客因信息不畅而买不到票的情况。

11.1.2 服务与产品的关系和区别

有些拥有产品的企业,因为销售产品衍生出服务的需求,这些服务与产品有关联性。也有的企业本身不生产产品,在提供服务时,需要使用第三方的产品。这些企业在销售和交付过程中,服务和产品既存在差异,又密切相关,并由此影响了服务渠道生态模式。

(1) 产品可以催生服务

当用户购买了产品,可以采取自服务的形式,例如,购买的家用小电器,通过阅读说明书,进行非常简单的自安装,就可以开始使用。也有一些需要专业的安装服务,例如空调。而大量企业级产品通常需要附加原厂或第三方的安装和调试服务才能进入使用环节,解决用户的实际问题。由产品催生的还有产品的保修服务,为了教会用户使用产品而设立的培训服务,以及某些产品在购买前,需要先针对用户情况提供的咨询服务,以及其他围绕产品的增值服务等。

(2) 产品是提供服务的工具

例如,有些产品本身就是为服务提供商提供便利而发明的。这就像维修工人的工具箱,存在的目的并不是给最终用户使用,而是给服务提供者使用。例如,在 IT 行业,也有很多工具类软件产品,专门为开发人员开发软件应用时提供便利;还有的产品用于运维服务等。例如,在美容行业,美容设备是提供美容服务的工具。

(3) 产品为服务提供了平台或环境

例如,打车软件连接了司机和消费者,其云平台为出行服务提供了技术平台。例如,应用软件开发过程中需要的软件和硬件平台,为开发提供了环境,服务提供商需要熟悉产品平台环境,才能为用户提供开发服务。

(4) 产品是服务的结果

有时服务项目的目标就是开发出新的产品。例如,利用设计思维(Design Thinking)理念,企业和用户共同创造一个新的产品。这时,用户的采购发生在产品出现之前，产品是双方共同创造的结果。

（5）服务提供商是产品的渠道

服务提供商在服务中与用户建立信任，使得用户更倾向于从服务提供商处得到产品的资讯，并通过服务提供商购买产品。例如，售后服务提供商销售产品配件，或说服用户更换成新一代的产品。

（6）以服务替代产品

例如，过去产品采用传统的定价原则进行定价，客户购买产品后，完全拥有了产品的所有权。如今用户可以支付年度订阅软件，而不需要买断产品；产品也可以采用租赁模式，比如租车，租房；在云计算中，用户按需付费，共享单车按使用付费；有些复杂服务可以基于绩效定价，以提高用户的购买意愿。这些情况下用户不再拥有产品，但用户可以使用产品，也可以访问使用情况的相关数据，这增强了企业与用户的联系，创造了市场壁垒，也提供了超大规模收入的机会。

也有些服务是独立于企业产品或第三方产品而存在的，或者说这类服务企业主要是提供人员，而不依赖于产品、工具、环境等，例如，人力外包、心理咨询服务等。

11.2 服务业务中的渠道生态模式

由于服务和产品的密切关系，企业可以借鉴产品渠道模式的思路去构建服务渠道；而由于服务的特质以及与产品的区别，在构建服务渠道时，也会存在较大的差异。

11.2.1 由服务特质引发的服务生态探讨

11.2.1.1 渠道生态的作用

在市场上，服务无处不在，服务提供商数量巨大，不同类型的服务提供商擅长不同的服务内容。对众多的服务企业来说，利用渠道生态系统是否有意义呢？或者说渠道生态在服务中能发挥什么样的作用呢？

（1）快速扩大服务的覆盖面和市场影响力

企业的人员队伍规模有限，而合作伙伴更了解地方习俗，或拥有客户关系。通过渠道生态，可以把服务覆盖到企业自身较难涉及或较不熟悉的区域和行业的用户。由于渠道更贴近用户，了解用户，对用户具有影响力，因此，相比于企业，有时更能使用户满意。

云计算和产业生态联盟等，搭建了企业之间的桥梁，使企业的曝光度大大增加。例如通过云供应商的网上应用商城和市场活动，企业可以接触到各类伙伴，也让更多用户认识到自己；通过产业生态联盟，企业的触角更广泛地延伸。因此，企业不仅仅依靠一己之力，而是借助生态伙伴的力量扩大覆盖和市场影响力，这些有时能带动企业商机成倍地增长。

(2) 完善企业的服务能力，降低成本，提高服务质量

如果企业的能力能很好地满足用户的部分需求，但又无法满足用户的全部需求，通过渠道生态合作，可以组成联合服务方案，从而完善企业的服务能力。除了补充企业能力的不足，合作也可以是补充企业人力的不足，或是出于人力方面需要降低交付成本、提高交付质量的考虑。

(3) 规避企业的一些风险

例如，上述联合服务方案中，企业将自己不擅长的部分服务，通过生态合作，也降低了交付风险。例如，在项目中，通过引入保险或金融服务机构，企业降低服务中的财务风险。例如，某些服务，特别是产品附属的服务，采用渠道模式，企业和渠道之间的合约付款条款基本固定，由渠道完成和最终用户的合约，相当于渠道承担复杂的收款工作。

对于产品为主的企业来说，为用户提供有品质的服务还会增加产品的吸引力，促进产品的销售。

11.2.1.2 服务渠道需要克服由服务特质引起的不利因素

根据服务特质以及服务与产品的关系，有些服务适合通过渠道提供给最终用户；有些服务在标准化后会适合渠道；有些服务难以标准化，但善用渠道生态，对企业的营销还是非常有帮助的。

企业可以充分利用产品渠道。由于服务和产品的密切关系，企业可以利用产品渠道推广服务，无论是企业自身的产品，还是第三方产品。例如，企业在通过渠道销售产品的同时，提供多类服务选项，由渠道向用户推荐，或将用户的需求带给企业。

当企业克服或转化了不利于渠道营销和交付的那些服务特质，就可以更多地利用渠道帮助企业发展服务业务。例如，我们在服务特质小节谈到的，标准化对通过渠道推广非常重要，标准化的服务可以更像产品一样，利用渠道；企业可以把服务的无形性具象化，弱化人的差异性，找到标准化的服务细分，将定制化的服务部分标准化等。企业可以对服务人员进行赋能，包括标准技能要求、服务态度要求，甚至是话术、服装的要求等。

企业制定服务流程进行管控，解决因人造成的服务差异。实现了标准化，就为渠道推广提供了前提条件，可以通过渠道提高业务规模。

例如，特许经营和加盟，为服务渠道提供了一个范例。首先，企业制定了一系列的运营标准和规范。对于受许商、加盟商来说，必须严格按照企业的要求，保持一致性。从而解决了服务难于标准化的问题。对企业来说，通过渠道模式，实现了大规模经营。

而对于难以标准化的服务，通过渠道生态也能帮到企业。当企业无法独立完成服务，需要利用双方或多方的能力互补共同为用户提供服务价值时，渠道生态合作就加快了走向市场的速度，或降低了成本。

11.2.2 服务业务中的渠道生态模式

相比于产品渠道，服务渠道生态模式更多样，了解了各种模式，企业可以进一步探讨如何构建自身的渠道生态。

① 转售模式依旧存在，通常适用于标准化的服务，这类服务容易建立服务目录、标准工作范围和报价（图11-1）。例如，产品附带的保修服务，就可以采用产品加服务一起转售，工作范围可以直接放在产品说明书，价格也包含在产品价格内，无须单独报价。其他还有很多和产品相关的标准化的服务，例如安装服务、原厂提供的培训服务、保修期后的维保延期服务等，都可以通过渠道进行转售。还有和其他服务相关的标准化的服务，例如，用户在购买旅行服务时，合约中用户所购买的保险；例如，在用户较长的美发时间里提供美甲服务；例如，通过银行手机商城向银行的个人用户销售餐饮、出行、娱乐服务。

② 企业可以通过指定授权服务商的方式加强覆盖。有些用户在多个城市运营，或跨

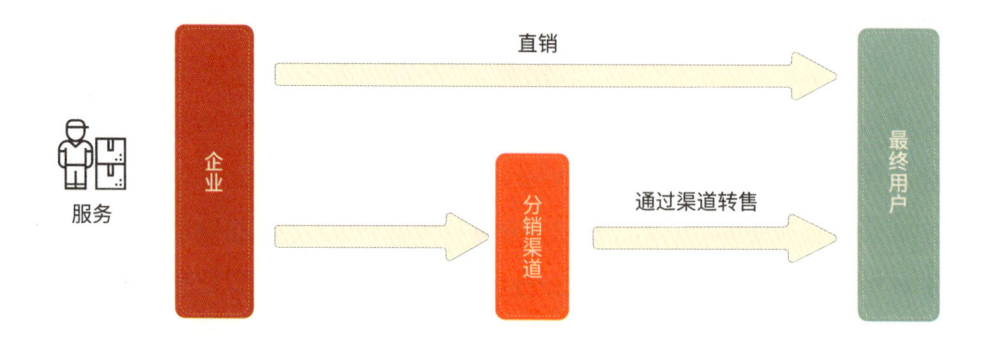

图11-1 服务中的转售模式

国运营，在选择和审核企业的解决方案的时候，会对企业的售后服务支持体系非常关心。例如，除了用户自服务的部分，企业是否在每个用户现场都提供相应的售后支持，支持的服务级别如何，价格如何。为此，企业可以自建服务体系，也可以通过培训认证指定授权服务商的方式，共同建立服务体系，包括备品备件的布局和管理方式、人员的布局和管理方式等。获得授权的服务商须经过和原厂员工一样的专业培训，遵从原厂的服务标准。这种模式下，企业可以较少雇佣员工，而把服务的市场交给服务商共同完成，并通过精细化的管理获得用户的服务满意度和降低成本之间的平衡。

例如，有的家电产品在其说明书中附有授权服务商的名单和联系方式，通常是按照区域划分，方便用户就近获得服务。用户在使用这些服务商的服务时，对其品质具有较高的信任度，等同于原厂品质。

◆ 例1

在 IBM 出售其 PC 和 PC 服务器业务之前，为了服务国内用户，IBM 和中铁信共同合资成立了蓝色快车，打造了全国服务体系。蓝色快车在全国拥有 10 余个备件中心，近 200 个服务站，数千名专业工程师，凭借先进的服务管理体系，在铁路网络所能到达的地方，为用户提供及时优质的服务支持。在当时，这大大增强了用户使用 IBM 产品的信心。

③ 特许经营、加盟。前面介绍过特许经营和加盟同样可以帮助企业实现服务规模化。与授权服务商相比，特许经营和加盟使用了企业的服务品牌，并拥有一致的营销战略、标准、质量控制等。例如，餐饮、美容等行业的特许经营、加盟模式。

④ 在服务领域，采用下包商的方式比较常见。企业出于成本考虑，或由于用户的需求超出了企业能力范围，则企业需要通过寻找下包商，也叫供应商，来弥补自身某些技能的短缺和人员的不足，调节成本。这时，企业所扮演的是总包的角色，对项目总体负责。这就要求企业有较强的项目管理能力，还要有核心技术能力。企业通过对自身和下包商的管理，完成用户的项目（图 11-2）。在这种模式下，下包商是企业的上游卖方，是供应商，这与传统的渠道合作伙伴在企业的下游更贴近用户的情况相反，与通常的产品渠道销售逻辑也相反，但在服务的生态中，下包商仍旧是完成业务的重要一环，是渠道生态关系维护以及渠道管理的范畴。例如，为用户提供进口及物流服务的公司，可以将其中的一部分服务（如货物的整理检查、货物的标签等）下包给第三方渠道生态完成。

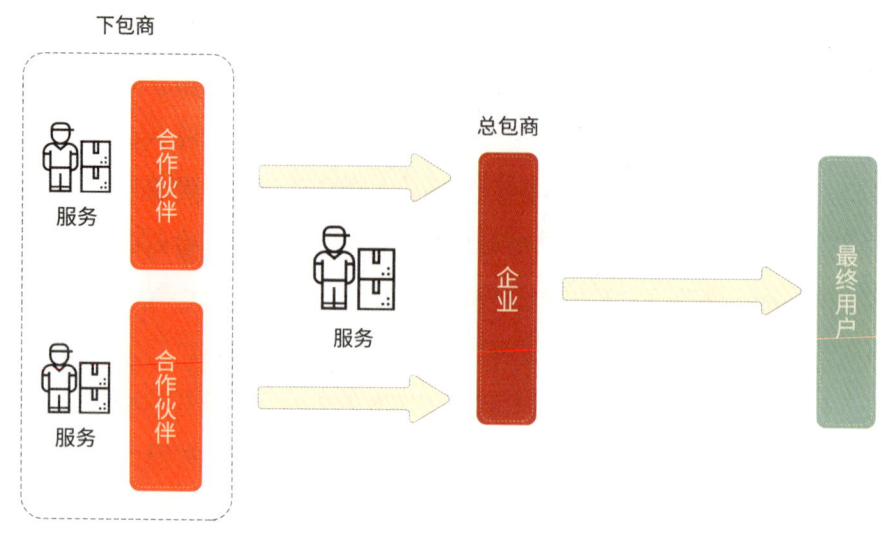

图11-2 企业做为总包，合作伙伴作为下包商的合作模式

◆ 例2

某企业 A 的合作伙伴带来一个商机。由于该合作伙伴公司规模较小，无法满足用户的项目要求，但合作伙伴对用户的业务环境非常熟悉，而且非常擅长提供项目中的部分服务。于是这个合作伙伴向企业 A 提出合作建议，由企业 A 负责总包，对项目整体负责，而合作伙伴专注于提供自身擅长的部分服务。企业接受了建议，对接了用户，并和合作伙伴一起探讨解决方案，共同为此客户提供服务。

⑤ 在服务领域，合作伙伴作为总包，而企业作为下包商。如图 11-3 所示，这种模式下，合作伙伴发现商机，组织方案，与用户进行售前的沟通并签约，对项目总体负责。合作伙伴将部分服务下包给企业，则企业成为下包商，在项目中提供部分服务。从销售路径来看，这和产品的渠道销售有些类似，即企业没有直接与用户签约，但内容则完全不同，企业需要和合作伙伴商谈工作范围和价格，这成为合作伙伴的项目成本。例如，某企业提供定制橱柜的服务，通过和装修公司合作，承接装修中相关部分的业务。例如，软件开发商通过和大的集成商的合作，负责自己擅长的这部分业务的开发。

⑥ 企业和合作伙伴打造联合解决方案，并通过企业、合作伙伴和用户三方合约方式，或通过企业直销的方式销售（图 11-4）。这也是渠道生态合作的形式。例如，在和用户的项目沟通阶段，企业和合作伙伴一起进场，联合演示方案，说明角色分配，向用户展

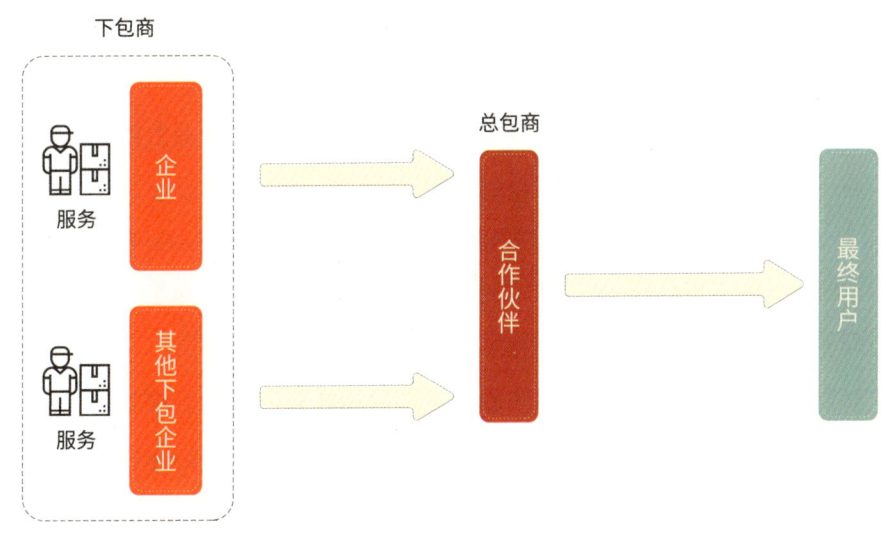

图11-3 合作伙伴做为总包，企业做为下包商的合作模式

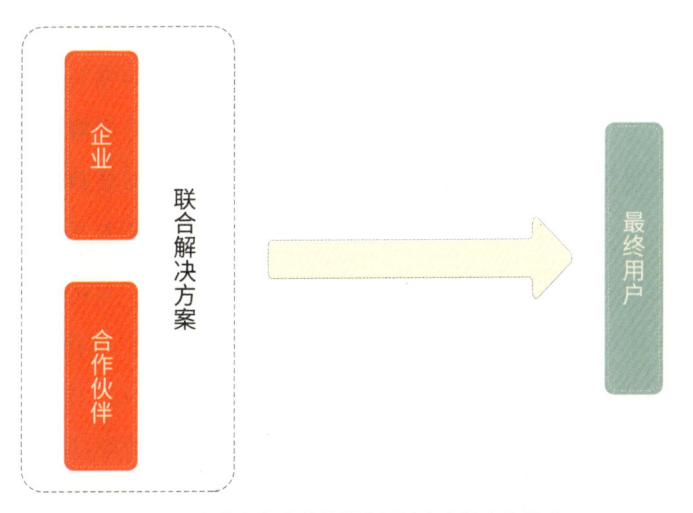

图11-4 企业和合作伙伴联合解决方案的合作模式

示双方的合作，而并非一家隐在另一家身后的状况。这种搭档模式在第一次合作成功之后，容易建立双方团队的信任和合作默契，会具有一定的复制性。对企业来说，这也是需要维护的渠道生态关系。再比如，企业和合作伙伴共同做技术投入，进行市场分析、财务回报分析，和用户分享。这种模式利用了双方各自的长处，有时甚至是跨界合作，非常有利于创新场景。从时间周期上，大大缩短了开发周期；在市场上，可以扩大双方的市场外延。这种合作模式也是用户知晓并乐于见到的。例如，零售企业打造新型的用户购物体验场馆，设计多个场景式消费，其中结合数字技术、人工智能，配合时尚的装饰设计，

将过去普通的购物上升成为以用户为中心的愉快的体验。其中就可以选择不同领域的多方合作的方式，联合打造创新的方案。

⑦ 合资公司。服务合作中，也会出现合资的模式。例如，企业为用户提供数字化转型服务，通过和行业专长的技术型公司合资，企业可以迅速获得行业的能力。

⑧ 云计算下的服务生态合作也呈现出丰富多样的组合。例如，国内主要的云平台阿里云、腾讯云、华为云等，结合了数以万计的 SaaS 软件企业，提供各行业的解决方案，其中有些是预制的标准产品加服务，有些需要针对用户提供定制服务。同样，随着用户的数字化转型，需要开发更多的云原生应用，以及把现有的应用迁移到云端，这些都离不开服务商。再如，用户引入多云管理的服务商，在传统 IT 系统、私有云和公有云的环境下，管理企业的数据和应用。因此，围绕着云计算，结合了众多服务生态的合作。

⑨ 企业的服务生态中存在和一家或多家合作的模式，在一个项目中也存在上述多种合作模式的组合。例如，一个复杂的项目中，牵涉到下包商、渠道通路上的合作伙伴、多个云厂商等很多第三方公司。这些都是服务业务中常见的情况。

从上面的描述可以看出，产品由于其标准性，销售模式易于通过渠道复制，而服务则相对复杂，有些是标准化服务，有些是部分标准化附加定制的方式，有些是完全定制的复杂服务解决方案。在制定渠道策略时，更需要审视渠道生态在服务中的作用和意义，并回答好"直销还是通过渠道"的问题。

11.3 服务渠道的构建和管理

渠道生态合作在服务中的应用越来越广，也是越来越多被采用的模式。这里所说的渠道生态合作，突破了传统渠道通路的概念，而是更广泛的合作。例如，在谈论服务渠道生态模式时，转售、特许经营、加盟只是其中的一些模式，还有很多模式不关注在渠道通路上，伙伴可以是上游的供应商，或联合解决方案的合作方，或平台型的公司。总结其中的原因在于术业有专攻，每个企业都有自己的专注领域，如果双方或多方结合能放大各自的利益，为用户提供更多的价值，就会产生生态合作的驱动力。

在进行营销和渠道策略规划时，因为服务的特质，我们可以理解服务采用直销模式的比例远大于产品，尤其是非标准化的复杂服务。采用直销有以下原因：

① 和产品相比，服务项目中的中间商需要承担更高的风险。一个中间商，在非标准

化的服务中，如果自己不具备交付能力，由企业来交付，就需要清楚掌握企业的服务边界和能力，并锁定企业服务者的资源，才能确认用户端的需求。如果中间商认为风险过高，无法掌控，则会放弃这样的机会。

② 中间商较难体现自身价值。服务的需求，需要和用户通过调研等形式逐步确认，中间商若不具备这样的技能，则需要服务提供者亲自和用户梳理，于是中间商的价值就局限于对接了用户和服务提供者，缺少控制点，容易被跳过，或较难取得洽谈利润的筹码。

③ 引入了中间商，大幅增加了用户的采购成本。有时由于中间商和服务提供商分别计算项目风险，都需要在报价中包含风险的加价。于是，通过转售的服务价格就比直销价格显得高得不合理。

④ 当合作伙伴做为总包商，而企业成为下包商时，企业会担心失去在客户端的主导权。例如，在直销模式下，企业需要和用户有密切的沟通，而在企业作为下包商的模式下，这种直接的沟通会被总包商阻断，久而久之，在客户端的话语权会变弱。

⑤ 企业的产品合作伙伴，有可能成为企业服务的竞争者。例如，在经销商掌控的项目中，经销商尽量屏蔽企业的原厂服务而在用户端销售自己的服务内容。这使得企业在产品的赋能方面全力以赴，而在服务的赋能方面，会担心"教会了徒弟，饿死了师傅"。双方出现时而合作，时而竞争的关系。事实上，服务的赋能过程，本身就比产品要复杂，企业较难专门设立渠道服务赋能团队，让繁忙的业务高手来从事赋能工作。

企业采用直销模式时，由于销售和服务都是企业自身的团队，企业更容易计划和管理。渠道模式则较多出现在标准化的服务中，非标准化的服务与渠道合作较多是项目制，即在某个项目中，有黏合双方的用户需求，较强的互补性，双方在销售和交付过程能始终保持信任。这种场景，换到另一个用户，需要根据情况来看能否复制。

因此，企业在制定服务渠道策略时，需要明确渠道生态在企业整体目标中的定位，即企业为什么需要渠道生态，企业对渠道生态的期望是什么，需要渠道生态达到什么样的功能和作用。从而解决企业认为哪些服务业务直销，哪些服务业务需要渠道生态，其中的原则和标准是什么。

11.3.1 服务渠道设计

基于以上对于服务的分析，我们了解到，在服务渠道设计时，无论是渠道的结构，还是渠道成员的选择，都不同于产品渠道。

在设计服务渠道生态时，需要从服务包，也就是服务内容出发，来规划渠道通路和合作模式。例如，咨询和战略规划几乎都是直销模式。而一些标准化的服务，则便于渠道合作伙伴理解和转售，可以主打渠道模式。其他一些服务则介于两者之间，企业可以基于一定的原则，部分项目直销，部分通过渠道。

因为没有物流，渠道设计与管理相对简单。服务的渠道结构一般采用短渠道，即一层转售的模式。有些直销的项目也会涉及合作伙伴，比如前面所说合作伙伴带来商机，由企业总包，合作伙伴做一部分的下包业务，这种情况也涉及渠道管理和第三方关系维护。企业可根据自身情况确定服务渠道的密度和类型。

因此，企业需审视全部的服务能力，从中挑选适合渠道的服务包，同时企业应建立商机合作和商机派送的原则，在多渠道策略下进行渠道管理。

当然，在有些服务包的形成过程中，出现了企业和合作伙伴联合打造。这种联合创造联合销售的模式，符合双赢和扩展市场的理念，是在服务生态中倡导的模式。

服务渠道成员的选择标准会较关注其获客能力和特定技能。获客能力强的合作伙伴拥有较强的客户关系，熟悉客户需求，可以为企业带来商机。但服务渠道成员的选择并不局限于此。在扫描潜在合作对象时，特定的技能也非常重要。例如，企业希望为用户提供集成服务，发现有一部分需求超出了自身的能力，这时需要找到合作伙伴补足这方面的服务能力。企业选择合作伙伴的标准还包括对方能否提供项目中需要的工具类产品，是否可以帮助企业降低成本等。因此，在谈服务生态时，较少关注合作伙伴数量，而更多关注合作伙伴的能力补充方面的价值，如图11-5所示。

◆ 例3

某企业专注于为企业用户提供复杂服务解决方案。企业越来越意识到构建渠道生态的重要性。为明确企业选择服务渠道成员的标准，企业先着重梳理了对服务渠道的期望。企业希望通过合作伙伴获客，也就是说需要寻找具有客户关系的渠道；企业希望提升交付能力，并在交付中进一步降低成本，企业确定使用第三方的交付能力，而非扩建自己的交付团队；企业希望寻找服务提供商，通过培训、认证和授权，进一步增加服务网点，提高服务品质；企业希望寻找在云计算、大数据和AI领域等新业务上有较强解决方案能力的合作伙伴，共同组建联合解决方案。

接着，企业一步细化了渠道成员的选择标准，增加了包括规模、财务及信用状况等

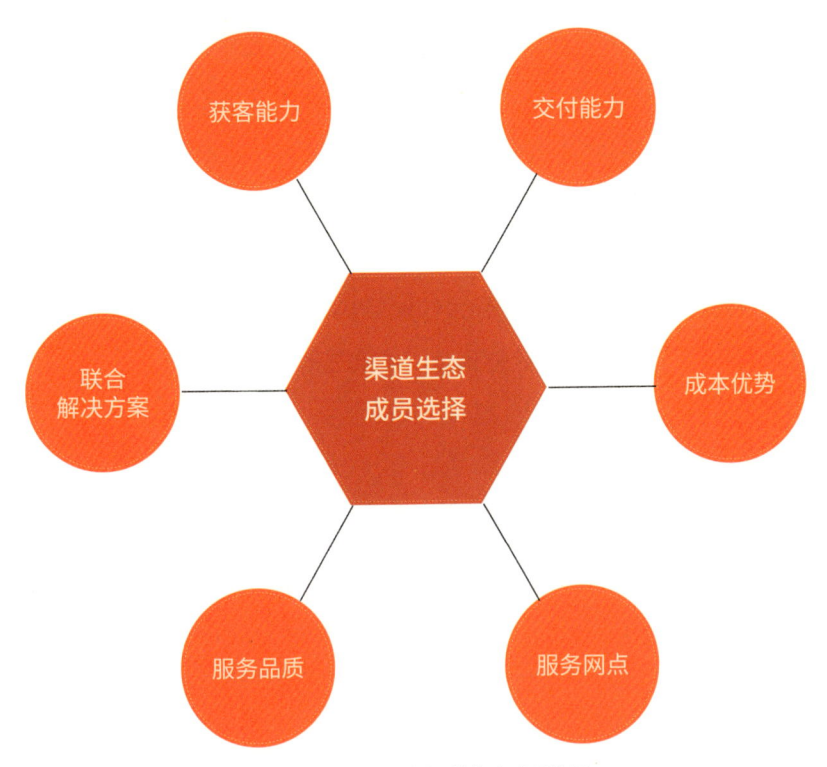

图11-5 某企业服务渠道生态成员选择

方面的标准,并下达了渠道生态目标,由渠道部门负责落实执行。

在数字化转型的今天,服务渠道成员的选择会有更多创意甚至跨界。例如,金融领域中业务和科技的结合;为了创造零售业中新型的用户体验,集成商提供新型场景类技术,如AR、VR等数据技术类公司的结合等。在生态合作的探索中可以有更多的尝试,例如合作、合资、收购等,并从成功和失败中总结适合企业的合作方式。

总结服务渠道成员的选择,既有"带着服务包找渠道合作伙伴",也有"带着需求找有能力的服务提供商",具有较强的指向性。

11.3.2 服务渠道的招募

在特许经营和加盟合作类型中,也可以使用类似于渠道招募会、发布招商广告、参加各种展会等形式,一旦招募,则依据合作协议形成紧密型的合作。很多其他服务渠道的招募,较少通过渠道招募会的方式。在明确了渠道成员的选择标准之后,更多的是通过专业人员的寻找和鉴别,找到有能力的合作伙伴。

例如,当企业需要建立授权服务商网络时,不一定采用广泛招募的形式,而采用定向沟通、上门洽谈的形式。企业设定选择标准要求，如候选对象本身有多地经营的网络，有新技能员工招募体系、培训体系和服务质量评估体系。企业在找到潜在合作伙伴之后，对合作伙伴的主要服务人员进行培训赋能，而这些能力可以通过服务商自身的体系，在其公司内部快速复制，培养出合作伙伴自身的服务团队。对企业来说，招募这一类合作伙伴从品质上有保证，从业务上和企业没有冲突，是渠道生态较好的形式。

服务渠道生态合作基于双方的服务合作伙伴协议。服务合作伙伴协议通常独立于产品合作伙伴协议，并在每个项目中双方确认订单和工作范围附件。

11.3.3 服务渠道的市场活动

服务的渠道生态建设较多采用联合的市场活动，例如，双方打造联合解决方案后，针对某一用户群体召开研讨会。由于针对性较强，研讨会中直接发现商机的机会较大，因而也增加了市场活动的有效性。后期双方共同参与交付，做好用户的维系工作。

企业面向合作伙伴的市场活动也会带有服务的推介，介绍自己的能力，宣传成功案例。合作伙伴遇到合适的用户需求，就可以把商机带给企业。

企业的年度合作伙伴大会也可以发布服务渠道相关的政策，设立服务相关的合作伙伴奖项。

服务可以针对体验试用进行促销，或者服务的标准化程度非常高，接近于产品，也有可能采用促销形式。但企业需要注意的是，促销引发的集中采购需要有足够的人力去实施交付，如果无法交付，反而会引起用户满意度的问题。在有些情况下，服务的非标准性、用户需要参与服务的调研等，也造成服务不像产品，未必能通过奖励和促销触发需求。当服务的利润并不高，企业更需要通过交付的精细化管理来提升服务的利润，这种情况下，较难投入促销奖励。因此，企业需要针对自身情况决定是否采用促销。

在市场宣传中，可以更多地强调服务的专业性，注重口碑效应，将服务的无形性具象化，宣传对用户的价值。也可以宣传服务的覆盖、对用户的服务支撑体系。

11.3.4 服务渠道的赋能

前面我们提到企业向合作伙伴的赋能也会碰到尴尬的情况。当企业无法确定合作伙伴是真的有意愿销售服务还是"偷师"时，企业会在赋能时"留一手"，这时企业要求合作伙伴先把用户带过来，而合作伙伴也会觉得赋能太过肤浅，完全不能满足向用户推荐的基本要求。由于双方不能完全信任，往往会造成合作进行不下去，不能有效赋能。

除去企业主观上不愿赋能的因素，服务的赋能周期也较长，难度较大。因此，很多赋能停留在服务的基本介绍，即告诉合作伙伴企业能做什么，至于如何实现等细节问题则被略去。企业不指望合作伙伴真的能把服务理解透彻，只期望合作伙伴做"带路人"，把企业带到用户面前，由企业直接对接用户。

当然针对服务提供商的产品赋能是企业乐于做的，企业把服务提供商当成产品销售渠道之一。即使有时他们并不会出现在采购路径上，但在售前以及项目实施时期，企业都希望这类服务提供商对产品有很深的认知。而针对特许经营、加盟、授权服务提供商的深度赋能和认证是企业必须做的，以确保服务质量，建立服务体系。因此，在服务的销售和技术赋能方面，也分成不同的级别，例如，转售商可以是销售级别的简单赋能；特许经营、加盟、授权服务提供商则要求深度赋能和认证；而针对有些专门解决疑难杂症的高级服务提供者，或打造联合解决方案的合作者，则需要更高级别的技术赋能。

在服务合作中，同样要注重双方或多方的团队建设和融合，也可以推动管理方面的赋能培训。服务是基于人的业务，而公司文化的差异会为沟通带来难度，这表现在双方的工作节奏、内部流程、权限、人员专业度等各方面的差异。通过团建类文化沟通和管理能力的培训，彼此理解，建立信任，对合作成功至关重要。

11.3.5 服务渠道的激励

对服务渠道生态的激励非常重要，企业可以利用哪些方式来激励服务渠道生态呢？

（1）服务的授权

包括企业授权合作伙伴转售服务、交付服务等。这也包括授予合作伙伴相应的级别，以激励合作伙伴的投入和能力培养。

（2）折扣和奖励计划

尤其是针对标准化的转售服务，企业可以给予合作伙伴折扣和奖励计划返点，来促进合作伙伴的销售。而对于非标准化的服务，则不适用于这种激励模式。

（3）商机派送

企业在项目中寻找能力补充，或者寻找更低成本的服务供应商，则可以对合作伙伴进行商机派送，或者邀请合作伙伴和企业一起参与到项目的销售和交付中。

（4）颁发奖项

企业可以针对优秀合作伙伴颁发奖项。

11.3.6 服务渠道的冲突管理

在服务领域，较少出现渠道通路方面的冲突。如果多个合作伙伴转售同一款原厂标准服务，这时的场景与产品转售类似，那么我们之前在渠道冲突中描述的很多冲突场景也会出现。除此之外，如果在项目早期企业就和一个合作伙伴绑定共同组建方案，也就是合作双方就已经明确了，往往不会出现不同渠道通路的冲突问题。

企业和合作伙伴之间的冲突可能存在。例如，工作范围中双方的服务内容如何切分，双方的价格和利润如何分配等，但为了拿下项目，双方较容易达成最后的妥协一致。

由于服务的收付款有时涉及用户的验收，有时企业和合作伙伴之间就是否验收完成、合作伙伴向企业支付服务款的时间界定而引发冲突。例如，当企业是合作伙伴的项目下包时，用户验收是以企业交付部分验收为标准，还是整个项目验收为标准，双方有时会发生冲突。

服务冲突有时会殃及产品上的合作。在实际业务中，企业会发现很多忠实的产品合作伙伴，变成了服务业务的竞争对手，推销自身品牌的服务，用更具有竞争力的价格在项目中和企业竞争。例如，在产品转售上最受企业青睐的系统集成商，有可能会成为服务的强大竞争对手，因为系统集成商的价值就是提供开发和服务一揽子解决方案，他们通过转售企业产品获取利润，但有时服务则是自己的核心价值，必须自己做。在这里企业根据自身的不同定位，引发不同的反应：在企业原厂服务覆盖能力不够时，会采取欢迎的态度，例如，扶植授权服务商并赋能，或者默许产品合作伙伴的服务行为。如果企业自己的服务团队能力强，又具有业绩压力，则可能和合作伙伴产生冲突。由于服务的成本构成包括备件、服务的地点、人员技能、服务方式等，在竞争中往往各有优势，最终取决于最终用户的选择标准。对于渠道和企业来说，这是正常的竞争。在这种情况下，区隔产品合作伙伴和服务合作伙伴是一个较好的方式。

◆ 例 4

某企业的渠道部接到服务部的投诉，投诉称某个产品合作伙伴刚刚在一个投标项目中和服务部发生竞争，以其自有服务赢得了该项目。服务部希望渠道部通知该合作伙伴，企业将停止向其供货。

渠道部认为，该合作伙伴与企业签署了产品合作协议，并没有违反协议的行为，依据协议企业应向合作伙伴供货，无论其在服务项目中是否和企业发生竞争。

服务也会出现假冒伪劣的行为，例如，用户向渠道合作伙伴购买的是原厂售后服务，而渠道合作伙伴向用户提供自身的服务或第三方服务，而非原厂服务。这时企业需要对这种渠道行为进行处理。

我们要理解，服务的差异性造成服务行业的竞争激烈。同一款产品，其价格范围会在一定区间波动，但在服务的招投标中，价格的差异可以达数倍。这与服务实质的差异、服务提供商的成本、对项目风险的评估、服务提供商的市场策略、服务工具以及用户对服务的需求等级等因素有很大关系。这些都是正常竞争，并不属于渠道冲突。

11.3.7 服务渠道的风险管理

服务渠道生态的构建和管理过程中，一样需要注重风险管理，在这一点上和产品渠道并没有区别。例如，合作伙伴的招募和审核，需要遵循招募和审核流程；合作伙伴需要按时进行合规培训，遵从管理规范等。服务渠道和产品渠道只是流程和风险点可能不同。

企业可以按照风险管理章节的细节，构建服务渠道的风险管理体系。

11.3.8 服务渠道的绩效评估

企业对服务渠道生态系统进行绩效评估非常重要，通过不断的检查和调整，才能达到利用渠道生态系统提高销售、提高利润和提升用户满意度的目的。

服务作为一个专业领域，需要服务提供商能够精细化地管理和不断地创新，因此，企业通过渠道生态体系经营服务，需要关注企业和渠道生态系统共同组成的能力，清楚地了解提供的服务内容和具体级别，企业和渠道生态系统中拥有的人员数量和技能水平，经营覆盖的区域范围等，以区别竞争者。企业需要评估渠道生态系统的服务销售业绩、运行情况、运行效率、风险等，特别需要对服务质量进行评估，检查通过渠道生态系统是否做到了增长销售、降低成本和提高了用户满意度。企业针对服务渠道成员个体进行评估，包括服务销售业绩、销售和交付能力、用户对合作伙伴的满意度以及合作伙伴对服务的投入和配合度、对企业成本控制的影响、合规情况等。只有通过不断的评估和改善，才能保持服务渠道生态系统的差异化竞争力和领先性。

11.4 渠道生态在服务中的应用

重温以下服务渠道生态要点，有助于做好服务渠道生态管理，扩大渠道生态在服务业务中的应用：

① 服务渠道生态合作的内容更宽泛，合作伙伴可以是销售合作、交付合作或技术合作。

② 服务渠道的销售链路较短，直销和一层转售情况居多，很少有多层转售的形式。但合作伙伴可以以其他形式出现，例如：下包商、供应商、联合技术方案提供商、合资、跨界合作等。

③ 企业需要识别适合渠道的服务包和不适合渠道的服务包，需要甄别产品合作伙伴在服务上是合作关系还是竞争关系。企业需要从服务包出发，理清和设计渠道合作模式。

④ 维系服务渠道生态，仍旧是建立在双赢诚信的基础之上，需要遵从渠道规范，建立渠道管理体系。

渠道生态在服务中的应用更具有创新性，也呈现出越来越重要的态势。随着数字化转型的深入，两家和多家跨界合作的模式越来越常见，这种合作不仅是简单地相加，而是像化学反应一样，创新出新的产品、服务和业务类型。具有生态合作观念的企业，会更有章法地处理和第三方的合作关系。

在双方或多方合作中，要确保合作的顺畅成功，需要注意以下三点：

首先，合作的每一方都需要认可合作带来的整体效益，以及对每一方带来的实际利益。只有各方划清边界，各自做好资源能力储备，发挥自己的强项，合理划分利益，才能使合作各方形成的渠道结构稳定。

其次，合作中需要设定一定的规范。如果生态链上有相对较强的一方，或者通常成为总包商的那一方，可以主导推动其他各方形成规范并遵守。同时，对于渠道冲突，需要早发现，并在冲突升级之前，各方能协商达成一致，找到解决办法。

最后，对于渠道各方应有激励。也就是需要有一个促进每一方留在生态链上的理由。其形式不同于产品的奖励促销，可以在实践中去寻找促发各自合作的凝聚力。

未来随着更多创新业务的出现，都会伴随合作模式的改进；反之亦然，合作模式的变化有时也会促进业务的创新。在服务领域，企业与其追求大而全的全自营模式，不如更强调对某种能力的专注，而通过生态合作共建，来服务于用户，共创新业务。

第 12 章

初创企业和成长型中小企业的渠道建设

通过本章内容，读者可以：

——了解初创企业和成长型中小企业的渠道需求

——了解初创企业和成长型中小企业如何制定渠道策略，进行渠道设计和渠道成员选择

——了解初创企业和成长型中小企业在渠道管理中的注意事项

随着国内创新创业的蓬勃发展，初创企业和新兴的成长型中小企业如雨后春笋。相比于成熟型的企业，这类企业具有独特的亮点和弱点，通常非常关注渠道生态，但在渠道建设方面有些企业经验不足，如何着手渠道策略制定，构建渠道体系，进行渠道管理，是这类企业需要关注的重点，也是值得探讨的问题。

12.1 初创企业和成长型中小企业的渠道需求

初创企业和成熟型企业在对渠道的预期上有所不同。我们先来看一下初创企业的特点和对渠道的预期。

初创企业通常成立时间较短，规模较小，有可能存在市场知名度偏低，商务经验偏弱的情况。但初创企业的优点和生存发展的有利环境也非常明显。通常拥有赛道上的优秀人才，有时甚至是技术极客，具有技术上的创新性和理念上的领先性，有时目标是对标国际领先的同类技术企业；有些则是具有商业模式的创新性。上世纪末以来还涌现出资本加持，使得初创企业不需要像过去那样经历漫长的积累期。无论是天使轮还是 A 轮 B 轮等，资金的投入让创新从一个想法和原型，加速变成产品，并加速市场营销成果转化。创新的商业模式也能吸引投资，加速进入市场实践。很多初创企业可以背负一定时期的亏损，只要能打开市场并验证未来的盈利模式，就有机会持续受到资金的关注。而国内用户乐于拥抱新技术，对新型商业模式也愿意尝试，哪怕技术和商务上不成熟，也拥有市场容忍度，这给了初创企业很多机会。

另一方面，初创企业也面临诸多挑战。在人才方面，有的初创企业在招募人才和留住人才方面面临挑战，有时表现为人才流失和团队不稳定。在管理经验方面，有的初创企业由于管理团队相对年轻，对必要的管理流程、管理层的责权分配表现出经验不足；或容易照本宣科，缺少实际应对经验；或缺乏策略思考，这样则容易造成日常管理的混乱。在营销方面，有的初创企业业务初期专注于一个或几个重点用户，在业务迅速推广和复制方面缺少经验。

初创企业拥有活力和速度，敢于试错。在技术、业务和管理上，方向和风格会发生变化，时常处于摔倒、调整、奔跑、摔倒、调整、奔跑……的状态。

当初创企业的产品经过几轮迭代变得比较稳定，后期的产品路径比较清晰，拥有了最初阶段的重点用户时，则具备了快速复制基础，企业就有扩张的需求。这时候正确的营销策略及相关的渠道策略的制定，对企业非常重要。从商业逻辑上看，渠道可以加速市场拓展，同时降低市场开拓成本。这对初创企业具有较强的吸引力。

同样，对于成长型的中小企业，身处朝阳行业，用户需求增速，市场前景好，管理者则希望挖掘渠道潜能，抓住市场机会，超出竞争对手，抢先迅速扩张业务。

12.2 渠道策略

企业对渠道有较强烈的需求，在这个时候，最需要做的事，也是最重要的事是制定渠道策略。对初创企业来说，需要思考渠道在企业整体目标和营销体系中的定位。

首先要思考的仍旧是采用直销还是渠道，还是二者兼而有之的多渠道模式。初创企业可以通过分析市场环境、产品的特性、产品受众的广泛度、潜在的目标市场、竞争对手的渠道策略等因素，决定走直销还是渠道。如果采用多渠道模式，那么企业需要初步计划哪些领域走直销，而哪些领域走渠道；划分的基本标准是什么；未来如果发生直销和渠道通路冲突的情况，企业的基本处理原则是什么……

顶层的渠道策略包含着公司的运营理念。一旦形成，企业需要将渠道策略，以及合作中双方的承诺和益处清楚地表述出来，也就是说，在渠道策略形成之初，就要开始注意和合作伙伴的沟通。纵观初创企业的上述特点，需要注意的是，如果企业出现发展战略未成形，策略变化过快，产品迭代换新过快，或产品技术路线经常变化，人员变化快，市场方向切换较快，较多的试错等，则合作伙伴有可能比较忌讳这种变化。因此，如果企业的渠道策略和诸多方面发生调整和变化，都要预先考虑对合作伙伴的影响，并做好充分的沟通铺垫。

对于成长型的中小企业来说，在销售方面已经有了一些经验，处在业务的扩张期。可以参照本书的渠道策略章节，分析诸多因素后再制定渠道策略。如果过往已经通过渠道销售，则需要评估、审视已有的渠道策略是否需要调整，以满足业务扩张的需求。更为重要的是，要和合作伙伴沟通扩张的意图，沟通渠道策略，以期得到合作伙伴和潜在合作伙伴的全力支持。

这里，我们再次强调渠道策略的重要性。不能因为业务量还没起来，就把渠道策略先放在一边。事实上，在一个赛道内，合作伙伴很容易比较出几个同类企业的渠道策略和支持力度，在初期还没有建立品牌忠诚度之前，如果企业能明确策略，诚信透明，互惠互利，注意沟通交流，注重支持服务，可以更好地建立渠道信任，会对业务有意想不到的帮助。而过于频繁的策略变化并缺乏沟通则有可能造成合作伙伴的迅速离去。这些都是在渠道策略阶段需要注意的。

12.3 渠道设计

明确了渠道策略，初创企业需要进行渠道设计。这个阶段需要确定渠道的目标、功能和作用，并决定渠道结构和制定渠道成员选择标准。

初创企业在渠道设计的过程中，有可能面临过往经验比较缺乏，或者基于自身的实际能力，较难达到理想的渠道结构，较难将设计具体执行的情况。这时，企业仍旧应该从目标、功能和作用出发进行设计，同时可以制定分阶段的目标，设计出阶段目标的渠道的层次、密度和类型，并分阶段推进。

例如，可以以季度为周期，制定阶段目标。初期需要专注从阶段目标开始，选择一至两种类型的渠道合作伙伴，较少的家数，重点支持并积累渠道合作中的经验和口碑，打好基础，固化模式。通过阶段绩效评估验证后再加大渠道密度，扩大在目标行业和区域的渠道分布，或增加新的渠道模式。

对于成长型的中小企业来说，这时的重点是定义新的目标市场，明确要达成的渠道业务目标，以及企业需要渠道发挥的功能和作用。并由此分析出渠道的层次、类型、数量，设计行业和区域分布。可以在现有渠道业务的基础上拓宽渠道的类型，加大渠道的密度，做好行业和区域的覆盖，同时要对企业的投入预算和资源做好规划和匹配。

12.4 渠道成员的选择

初创企业可参照渠道构建的章节，建立渠道成员选择的标准，进行渠道成员的选择。

具体执行时，相比于成熟型企业，初创企业谈判的筹码不多，较难形成引领合作伙伴的态势，由于对合作伙伴选择余地不多，需要付出更多的努力，以锁定最初的重点合作伙伴。在合作中，更多需要借助合作伙伴的力量，例如，在无法摸清市场上有哪些可选的合作伙伴时，通过和分销商合作来"借用"后者的渠道。以下通过初创企业和几种类型合作伙伴的合作为例，了解初创企业如何做出渠道成员选择，以及渠道对初创企业的业务产生的帮助。

12.4.1 分销商

很多赛道头部的初创企业选择和分销商合作。例如，AI 公司推出的 AI 一体机，就是在服务器上预装 AI 解决方案，比较标准化，又比普通的服务器多了增值功能，适合通过经销服务器和软件的分销商利用二级渠道网络推广。这种合作的形成，是由于分销商也在寻找多元化的产品，当销售服务器毛利下降的情况下，利用增值产品，可以提升利润，布局未来业务。再如 SaaS 领域的应用产品，有些比较标准化，容易提供服务，分销商布局数字化转型，可以引入一揽子这样的应用软件，通过和这些头部 SaaS 初创企业的结合，充分试水新业务。这一模式为"初创企业的产品＋分销商渠道"的互惠模式。

如果早期初创企业的体量远小于分销商，则初创企业话语权相对较弱，比较难达到把产品丢给分销商，就可以坐等业绩的情况。通常分销商只是分享了二级渠道网络，具体通过什么手段触及、如何提供赋能等，都是初创企业需要自己出资、出人、出力去解决的，尤其是在业务的初期。当然，对于初创企业来说，分销商分享二级渠道网络，已经是提供了巨大的价值。如果能争取到分销商的站台和力推，对于初创企业的品牌和产品推广，就更有帮助。

由于分销商有较好的业务机制和风险把控机制，较好地弥补了初创企业这方面的缺失。而初创企业的起始业务量通常不大，因此，双方可协商关于市场营销、奖励计划、库存、付款、资金占用等方面的条款，尽快开展业务。分销商也可以把同类中小业务或创新业务归类在一条业务线，进行推广。

初创企业的早期，获得分销商的支持，对业务有较好的正面影响。

12.4.2 ISV

在 IT 领域，初创企业有机会和行业内的 ISV 合作，例如，将产品内嵌在 ISV 解决方案中。这需要预先的技术融合和优化。这时初创企业相当于成为 ISV 研发的一部分，提供的价值是产品和特定领域的优秀能力，从而 ISV 可以直接销售，节约了自主研发同类产品的时间，也无须自行投入。初创企业在争取到产品内嵌在 ISV 解决方案的同时，也会争取品牌的暴露，比如采用双 logo 的方式。

这种合作模式同时解决了一些商务问题。例如，初创企业的成立时间短，资质弱，通常不具备大用户的投标资格，或无法进入用户的供应商名录。这时 ISV 做为用户的整体方案提供商，其身份和能力更容易得到用户的认可。特别是当用户想尝试新技术，又担心初创企业的生命周期不够长，在商务上通过和长期服务的 ISV 合作，可以解除用户的担心。

同样，相比于 ISV，初创企业通常不具备提供完整解决方案的能力，或者项目管理能力较弱。内嵌在 ISV 的解决方案，初创企业可以专注发挥其产品特长，以及与自己产品相关的咨询、方案和售后服务。

每获得一个行业 ISV，对初创企业的影响都是至关重要的。当初创企业业务基数较小的时候，这种合作有可能带来业务成倍的成长。

12.4.3 系统集成商

初创企业有机会和系统集成商合作，模式可以是作为系统集成商的下包商，这里同样需要预先的技术融合。这时初创企业的价值在于其在某一领域的特定能力，这种能力是用户项目中需要，而系统集成商无法独立提供的。

同样，在这一模式中，系统集成商为用户项目总包，而初创企业只需专注在下包部分，即自己所擅长的产品相关的咨询、方案和售后服务。

获得系统集成商的认可并完成供应商引入，对初创企业的业务发展很有帮助。

12.4.4 中小经销商

初创企业有机会与中小经销商合作。通过市场活动、渠道招募活动和产品口碑的市场吸引力，有一些中小经销商会慕名而来。这些经销商通常服务自身为数不多的用户，但对用户的业务非常熟悉，通过考察初创企业的产品，认为可以尝试引入到其用户场景中。这类经销商的数量较多，初创企业可以将他们纳入渠道体系，进行赋能和激励计划等各种支持，或者介绍给分销商，由分销商来做其日常的支持和运营。

针对初创企业的渠道成员类型还有很多，合作模式有时还会涉及合资、收购等，在此不具体阐述。需要认识到的是，初创企业通过渠道成员的选择，和各类渠道合作伙伴的合作，有助于快速扩展业务，同时，也能在实践中提升产品能力和管理能力，积累经验。合作中，重要的仍旧是政策的一贯性、沟通以及信任的建立。

同样，成长型中小企业由于处于业务的增长期，在渠道成员的选择中，也能够得到合作伙伴的青睐，产生双赢的局面。这些企业可以尝试本书渠道成员选择的方法。

12.5 渠道管理中的注意事项

针对初创企业和成长型中小企业，我们谈到了渠道构建中需要思考和注意的一些问题。这里对渠道日常支持和管理中所涉及的其他各个方面不再一一赘述，读者可参考本书的相关章节，这里只提出几点管理中的注意事项。

① 要充分理解在渠道中需要大量投入，期望短期快速回报不现实。

企业在市场方面大量投入，如果产生较好的效果，能帮助吸引到更多的合作伙伴。例如，在市场活动方面，初创企业和成长型中小企业都需要树立其市场形象，加大曝光度，这需要通过多种方式达成。例如，行业咨询公司的评测，Gartner魔力象限，专利数，是否获得科技奖或行业创新奖，是否与知名企业达成战略合作，在行业媒体的曝光，用户的推荐等。企业加大品牌和产品宣传，可以建立品牌形象，对产品的销售至关重要，而这是合作伙伴非常看重的。

企业在确定了渠道策略后，在做各项规划时，会发现需要大量的投入。在渠道市场活动方面，初创企业和成长型中小企业可以通过参加重要的展会，大型活动和行业会议等，通过设立展台布展，发表演讲和发放宣传资料，更加频繁地让潜在用户和合作伙伴接触到自己。初创企业和成长型中小企业也可以自行组织用户研讨会、渠道招募会，与合作伙伴举办联合市场活动，通过这些方式加强品牌宣传，获得更多的渠道和用户信息以及商机。企业还需要投入奖励和促销计划，加强合作伙伴的销售。

在渠道赋能方面，很多培训和赋能工作日复一日，工作量大，重复性高，需要人、设备、场地等资源投入。

需要注意的是，跳过市场和赋能等基础环节，期望短期就得到回报，是不现实的。企业的投入需要假以时日，根据业务不同，有的见效较快，有的需要数个季度，才会显现出通过渠道销售的强大复制力。企业可以更多尝试较低成本，较易获得的市场活动和赋能手段，以取得较好的投入产出比。

② 建立完善的渠道管理机制，并诚信地与合作伙伴保持沟通。

对初创企业来说，需要着手建立完善的渠道管理机制，具体可参考本书的各个章节。

要注重和合作伙伴的沟通，保持对合作伙伴的支持，建立信任。举一个简单的例子，如果企业出现了人员的变化，是否做出了清晰的交接，从而保持对合作伙伴的支持力度不变，保持较好的延续性。很多细小的方面，都考验企业的渠道管理体系，都会对建立信任产生影响，因此，企业需要多加注意。

完善的渠道管理机制和诚信沟通在日常业务中非常重要。例如，当出现了渠道冲突，企业应首先检查造成冲突的原因，尤其是是否因为渠道设计有问题，或是管理出现问题。例如由于管理疏忽，没有做好渠道合作伙伴商业信息的区隔，企业直销团队直接找到客户，意图跳过合作伙伴等情况。企业通过冲突管理机制早发现，并进行冲突管理，防止冲突升级。这时候沟通也非常重要，业务来之不易，渠道合作伙伴也来之不易，初创企业需要保持诚信沟通，取得合作伙伴的认可。对于自身在管理上的疏忽和经验不足造成的冲突，通过诚信沟通，也能得到一定的谅解。

对于成长型中小企业来说，一样需要注重完善渠道管理机制，并把沟通放在很重要的位置。

③ 建立流程和风险管控机制，注重绩效评估。

初创企业在经营中不可避免地会经历更多的风险，其中，采用渠道策略就是一种战略风险，初创企业可谓每天在风险中成长。在初创企业和成长型中小企业的渠道业务初期，就需要建立流程和风险管控机制，为企业的发展和管理打下好的基础，而不应因为业务量不大而忽略流程和风控。

同时，这些企业也需要注重渠道绩效评估，例如，如果需要，评估的频率可以更高。通过全面地分析和评估渠道业务，找到偏差并进行修正，找到成功点并进行复制，提高管理水平，以达到业务增长。

初创企业和成长型中小企业可以通过吸收渠道专家人才，帮助组建渠道团队，制定渠道策略，做出渠道设计和成员选择，指导早期市场、赋能和渠道日常管理的执行，以期在业务上快速步入正轨。

图书在版编目（CIP）数据

共赢：一本书读懂渠道管理 / 乔虹，吴俊 著 . —北京：东方出版社，2022.7
ISBN 978-7-5207-2858-4

Ⅰ.①共⋯　Ⅱ.①乔⋯ ②吴⋯　Ⅲ.①销售管理　Ⅳ.① F713.3

中国版本图书馆 CIP 数据核字（2022）第 115821 号

共赢：一本书读懂渠道管理
（GONGYING：YIBENSHU DUDONG QUDAO GUANLI）

作　　者：	乔　虹　吴　俊
责任编辑：	曹昌虹
设计指导：	王　刚
装帧设计：	丁祥馗
校　　对：	王　硕　高　婧
出　　版：	东方出版社
发　　行：	人民东方出版传媒有限公司
地　　址：	北京市东城区朝阳门内大街 166 号
邮　　编：	100010
印　　刷：	涿州市荣升新创印刷有限公司
版　　次：	2022 年 7 月第 1 版
印　　次：	2022 年 8 月北京第 1 次印刷
开　　本：	787 毫米 × 1092 毫米　1/16
印　　张：	17.5
字　　数：	200 千字
书　　号：	ISBN 978-7-5207-2858-4
定　　价：	78.00 元
发行电话：	（010）84785322

版权所有，违者必究
如有印装质量问题，我社负责调换，请拨打电话：（010）84086980-823